소소함의 깊이를 재다

소소함의
깊이를 재다

이준 지음

글모아출판

이 책은 '삶의 향기가 묻어나는 이야기'이다.

언어라는 것은 말, 글을 합쳐서 언어라고 한다. 언어라는 것은 생각을 담는 그릇이다. 생각은 삶에서 나온다. 따라서 글은 그 사람의 삶이고 행동이다. '언행일치(言行一致)'이다. 즉, 말과 그에 따른 행동이 같음을 의미한다. 따라서 한 편의 글은 한 사람의 말이고, 삶이다. 일상이 주는 소소함은 저자의 삶을 깊이를 표현해 낸 것이다.

이준 목사는 나의 오랜 친구이자, 믿음과 의로움의 실체이다. 이 글이 나에게 주는 공감이 큰 이유이다.

글이 공감(empathy)되는 조건은 작가의 일상과 언어가 동일시될 때 가능하다. 독자와 저자가 경험을 공유하고 소통의 결과로 공감할 수 있어야 비로소 소통한다고 할 수 있다. 공감(empathy)이란, 다른 사람의 삶과 소소한 일상의 기분을, 경험을 감정적으로 이해하는 능력이다. 이러한 공감은 반드시 일상의 삶을 통해 이루어진다. 여기서 일상의 삶이야말로 우리의 감정을 모두 드러내는 공간이다.

동감(Sympathy: With-Feeling)은 타인의 감정을 인지하는 감정으로 조작적으로 정할 수 있다. 반면, 공감(Empathy: In-Feeling)은 타인의 감정을 정서적으로 느끼는 상태의 감정으로 정의할 수 있다.

『소소함의 깊이를 재다』는 이준 목사와 지내 온 시간의 깊이만큼 공감이 가는 글들이다. 그의 언어에는 가식이나, 꾸밈이 없이 지나 온 삶의 향기를 기록한 글들을 모은 것이다.

기억을 더듬어 보면 그는 대학시절 크리스마스이브에 우리 절친한 친구들을 교회 연극에 초대하였을 때부터 신앙심이라는 향기가 묻어났다. 대학에서 사회학을 전공하고, LG전자(주)를 다니고, 시카고 주재원을 거치면서, 신학을 하고, 두란노 이민교회를 개척하면서 그가 경험한 것을 기록한 책이다.

그는 성실한 사람이다. 그리고 하나님께 영광을 돌리는 사람이다. 이 책은 바로 자신이 택한 인생에 대한 믿음과 복음에 대한 보고서라고 할 수 있다. 소설을 쓴 것도 아니고, 들은 이야기도 아니고, 좋은 글을 정리한 이야기도 아니다. 직접 겪고, 목회활동하고, 성경으로 전도하고 사람을 만나서 겪은 그의 인생이야기다. 그러므로 리얼(real)하다.

단언컨대 그의 강점은 두 가지다. 매일 새벽 기도를 한다. 천생의 목사이다. 사람을 사랑하는 특히 어렵고 힘든 이민생활에서 만나는 사람을 엮는 소셜(social) 네트워크자이다. 이민생활은 대체로 팍팍하다. 이를 해결하는 삶의 경영자이고 책임자다.

　이 책은 시카고(Chicago)라는 도시공간에서 살고, 사랑하고, 즐기며 지나온 이야기다. 이 도시에서 일어난 일상의 스토리텔링은 누구나 읽고 공감할 만한 충분한 가치가 있다.

권상희(성균관대 신문방송학과 교수)

유교, 불교, 도교에 정통하셨던 김흥호 목사님의 저서 『빛, 힘, 숨: 요한복음 강해』를 정독한 적이 있다. 이 책에서 김 목사님은 에베레스트 산을 비유로 들어 요한복음의 핵심을 빛, 힘, 숨으로 정리한다. 산 위의 얼음은 빛이요, 장엄한 산은 힘이요, 산 아래로 내려오는 물은 숨이다. 장엄한 에베레스트 산 위의 투명한 얼음이 만물을 살리는 물을 만들어 아래로 흘려보낸다는 말씀이다. 산 위의 얼음은 신과 만나는 근본 체험을 의미한다. 신과 만나야지만 장엄한 힘이 생기고, 신과 만나야지만 사람들에게 도움이 되는 맑고 깨끗한 물을 내려보낼 수 있다는 가르침이다. 사회학을 공부하고 평범한 회사원으로 일하다가 어느 날 하나님의 은총을 체험하고 그리스도를 따라 살아간 이준 목사가 드디어 『소소함의 깊이를 재다』라는 아름다운 편지글을 세상에 내어 놓았다. 그가 보낸 편지는 목마른 자의 갈증을 풀어줄 지혜의 말씀이 되고자 한다.

이준 목사의 『소소함의 깊이를 재다』는 울림이 크다. 우선 제목을 보면, 대립되는 의미의 두 단어가 만나 새로운 세계를 연다. 작고 대수롭지 않은 것을 '소소(小小)하다'라고 하는데, 소소한 것 속에서 깊은 의미를 찾는다는 이준 목사의 시선이 제목에 드러나 있다. 제목만 그런 것은 아니다. 내용도 그렇다. 이 책을 읽는 것은 『화엄경』의 정수를 요약한, 의상의 〈법성게〉에 나오는 한 구절을 떠올리게 한다. 일미진중함시방(一微塵中含十方). 먼지 하나에 전 세계가 들어가 있다는 뜻이다. 소소한 먼지 한 조각에서도 존재의 깊은 의미를 성찰하는 것은 종교를 가로질러 구도자가 가져야 하는 시선이 아닐까 하는 생각을 해 본다.

이 책의 어느 장을 펼치더라도 우리는 소소한 일들을 만날 수 있다. 그때의 소소한 일들은 자연이나 사람 혹은 사물들과 관계되어 있다. 이준 목사가 하루하루를 살아가면서 마주친 자연, 사람, 사물들과의 만남은 소소한 사건으로 소개된다. 하지만 그 사건은 깊은 성찰의 계기가 된다. 그때의 성찰은 영적이고 종교적이다. 매미, 꽃, 가을 국화 화분, 노인 부부, 연주회, 청소기, PC 등과 마주친 일상의 경험 속에서 이준 목사가 찾는 것은 영적 깨달음이고, 성찰하는 것은 종교적 교훈이다. 이준 목사의 생활 속 영적 깨달음이 보석처럼 박혀 있는 『소소함의 깊이를 재다』는 결국 하나님의 사랑과 은총에 감사하는 책이라고 생각한다.

이 책은 편지글로 이루어져 있다. 이준 목사는 영적 깨달음으로 얻은 종교적 교훈을 경어체의 편지글에 담아 우리에게 보낸다. 목소리는 낮고, 문장들은 소박하고 꾸밈없다. 생각은 깊이 하고 말은 쉽게 하라는 옛 사람의 충고를 그대로 따른 듯이 보인다. 머나먼 미국 시카고에서 보내온 편지들은 메마른 세상을 힘들게 살아가는 우리들에게 따뜻한 위로를 보낸다. "안개비 내리는 소리를 들어보셨나요?" 종교적 성찰로 가득한 그의 편지들은 우리의 영혼을 촉촉이 적실 것이다.

사회학을 전공한 이준 목사. 어쩔 수 없이 선하고 너그럽고 의로운 영혼의 소유자. 본연의 선하고 너그러운 마음으로 하나님의 신비로운 힘을 깨닫고, 의로운 영혼으로 이 시대의 빛과 소금이 되지 못하는 교회를 질타한다. 자신의 부족함을 반성하는 대목들은 진정성으로 절절하다.

누군가 나에게 사람과 글이 일치하는 책을 추천하라면, 나는 단연코 이준 목사의 『소소함의 깊이를 재다』를 추천하리라. 이 책은 소박하지만 우리를 감동시키는 아름다운 선물이 될 것이다.

윤일성(부산대 사회학과 교수)

미국의 청교도 신학자 조나단 에드워즈(Jonathan Edwards)에 따르면, 인간은 '우주의 의식(consciousness)'으로서 지음을 받은 존재이다. 인간은 우주 가운데 담겨 있는 하나님의 아름다움을 인식하고 감탄하는 역할을 부여받은 존재라는 뜻이다. 아무리 아름다운 자연이 있다 해도 그곳에 그것을 보고 경탄하는 사람이 존재할 때, 그 아름다움이 빛나게 된다는 것이다.

이준 목사의 책 『소소함의 깊이를 재다』는 인생의 무의미 속에서 하나님의 부르심을 체험한 한 영적 순례자의 성찰을 담고 있다. 그의 글을 읽어 내려가면서 삶의 현장에서 '우주의 의식'으로서 살아가는 한 인간의 여정을 답사할 수 있었다.

이준 목사는 그의 일상 속에서 하나님의 아름다움을 수확하는 사람이다. 그는 모래 한 알 속에서도 하나님의 흔적을 발견한다. 작은 체리에서 아프리칸 바이올렛을 거쳐서 길 위의 매미들에 이르기까지 자연은 이준 목사의 시선 속에서 하나님의 메시지를 전달해 주는 통

로가 된다. "하늘이 하나님의 영광을 선포하며, 궁창이 그 손으로 하신 일을 나타내는도다"(시편 19:1)

이준 목사가 드러내는 것은 하나님의 아름다움만이 아니다. 그는 하나님의 성품도 반사하는 사람이다. 나는 대학 시절에 그가 보여주었던 따뜻하고 온화한 미소를 지금도 기억한다. 이준 목사와 함께 시간을 보낸 이들은 그의 성품이 어떠한가를 뭉클하게 증언한다. 딸은 아빠에게 말한다. "아빠의 모습이 늘 자랑스러워요. 아빠는 분명히 하나님의 심장을 지닌 사람이에요."

삶의 공허함 가운데 미국을 방문하고 이준 목사와 함께 시간을 보낸 친구는 말한다. "너와 네 아내의 얼굴에 가득한 평안함을 보면서 내가 무언가를 잃어버리고 살아왔다는 생각이 들었다."

그의 글은 우리가 일상 속에서 어떻게 하나님의 임재를 경험할 수 있는가를 잔잔하게 보여준다. 우리는 때때로 반복적인 일상 속에서 삶의 의미를 찾아 헤맨다. 일상의 무의미 가운데 고민하는 사람들에게 이준 목사의 책 『소소함의 깊이를 재다』를 기쁨으로 추천한다. 이 책과의 만남을 통해서 하나님께서 소소한 일상 속에서 어떻게 우리의 메마른 마음을 어루만지시는지를 깊게 체험할 수 있기를 기대한다.

장경철(서울여대 기독교학과 교수)

책을 묶으며

목회를 시작한 후 매주 교회 성도님들께 편지를 써 왔습니다. 첫 편지를 쓸 때부터 무거운 영적 가르침보다는 일상을 사는 동안 품게 된 생각과 풍경들을 가볍게 담겠다고 마음먹었습니다. 삶의 현장에서 편지의 소재를 건져내다 보니 작고 사소해 보이는 사물과 사건과 관계들에 전보다 더 깊은 관심을 갖게 되더군요. 편지를 쓰는 동안 몇 가지 유익도 생겼습니다.

머릿속에 딱딱하게 저장되어 있던 신학적 지식 하나를 경험적으로 깨닫는 축복을 누리게 되었습니다. 바로 '하나님은 어느 곳에나 계신다(무소부재의 하나님)'는 하나님의 성품입니다. 소소한 일상의 깊이를 재는 동안, '아하, 하나님께서 이곳에도 계셨네'하며 감탄하는 순간들이 늘어난 겁니다. 그러자 삶이 전보다 훨씬 풍성해지는 축복도 따라오더군요.

일상에서 건져낸 신앙의 이야기들을 더 많은 사람들과 나눌 수 있는 길이 열렸습니다. 주님의 도움으로 제가 쓴 편지들이 일간지와 주간지 그리고 인터넷 잡지에 실리게 된 겁니다. 소소함의 깊이를 재며 하나님을 발견해 가는 작업을 그분이 잘 보신 것 같습니다. 우주에서 가장 귀한 그분을 스케치한 평범한 작품들이 그분의 이름을 더 널리 알리는 도구로 사용된다는 사실이 기쁘고 감사할 뿐입니다. 그런데 이번엔 이렇게 책으로 묶여 세상에 나오게 되었으니 길을 인도하시는 그분의 손길을 경외의 마음으로 찬송할 뿐입니다.

편지들을 책으로 묶으며 한 가지 제목의 기도를 드립니다. 이 책을 읽는 모든 분들도 소소한 일상에서 그분을 발견하는 영적 여행을 시작하게 되기를.

이 책을 가능하게 한 모든 분들과 사물, 그리고 사건들에 감사의 마음을 전합니다. 그리고 부족한 자의 길을 여기까지 인도하신 에벤에셀의 하나님께 감사와 영광과 찬송을 드립니다.

2015년 7월 21일
시카고 한 모퉁이에서

Contents

일상

향기로
공동체를 채우다

지난주 목요일 고전 음악 전용 FM 방송을 듣는데 평소엔 잘 틀어 주지 않는 레퀴엠(장례예배를 위해 작곡된 진혼곡)이 흘러나왔습니다. 음악이 끝나자 방송 진행자의 멘트가 이어졌습니다. "오늘은 조금 전 서거한 넬슨 만델라를 추도하는 음악들로 채우려고 합니다."

넬슨 만델라. 그는 남아프리카 공화국의 고질적 문제, 아파르헤이트(인종분리정책)를 평화적으로 종식시킨 위대한 인물입니다. 인종분리정책에 맞서 투쟁하던 만델라는 1964년 종신형을 선고받고 감옥에 들어갔습니다. 한 번 들어가면 잊혀진 사람이 되고 만다는 고통의 수감 생활을 이겨 내고 1990년 마침내 자유의 몸이 되었을 때 만델라는 스스로에게 이렇게 다짐했다고 합니다. "자유로 이어질 문을 향해 걸어가면서 나는 알았다. 내 안의 비통함과 증오를 뒤에 남겨 두지 않는다면, 나는 여전히 감옥에 갇히게 되리라는 사실을." 만델라는 영혼을 병들게 하는 감정의 감옥에서 자유롭고 싶었던 겁니다. 그가 남아공 역사상 최초의 흑인 대통령이 되었을 때, 한편에선 공포 속에서 다른 한편에선 기대감으로 긴장했습니다. 그때 만델라가 국민들 앞에 제시한 것은 용서와 관용 그리고 화해였습니다. 그의 취지가 반영된 진실과 화해 위원회가 결성되었고, 모임 때마다 진심으로 용서를 구하는 과거정부 시절 가해자들의 눈물과 그들을 진심으로 용서하는 피해자 가족들의 눈물이 어우러져 벅찬 감동을 만들어 냈습니다. 그렇게 시작된 용서와 화해의 물결은 제거불능으로 보이던 인종 간의 높은 벽을 어느새 무너뜨리고 말았습니다. 만델라의 상식을 뛰어넘는 사랑이 남아공이라는 공동체 안에 위대한 변화를 낳은 겁니다. 그리고 이 변화가 이 시대 다른 공동체에도 선한 영향력을 미치고 있는 겁니다. 시카고의 한 FM 스테이션이 하루 종일 그를 추도하는 음악을 방송할 정도로.

주 중에 S 집사님 가정을 심방하고 나오는데 마음이 흐뭇했습니다. 세상에서 빛과 소금으로 살아가려는 집사님의 삶에서 그리스도의 향기를 맡을 수 있었기 때문입니다.

"예수님을 점점 더 깊이 알아 가면서 제 삶도 점차 변화되는 걸 실감합니다. 작은 변화 중 하나가 이런 겁니다. 가끔 쎄일즈맨으로부터 이런 전화를 받습니다. "이번 달 판매 목표 수량을 아직 다 채우지 못했는데, 사장님이 도와주시면 안 되겠습니까?" 그의 말이 진심이라는 확신이 들면 다소 부담이 되더라도 남은 물량을 다 구입해 줍니다. 내가 지닌 것을 조금 나눔으로 그 사람이 행복할 수 있다면 그건 내게도 기쁨이라는 판단 때문입니다. 그 사람도 한 가정을 책임지는 가장이잖아요. 나, 내 가정, 내 비즈니스만 생각하던 과거엔 절대 있을 수 없는 일이지요."

심방 중에 들은 이 이야기 때문에 지난 주일 성경공부 때 들었던 이야기도 떠올랐습니다.

"경제가 어려워지면서 남의 사업장에 고용되어 일하는 파트타임 종업원들의 생활도 점점 어려워진다는 이야기를 들었어요. 경영난에 처한 고용주들이 종업원들의 시간을 점차 줄이기 때문이에요. 그래서 전 최근 종업원들에게 이렇게 말해 두었어요. "난 여러분들을 거저 도와줄 순 없습니다. 하지만 생활이 어려워지면 언제든지 와서 일하는 시간을 늘려 달라고 말하세요." 제 사업장은 지금 정도의 고용 시간이면 충분해요. 그래도 그렇게 해서 함께 일하는 사람들의 형편이 나아질 수 있다면 그 희생은 제게 기쁨인거죠. 과거엔 여유가 있어도 이렇게 살지 못했어요. 나만 생각하는 삶이었거든요. 다 주님 때문입니다."

주님 때문에 변화된 삶은 주변에 선한 영향력을 줍니다. 마치 옷깃에 뿌린 한 방울의 향수가 은은하게 공간을 채워 가듯이.

:

알 작은 체리

:

       지난주에는 농장들이 밀집해 있는 지역을 방문했습니다. 미시간과 인디애나 주가 만나는 곳에서 동쪽으로 수마일 더 가면 되는 곳으로 워렌 듄스 주립공원에서 가까웠습니다.

  제법 규모가 있는 자동차 딜러 옆 소로로 접어드니 길 양편이 온통 밭이었습니다. 벌써 황금빛으로 변한 밀이 바람에 넘실거리고 있는 밭, 아직 때가 아닌지 넓적한 잎과 덩굴만 무성한 포도나무 밭, 복숭아 나무와 체리 나무로 가득한 밭…. 시카고 주택가에선 볼 수 없는 풍경에 눈과 마음이 다 시원해지는 느낌이었습니다.

  그런데 이상했습니다. 지금이 체리가 넘쳐 날 때라는 말을 들었는데 빨간 체리를 달고 있는 나무가 보이질 않는 겁니다. 이맘때쯤이면 체리를 따러 온 차량들로 법석대야 한다는데 농장마다 적막과 고요가 흐르고 있을 뿐이었습니다.

입구에 체리와 복숭아를 판다고 입간판을 세워 둔 한 농장에 들어 섰습니다. 점포 겸 저장소로 보이는 건물에 들어서선 깜짝 놀라고 말 았습니다. 작은 광주리에 3분의 2정도 담겨 있는 알 작은 체리들, 볼 품없는 모양의 복숭아가 몇 알, 수박 몇 덩어리, 그리고 토마토 몇 개 가 전부였습니다. 그래도 약간의 기대감을 가지고 "체리를 딸 수 있나 요?" 하고 물어보았지만, 돌아온 대답은 "No"였습니다. 부정의 대답 을 설명하는 여주인의 음성에서 슬픔이 묻어나왔습니다.

"지금이 체리 피킹하는 철이 맞습니다. 그런데 이상 기후 현상 때문 에 올 농사는 망치고 말았어요. 기억하세요? 올해 3월이 이상스럽게 따뜻했잖아요? 그때 체리 나무들과 복숭아 나무들 중 상당수가 꽃을 피우고 만 거예요. 계절을 착각한 거죠. 뒤이어 영락없이 닥친 4월의 추위는 그 꽃들을 다 거두어 가고 말았고…. 그것으로 끝이었어요."

그냥 나올 수 없어서 체리 한 봉지와 수박 한 덩어리를 사 가지고 나 오며 체리 나무 밭을 둘러보았습니다. 체리라고는 눈을 씻고 봐도 찾 을 수 없었습니다. 열매를 잉태하지 못한 나무들이 미안한 표정으로 서서 불볕 더위를 견디고 있을 뿐이었습니다.

수확을 놓친 농부들의 깊은 한숨을 뒤로 하고 농장을 빠져나오는 데 며칠 전 읽은 기사 하나가 생각났습니다. '한 원로 목사의 회개'라 는 제목의 기사입니다. 그 목사님은 한 교회를 개척하여 잘 성장시켰 습니다. 3만 명이 넘는 교인, 번듯한 교회 건물…. 외형적으로 보면 성공한 목회였습니다. 교회가 그렇게 성장하고 나니 다른 사람에게 넘겨주기 아까운 생각이 들었던 것 같습니다. 당시 사업을 하던 아들을 부랴부랴 신학교에 보냈고 급기야 교회의 담임 목사로 세웠으니 말입니다. 예수님이 주인 되시는 교회를 자식들에게 얼마든지 물려줄 수 있는 개인 사업체 정도로 생각했던 것 같습니다. 그 후 '한국 최초의 부자 세습 교회'라는 꼬리표가 항상 따라다니게 되었습니다. 계절을 착각해 피어난 꽃이 열매를 맺지 못하듯, 주님의 뜻과 자기 욕심의 혼돈 위에 세워진 교회도 내리막길을 걷기 시작했습니다. 교인의 수는 3분의 1로 줄었고 교회 내 갈등과 분열은 20여 년이 지난 지금까지도 계속되고 있습니다. 주님께서 원로 목사님의 회개를 긍휼이 여겨 주시길 바라는 마음이 간절합니다.

알이 작은 체리 하나를 손에 들고 입에 넣기 전 이렇게 말해 주었습니다. "너 참 대단하다. 올해 3월은 누구라도 '이젠 정말 봄이 왔구나'라고 말할 정도로 푸근했는데…. 그 온기 속에서도 끝까지 인내한 결과 이렇게 주인과 나를 즐겁게 해 주는 열매로 태어났으니 말이다. 네게서 배울 것이 많구나."

인내로 똘똘 뭉친 녀석이라 그런지 겉모양과는 달리 맛도 훌륭했습니다.

'이루마' 해프닝

   클리블랜드에서 공부하고 있는 큰딸은 집에 올 때마다 피아노 앞에 앉아 '이루마'를 연주합니다. 'Moonrise', 'A River Flows In You', 'Kiss The Rain'과 같은 곡들은 언제 들어도 매력적입니다. 오랜만에 보는 딸의 손가락을 통해서 쏟아져 나오는 음들이라 더 달콤하게 느껴지는지도 모릅니다. 그래서 피아노 소리가 들려오기 시작하면 모든 동작을 멈추고 한동안 귀를 기울입니다. 가끔씩은 피아노 곁으로 다가가 딸 뒤에 서서 건반 위를 부지런히 움직이는 손가락을 물끄러미 바라보기도 합니다.

   '이루마'는 부끄러운 기억을 떠올리게 하기도 합니다.

   한두 달쯤 전의 일일 겁니다. 아침 식사를 하며 조간을 읽던 중 불에 덴 듯 놀란 적이 있습니다. 이루마와의 대담을 통해 그의 음악 세계를 다루는 기사였는데…. 이루마가 글쎄 한국 사람이지 뭡니까? 이미

25

이 사실을 알고 있는 분들은 '당연한 사실을 갖고 이 무슨 엉뚱한 소리야' 하며 피식 웃으실 겁니다. 하지만 전 이루마가 일본인인 줄로만 알고 있었거든요. 그래서 한 집사님께 '이 사람이 쓴 곡들은 달콤하고 정감이 가긴 하지만 일본인 특유의 외로움이 강하게 느껴집니다' 라고 폼 나게(?) 작품 설명을 한 적까지 있을 정도입니다. 순전히 이루마라는 이름 때문이었습니다. '마'자로 끝나니(요요마, 요코하마, 히로시마, 쓰시마, 후쿠시마 이런 이름과 지명들처럼) 당연히 일본 이름일 거라고 믿고 말았던 겁니다. 편견이 오류를 낳은 겁니다(이 지면을 통해 이루마 님께 제 무지를 정중히 사과드립니다).

이야기가 본류에서 벗어나긴 하지만 이것만큼은 분명히 밝혀야 할 것 같습니다. 이 오류를 발견했을 때 부끄러운 감정만 얻은 건 아니라는 사실입니다. 통쾌함과 자부심도 따라왔기 때문입니다. 지구촌 젊은이들이 좋아하는 곡들을 작곡한 분이 다름 아닌 한국인이라는 사실 때문입니다.

'이루마' 해프닝은 어디에서든 일어날 수 있습니다. 성경에서도 이런 류의 사건들을 만나게 됩니다.

사울 왕을 버리신 하나님께선 차기 왕 선택을 위해 사무엘을 이새의 집으로 보내셨습니다. 이새의 장남을 본 사무엘은 그가 지닌 출중한 용모와 신장에 마음이 빼앗기고 말았습니다. 이미 사무엘에겐 왕을 세워 본 경험이 있었습니다. 바로 사울이었습니다. 사울의 용모가 준수하고 키가 남들보다 머리 하나는 더 컸던 겁니다. 그래서 사무엘은 그때의 경험을 기준 삼아 이새의 아들들을 바라보았던 겁니다. 그러나 하나님께선 이새의 장남에게 기름을 부어 왕을 세우려고 하는 사무엘의 행동을 막으셨습니다. 그리곤 이렇게 말씀하셨습니다. "내가 이미 그를 버렸노라. 나의 보는 것은 사람과 같지 아니하니 사람은 외모를 보거니와 나 여호와는 중심을 보느니라."

예수님을 만나 변화된 바울은 예루살렘으로 올라가 당시 교회 지도자들을 만나보려고 노력했습니다. 지도자들로부터 자신의 변화를 인증 받기 위해서였습니다. 바울의 전력, 즉 교회를 핍박하고 성도들을 박해했던 과거의 꼬리표를 잘라 내지 않고는 복음 사역을 제대로 감당할 수 없기 때문이었습니다. 그러나 아무도 그를 만나려 하질 않았습니다. 교회 지도자들을 색출해서 잡아 가두려는 유대교의 음흉한 전략 정도로 오해했기 때문입니다. 바울의 전력이 지도자들의 마음에 지독한 편견을 만들어 냈던 겁니다. 그런 편견을 깨고 바울의 현재 모습만 봐 준 바나바가 아니었으면 바울은 꽤 오랫동안 오해의 그늘에 가려져 있었을 겁니다.

편견을 깨는 방법은 간단합니다. 진리인 성경말씀이 담고 있는 원리들을 통해 세상과 사람들을 바라보면 됩니다.

질식한 청소기

유리문으로 쏟아져 들어온 아침볕은 보이지 않던 먼지까지 들추어냈습니다. 거실의 집기들도 크게 흐트러지지 않은 모습이었지만 자꾸 눈에 거슬렸습니다. 결국 청소기를 꺼내 들고 말았습니다. 씽씽 모터 소리를 내며 시원스럽게 자기 역할을 해내고 있는 녀석을 흐뭇한 마음으로 밀고 다니는데 문득 몇 달 전 일이 떠올랐습니다.

그날도 신나게 청소기와 호흡을 맞추고 있었습니다. 그런데 갑자기 녀석의 호흡이 끊어진 겁니다. 구입한 지 일 년 정도밖에 안 된 새 것이나 다름없는 청소기였습니다. 아까운 마음에 녀석의 생명을 살리기 위해 안간힘을 다했습니다. 코드 꽂는 곳을 여러 차례 바꿔 보았고, 혹시나 하는 마음에 지하실에 있는 두꺼비집도 두 번이나 확인해 보았습니다. 아직 꽉 차지 않은 쓰레기 수거통도 깨끗이 비웠습니다. 리셋 용 버튼도 수 차례 눌러 보았습니다. 그러나 녀석의 호흡은 돌아오지 않았습니다.

하는 수없이 업체에 전화했습니다. 신호가 가는 그 짧은 순간 '아, 내가 영수증을 잘 보관하고 있을까?' 하는 생각이 스쳐갔습니다. "구입 일자를 확인해 보니 교환 기간은 이미 지났군요." 상담원의 대답이었습니다. "하지만 절 따라 해 보시겠어요?" 상담원의 처음 몇 지침은 이미 시도해 본 내용들이었습니다. "그럼 마지막으로 청소기의 바닥을 들여다 보세요. 카펫에 직접 닿아 먼지를 빨아들이는 부분을 말하는 겁니다." 청소기를 눕혀 놓고 그곳을 들여다보는 순간 나도 모르게 "아!" 하는 외마디가 터져 나왔습니다. 먼지류를 빨아들이는 회전판 양쪽에 머리카락이 잔뜩 끼어 있는 겁니다. 한 줌 뒤엉킨 머리카락은 단단한 밧줄처럼 회전판을 꽁꽁 묶고 있었습니다. 청소기는 질식해(?) 잠시 정신을 잃고 있었던 셈입니다. 맨손으론 꿈쩍도 안 하던 뭉치의 억척스런 힘은 가위로 그 중간을 절단한 후에야 비로소 느슨해졌습니다. 청소기는 다시 건강한 숨소리를 내기 시작했구요. 이 사건을 통해 발견한 영적 교훈도 기억났습니다. 우리도 하나님과의 친밀한 관계를 방해하는 영적 오물들을 부지런히 제거해야 합니다.

요즘 새벽마다 창세기를 묵상하고 있습니다. 3장과 4장을 묵상하던 중 몇 가지 영적 오물이 눈에 들어왔습니다. 먼저 탐욕입니다. 사단의 꾀임에 넘어간 하와의 눈에 선악과는 탐욕의 대상일 뿐이었습니다. 그러자 "이 나무의 실과를 먹는 날에는 정녕 죽을 것이다" 하신 하나님의 말씀도 뒷전이 되고 말았습니다. 끝내 선악과를 먹고 맙니다.

두 번째는 분노입니다. 하나님께서 동생의 제물은 받으시고 자신의 제물은 받지 않으셨을 때 가인은 분노했습니다. 분노는 믿음 없이 제물을 드린 자신의 잘못을 되돌아볼 틈도 주지 않았습니다. 가인의 귀를 막은 분노로 인해 "네 죄를 다스리라"는 하나님의 말씀도 들리지 않았습니다. 결국 동생 아벨을 죽이고 맙니다.

세 번째는 두려움입니다. 동생을 죽이고 쫓겨나는 가인은 두려움에 떨었습니다. 그를 긍휼이 여기신 하나님께선 누구도 가인을 해할 수 없도록 그의 몸에 특별한 표를 주셨습니다. 하지만 두려움은 가인의 가슴에서 하나님께서 주신 표에 대한 믿음을 밀쳐 내고 말았습니다. 결국 가인은 스스로를 지키기 위해 자신의 손으로 성을 쌓고 맙니다.

영적 오물이 침입하는 순간 하나님과의 소통의 길은 막히고 맙니다. 그 결과 신앙의 경주도 그 자리에서 멈추고 맙니다. 매 순간 경계와 회개로 길 청소에 열심을 내야 하는 이유는 이처럼 분명합니다.

나눔에 담긴
신비로운 힘

추수감사절 전날 L 성도님 댁을 방문했습니다.

성도님의 안내로 리빙 룸 소파에 앉는데 화분 하나에 눈길이 갔습니다. 눈에 익었습니다. 어릴 적 고향에서 보던 제비꽃을 닮긴 했는데, 꽃잎이 더 크고 빛깔도 훨씬 더 짙은 자주색을 띄고 있었습니다. 한국 들판에서 보던 제비꽃의 맵시를 여성스러움으로 표현한다면, 그 꽃은 남성미를 물씬 풍겨 내고 있었습니다.

혹시나 하는 마음으로 성도님께 물어보았습니다. "아프리칸 바이올렛 아닌가요?" 맞다는 대답을 듣곤 어찌나 반갑던지…. 꽃 하나에 너무 호들갑을 떠는 것 아니냐구요?

수개월 전 책을 통해 접한 감동적인 이야기에 이 꽃이 등장하기 때문입니다. 아프리칸 바이올렛이 도대체 어떻게 생긴 꽃일까, 그 궁금

31

증을 풀고자 인터넷 검색까지 했을 정도였습니다. 그때 담아 놓은 이미지 때문에 그 꽃에 눈길이 갔던 모양입니다. 비록 이야기 속의 조연이긴 하지만 이 예상치 못한 만남 때문에 무척 기뻤던 겁니다. 무슨 이야기인지 궁금하실 겁니다.

밀워키에 사는 독신 여성이 있었습니다. 부모로부터 많은 재산을 물려받아 세상을 당당하고 활발하게 살아가던 여성이었습니다. 출석하는 교회에 대한 헌신도 남달랐습니다. 그런데 어느 날 몸에 이상이 생겨 휠체어를 의지하게 된 순간부터 그녀의 삶은 곤두박질치기 시작했습니다. 어느 날 찾아온 우울증은 날이 갈수록 심각해져 자살을 기도할 정도로 악화되고 말았습니다.

곁에서 지켜보던 조카는 평소 잘 알고 지내는 크리스천 심리학자 에릭에게 이모가 겪고 있는 문제를 설명하고 방문을 부탁했습니다.

약속된 날짜에 방문한 에릭은 먼저 집 안을 한 번 둘러보고 싶다고 말했습니다. 햇살 좋은 이른 오후 시간이었음에도 불구하고 집 안 전체가 어두컴컴했습니다. 창문마다 쳐 놓은 두터운 커튼 때문이었습니다.

그런데 방 하나만큼은 예외였습니다. 그 방은 아프리칸 바이올렛으로 가득했습니다. 커튼도 없는 방에는 햇살이 넘실거렸고 방을 가득 채우고 있는 꽃의 화사함까지 어우러져 황홀경을 자아내고 있었습니다. "아프리칸 바이올렛을 가꾸는 일이 제 유일한 취미예요." 집 안

32

을 소개하던 내내 표정 없던 그녀의 음성에서 잠깐이지만 활기가 느껴졌습니다.

자리로 돌아온 에릭은 딱 세 마디를 남기고 돌아갔습니다. "당신은 진정한 크리스천이 아닙니다. 당신이 사랑으로 가꾼 저 바이올렛을 주변의 이웃들에게 선물하세요. 그러면 당신의 우울증은 저절로 치유될 겁니다."

그녀는 그날 이후 이웃들에게 부지런히 꽃을 실어 나르기 시작했습니다. 결혼식을 올리는 이웃에게, 생일을 맞은 이웃에게, 가족을 잃은 슬픔에 잠긴 이웃에게…. 우울증은 어느새 달아나 버렸고, 오래 전에 잃어버려 다시는 되찾을 수 없을 것 같던 활력과 웃음이 돌아왔습니다.

수년 후 그녀가 하나님을 만나러 떠난 날, 지방 신문에 이런 제목이 헤드라인을 장식했습니다. "밀워키의 아프리칸 바이올렛 여왕이 떠나다. 수천에 이르는 조문객의 방문 속에서"

나눔 안에 담긴 삶을 변화시키는 힘을 입증해 주는 이야기입니다.

"이파리를 따서 물에 넣어 놓으면 뿌리가 납니다. 또 한 그루의 꽃이 생겨나는 거죠" 하는 L 성도님의 설명과 함께 화분 하나를 분양받아 오면서 아내에게 말했습니다. "우리도 잘 키워 나눔의 기쁨을 누려볼까?"

꽃과 아내가 동시에 웃었습니다.

막내의 과제물, 잡스, 월가,
그리고 교회

성경 통독을 막 시작하려는 순간 전화벨이 울렸습니다. 막내였습니다. 학교에 제출할 중요한 과제물을 빼먹었다는 겁니다. 녀석이 부탁한 과제물과 그 과제물이 담긴 플래쉬 드라이브를 들고 학교로 달려갔습니다.

시작 시간 10분 전이라 그런지 학교 앞이 차로 장사진을 이루고 있었습니다. 초조한 마음을 누르며 약속한 장소에 도착하니 시작 시간 3분 전이었습니다. 창문을 내리고 급히 과제물을 건네주는데 아들의 표정이 이상합니다. 뭐가 잘못됐나 싶어 손에 들린 내용물을 보니 플래쉬 드라이브 대신 제 휴대 전화기가 달랑 들려 있었습니다.

집으로 돌아오는데 제 머릿속으로 두 가지 사건이 떠올랐습니다.

하나는 스티브 잡스의 죽음을 애도하는 지구촌의 풍경입니다. 한 시대의 영웅을 보내는 듯한 분위기 앞에서 놀랄 뿐입니다. 그가 생전에 한 말들은 21세기 명언으로 인구에 회자될 듯합니다. 구글 검색창에 '스티브 잡스의 명언'이라고 넣어 보니 약 3백 8십만 건이 검색 결과물로 뜰 정도입니다. 그중 "Stay hungry, Stay foolish (끝없이 갈망하고 우직하게 이루라)"라는 말은 저도 좋아하게 되었습니다.

'세상은 왜 그에게 열광하고 있는 걸까?'를 곰곰이 생각하다가 얻은 결론은 '그는 세상이 필요로 하는 것을 주었구나'였습니다. iPod, iPad, iPhone 등, 사람들의 마음에서 아직 잠자고 있던 잠재적 필요를 알아서 끄집어내서는 가장 적절한 것들로 채워 준 겁니다.

또 하나의 사건은 월가에서 일어나고 있는 시위입니다. 자본주의의 중심지 월가에서 '월가를 점령하라', '우리는 99%다'라는 사회주의를 빼닮은 모토를 내걸고 시작된 시위는 미국이라는 국경을 넘어 지구촌 곳곳으로 퍼져 가고 있습니다. 마치 1917년 러시아에서 일어난 볼셰비키 혁명의 미니어처를 보는 듯한 느낌입니다. 이 사건으로 인해 미국에 관한 상식, 즉 미국은 개인 능력 차이에 따른 빈부의 격차를 인정하는 자본주의의 중심축이며, 자수성가해서 부자가 된 사람들을 인정해 주는 나라라는 상식이 위협받고 있습니다.

월가 시위의 원인을 생각해 보다가 얻은 결론은 '그들은 시민이 필요로 하는 것을 주지 못했구나'였습니다. 경제 침체 이후 미국 시민들이 월가에 요구해 온 것은 절제와 나눔과 이해였는데, 그들은 때마다 자기들끼리 돈잔치를 벌임으로써 오히려 분노의 불씨를 던져 주고 만 겁니다.

문득 교회는 어떤가 하는 생각이 들었습니다.

먼저 '이 시대의 교회와 성도들은 이 땅에 과연 무엇을 주어야 하는가?' 하는 질문을 던져 보았습니다. 답은 빛과 소금입니다. 죄악 가운데서 썩어 가고 있는 세상, 하지만 어둠의 세력이 눈을 가려 자신의 현재 모습을 제대로 볼 수 없는 이 땅의 사람들에게 필요한 것은 진리의 빛과 치유의 소금인 겁니다. 빛과 소금은 다름 아닌 성경말씀대로 그리스도인답게 살아가는 성도들의 삶을 뜻합니다. 성도들이 예수님께서 모범을 보여 주신 사랑을 지역사회 안에서 성실하게 실천하고 그분이 이루신 구원을 이웃들에게 진심으로 증거할 때, 교회 담장 밖의 사람들도 교회를 이 시대의 소망으로 인정하고 환영하게 될 겁니다.

다시 질문을 던져 보았습니다. '과연 이 시대의 교회들은 빛과 소금의 역할을 충실히 감당하고 있는가? 저울의 한쪽 접시에 하나님의 말씀을 올려놓고 다른 쪽 접시에 이 땅의 교회 전체를 올려놓았을 때 과연 저울이 평형을 이룰 수 있을까?' 이 질문 앞에서 마르틴 루터 이후 오랫동안 주머니 속 깊이 넣어 두었던 '개혁'이라는 단어를 끄집어내야 될 때라는 생각이 드는 건 저뿐일까요?

막내의 과제물 때문에 시작된 생각의 끝자락을 기도로 마무리합니다.

한 헌책방
이야기

세상을 읽기 위해 가끔씩 인터넷에서 신문을 검색합니다. 펼쳐진 신문 위엔 '절 클릭해 주세요' 하듯 조금은 자극적인 제목을 단 기사들이 일렬로 늘어서 있습니다. 기사들로 이루어진 숲을 지나다 보면 그냥 지나칠 수 없는 단어들도 만나게 됩니다. 그럴 때면 큰 기삿거리가 아니더라도 꼭 열어 보게 됩니다. 그중 하나가 '헌책방'이란 단어입니다. 학창 시절 주머니 수준에 맞춰 양서를 구하려는 욕심에 자주 드나들다가 어느새 이 단어가 마음 한편에 심긴 모양입니다. 사회에 나와 고정 수입이 생긴 이후 20년이 넘도록 거의 찾은 적이 없었음에도 '헌책방'이라는 단어만 만나면 이처럼 반가우니 말입니다. 여기저기 아무렇게나 탑처럼 쌓여 있던 책더미들, 그 속에서 보물을 찾듯 꼼꼼하고 바쁘던 손끝과 시선, 묵은 책향이 좋아 연신 벌름거리

소소함 하나
일상

37

던 코끝⋯. 이 모두가 '헌책방'을 마주칠 때마다 손에 잡힐 듯 떠오르는 캐리커처들 입니다. 그런데 오늘 이 '헌책방'이라는 단어가 든 기사를 만난 겁니다.

애팔래치아 산맥에 위치한 빅스톤갭이라는 마을에 헌책방이 생겼습니다. 5년 전 인구 약 5,400명에 불과한 이 작은 마을에 헌책방이 들어서자 주민들은 수근거리기 시작했습니다. 그도 그럴 것이 주인은 도시 생활에 진력을 느낀 전형적인 도시인 부부. 마을 사람들의 생각은 비슷했습니다. "1년도 못 버틸걸", "설사 돈을 번다 해도 곧 떠나겠지" 그런데 5년이 지나고 난 지금 이 헌책방과 주인 모두가 마을 주민들에게 소중한 식구가 되었다는군요. '고독한 소나무의 이야기들'이라는 긴 이름을 가진 이 헌책방이 빅스톤갭 사람들 마음에 자리 잡기까지의 과정을 그린 저서를 소개하는 내용의 기사였습니다. 이런 뭉클한 이야기도 담겨 있더군요.

헌책방엔 내심 반갑지 않은 손님들도 있었다고 합니다. '땅꼬마'라는 별명으로 불리는 노인도 그중 한 사람이었습니다. 하루에 한 번은 꼭 들러서 그 큰 목소리로 한바탕 수다를 쏟아 놓고 사라지는 노인이 매번 반갑진 않았던 겁니다. 그래도 도시 출신 주인 부부는 한 번도 내색하지 않고 그 수다를 다 들어주었습니다. 가끔씩 맞장구도 쳐 가며. 노인이 죽은 후 딸이 찾아와 이런 말을 했다고 합니다. "아빤 이곳에만 오면 인간으로서 존엄성을 느낄 수 있었다고 늘 입버릇처럼 말씀하셨어요. 아빠는 똑똑한 헌책방 주인이 친구인 걸 자랑스럽게 여기셨죠. 배움이 짧아 글을 읽을 수도 없는 아빠가 이 헌책방을 좋아했던 이유입니다. 물론 두 분에겐 귀찮을 수도 있었을텐데…. 감사해요." 책을 읽지 못하는 '땅꼬마'는 헌책방에서 산 책 대부분을 재향군인회에 기증했다는 이야기와 함께. 기사를 읽는 중 예수님이 생각났습니다.

　예수님은 이 땅에서 외롭게 살아가는 사람들을 많이 만나 주셨습니다. 사회에서 분리되고 그래서 소외감을 상처처럼 안고 살아가는 사람들에게 예수님은 소망 그 자체이셨습니다. 몇 가지 예를 들어 볼까요? 문둥병자들이 가까이 오는 것을 막지 않으셨습니다. 그들은 정상인들이 알아보고 피해 갈 수 있도록 특이한 차림을 해야 했고, 미처 알아보지 못하고 다가오는 사람들에겐 "Unclean!(나는 부정한 자다!)" 하고 큰소리로 외쳐야 했습니다. 그런 그들을 주님은 사랑으로 안아 주셨고 치료해 주셨습니다. 세리들도 외롭긴 마찬가지였습니다. 로마 정부의 하수인이 되어 동족들로부터 세금을 징수하고 그것도 모자라 부정한 방법으로 자기 배까지 불리는 세리들은 멸시와 증오의 대상이었습니다. 예수님을 보러왔다가 군중들 틈에 끼지 못하고 결국 뽕나무 위에 올라가야 했던 세리 삭개오의 처지가 동시대인들의 세리들에 대한 부정적 태도를 그대로 보여 줍니다. 주님은 그들도 똑같이 사랑하셨습니다. 그분의 사랑 속에서 한 세리는 이전의 삶을 회개하고 새사람이 되었고, 또 다른 세리는 열두 제자 중 한 사람이 되어 복음서를 기록했습니다.

　우리를 찾는 사람 모두를 한결같은 사랑으로 끌어안을 수만 있다면 세상은 지금보다 훨씬 더 좋아질 겁니다.

상식을 뛰어넘는
사랑으로

지난주 화요일 홈 디포(Home Depot: 집을 짓거나 꾸미는 데 사용하는 재료와 도구들을 파는 가게)에 들렀습니다. 페인트가 떨어져서 그와 똑같은 것을 구하기 위해서였습니다. 페인트에 대한 지식이 전무한 상태라 일하는 직원에게 문의했습니다(아예 빈 페인트 통을 들고 감). 직원은 참 친절한 사람이었습니다. 빈 통을 들고 오느라 페인트가 묻은 제 손을 먼저 걱정해 주더군요. 얼른 손을 닦을 수 있는 물휴지를 건네주는데 참 고마웠습니다. 그런데 빈 통을 보더니 안타까워했습니다. 얼마 전부터 그 브랜드를 다루지 않는다는 겁니다. 하지만 잠깐 기다려 보라고 하더니, 자신 앞에 있는 컴퓨터를 두드리기 시작했습니다. 근처에 혹시라도 재고를 갖고 있는 홈 디포를 찾는 줄 알았습니다. 약 10분쯤 기다리자 똑같은 제품을 팔고 있는, 이

41

근처에서 가장 가까운 상점을 알아냈다고 얘기해 줍니다.

그런데 찾았다는 상점이 근처의 다른 홈 디포가 아니라 경쟁사인 에이스 하드웨어(Ace Hardware)였습니다. 더 놀라운 것은 그 상점으로 직접 전화를 하는 것이었습니다. 그곳 매니저에게 상황을 설명하고 제품이 있는지를 분명히 확인한 후, 내게 그곳의 주소와 전화번화를 적어 주는데 그 쪽지를 받는 제 마음이 '황송'할 정도였습니다. 나 한 사람에게 사용한 시간이 무려 15분이나 되었습니다. 고객 감동 경영이라는 것이 이런 것이구나 하는 생각을 해 보았습니다. 한 고객을 만족시키려고 모든 수단을 다 동원하는 모습···. 정말 감동했습니다. 기분 좋게 그곳을 나오면서 '여기 진짜 좋은 곳이네. 다음에도 물건은 꼭 이곳에서 사야겠어'라고 다짐했습니다. 홈 디포는 단골을 하나 얻은 겁니다. 아니 그곳을 '입선전'할 사람을 하나 얻은 겁니다.

이 사건을 통해 교회가 잃은 영혼을 대하는 방법을 생각해 보게 되었습니다. 주님께서 사랑을 강조하셨는데 그런 사랑으로 잃은 영혼의 발걸음을 교회로 이끌고 있는지 깊이 생각해 본 겁니다. 갑자기 바울이 떠올랐습니다. 일차 선교여행 때 보여 준 사랑이 도전으로 다가왔습니다. 비시디아 안디옥과 이고니온을 거쳐 루스드라로 온 바울은 그곳에서 성공적인 사역을 펼치고 있었습니다. 그런데 안디옥과 이고니온에서 달려온 유대인들에게 죽기까지 돌에 맞고 맙니다. 상식적인 관점에선 살아날 가망이 없는 초죽음의 상태였습니다. 그러나 하나님의 은혜로 살아납니다. 그 고통을 당하고도, 바울이 보여 준 다음 행동은 안디옥, 이고니온, 루스드라에 세워진 교회와 성도들을 방문하는 것이었습니다. 자신을 돌로 친 사람들이 여전히 살고 있는 도시들이었습니다. 보통 사람 같으면 다시는 발걸음 하고 싶지 않은 장소였습니다. 그러나 바울은 자신의 목숨을 아끼지 않았습니다. 그보다는 그곳의 영혼을 향한 사랑이 더 컸던 겁니다. 자신이 패자와 도망자의 모습으로 떠나서는 하나님께서 구원하신 백성들이 다시 세상으로 돌아가, 사망의 길을 걷게 될 거라는 생각 때문에 다시 돌아간 겁니다. 사랑이 죽음의 두려움도 이겨낸 겁니다. 다시 돌아온 바울을 바라보면서 그 지역의 교회와 성도들은 분명히 감동했을 겁니다. 바울을 통해 그들을 향한 하나님의 사랑을 분명히 깨닫게 되었을 겁니다.

시카고의 모든 교회가 올해도 잃은 영혼을 구하는 일에 최선을 다하길 기도합니다. 이 귀한 사역을 위해 모두가 바울과 같은 희생의 사랑으로 무장되길 바랍니다.

변화를 낳는 힘

서울 충정로의 한 공연장 무대. 처음 서 보는 무대의 낯설음, 기대감을 담은 청중의 눈길들을 마주하는 부담감, 실수에 대한 염려가 낳는 긴장감…. '초록우산드림오케스트라'라는 이름 아래 모인 아이들의 얼굴이 불그레하게 상기되어 있습니다. 어려운 환경 때문에 늘 주눅 들어 지내던 과거의 우울한 초상, 음악을 만나고 나서 완전히 떨쳐 버린 줄 알았던 그 자괴감이 다시 머리를 치켜들고 마음을 흔들어 대기 시작합니다.

드디어 연주가 시작되고…. 어느새 음악에 몰입한 아이들의 얼굴은 그저 진지하기만 합니다. 일 년 동안 열심히 준비한 9곡을 성공적으로 마친 후 청중들이 보내 주는 뜨거운 박수를 온몸으로 받아 내며, 지휘자와 아이들의 벅찬 가슴은 그동안 함께 빚어 온 소중한 추억들을 떠올리느라 바쁩니다.

목포의 한 폐교를 빌려 겨울에는 곱은 손을 불어 가며 현을 켜고, 여름에는 더위보다 더 기승을 부리는 모기와 싸우며 연주하던 추억들, 연주 실력이 늘어 가면서 동시에 내면에서 자라나던 자존감, 그리고 모처럼 자신을 걱정해 주고 사랑해 주는 사람들을 만났다는 느낌에서 오는 행복감, 더 먼 추억으로는 지휘자 선생님이 직접 만들어 주신 바이올린을 들고 그 속에서 반짝거리는 소망을 보며 웃던 순간까지. 지금도 가난한 환경이 바뀐 것은 아니지만, 아이들은 이 황금의 추억들을 자신의 앞에 놓인 시련들을 뚫고 담대하게 전진하게 만들어 줄 동력으로 믿습니다.

격렬한 정치판 소식, 불안한 시장판 소식 등 인간들끼리 갈등하며 쏟아 내는 소음들로 가득한 신문 한 구석에서 마음을 따스하게 만들어 주는 기사를 만나게 되면 '사막에서 신선한 오아시스를 대하는 여행자의 심정이 이렇겠지' 하는 생각이 듭니다. 손수 만든 악기들을 불우한 아이들의 손에 들려주고 음악을 만나게 함으로 그들에게 꿈을 선물한 H씨의 이야기가 그랬습니다. 기사와 유튜브에서 찾아낸 동영상들을 기초로 '그들'의 이야기를 그려 보는 내내 마음이 따뜻했습니다.

예수님이 생각났습니다. 이 땅에 오신 예수님은 12명의 제자들을 불러 주셨습니다. 그들은 한결같이 소망을 잃은 자들이었습니다. 민족을 지배하는 로마에 대한 증오심으로 가슴에 칼을 품고 로마 군인

또는 반역자의 목숨을 노리며 살아왔지만 자신의 행동이 한낱 계란으로 바위치기임을 잘 알고 있는 풀 죽은 민족주의자들, 입에 풀칠하기 위해 시작한 일인데 '로마의 발바닥이나 핥고 사는 놈'이라며 퍼붓는 동족들의 비난으로 죽을 지경인 세금징수원, 장래에 대한 아무런 소망도 없이 고기잡이로 하루하루를 때우는 일에 어느새 이골이나 버린 촌부들…. 이런 모습으로 만난 제자들은 걸핏하면 자기 감정과 욕심을 드러내고 티격태격합니다. 한심스런 제자들의 면면입니다.

그런데 그들의 삶이 변하기 시작합니다. 천국에 대한 예수님의 가르침을 통해 꿈을 갖게 되고, 주님의 부활과 성령 임재의 사건을 경험하면서 제자들은 180도 달라집니다. 변화된 인격으로 하나 됨을 이룬 제자들은 장차 올 하나님 나라를 확신하며, 자신의 믿음과 소망의 주제인 예수님을 담대하게 전하고, 그분의 사랑을 성실하게 실천합니다. 이렇게 변화된 제자들의 삶과 사역은 다시 이 땅의 혼돈과 공허와 흑암에 눌려 있던 사람들의 변화를 낳습니다. 그 후 역사 안에서 끊임없이 이어져 온 변화의 고리들.

교회는 예수님께서 시작하신 이 신비한 변화의 사슬을 지속적으로 이루어 가는 장소가 되어야 합니다. 여러분이 섬기시는 교회가 먼저 이런 장소가 되길 축복합니다. '내'가 먼저 믿음과 소망(꿈)과 사랑을 통해 변화되지 않으면 불가능한 이 위대한 작업을.

망원경과 현미경

　　　　지난 화요일 중보기도 모임에 가기 전 둘째 딸 민희와 저녁을 먹고 있었습니다. 풋고추를 고추장에 찍어 먹고 있는데(그런데 왜 고추를 다시 고추장에 찍어 먹어야 하는 걸까요?☺), 아빠가 먹는 모습이 맛있어 보였는지, "아빠, 고추 안 매워?" 하고 묻더군요. 그래서 무심결에 "하나도 안 매워. 그냥 시원한 오이 같애"라고 대답해 주었습니다. 제 말에 용기를 얻었는지, 좀 작게 생긴 것을 골라 베어 물었습니다. 그런데 곧바로 인상을 찌푸리면서 "아빠, 안 맵다고 했잖아" 말하고는 입 안을 식히려는지, 연신 찬바람을 들이켰습니다. 늘 한국 음식에 길들여 있는 제 혀와 미국 음식에 길들여 있는 민희의 혀는 그렇게 달랐던 겁니다. 그런 차이는 생각지도 않고 "하나도 안 매워(왜 '하나도'라는 강한 수식어까지 붙였는지, 쯧쯧쯧)"라고 던진 말이 미안하기만 했습니다.

이처럼 소품과도 같이 간단한 일을 겪는 동안 영적 깨달음이 찾아 왔습니다. '그래 사람들은 다 다르지. 지문이 다 다르듯이 사람마다 성장해 온 환경이 다르고, 또 하나님으로부터 받은 기질이 다른 거야. 이외에도 사람들 간의 차이점을 설명할 수 있는 변수는 너무나도 많아. 그런데도 우리는 주위사람들도 나와 같을 거라고 전제해 버리곤 쉽게 행동할 때가 많으니…. 차이점들을 무시하고 행동하는 순간, 돌이키기 힘든 어려움을 주거나 당할 수도 있는데 말이야.' 아주 단순한 생각이지만 마음 저 깊은 곳에 심겼습니다.

하나님께서 바울을 통해 주신 말씀이 예방주사처럼 떠올랐습니다. "각각 자기 일을 돌아볼뿐더러 또한 각각 다른 사람들의 일을 돌아보아…"(빌립보서 2:4). 이 말씀은 빌립보 지역의 믿지 않는 사람들이 아니라 교회의 성도들에게 주신 말씀입니다. 주님을 믿고 거듭나고 새사람이 되었지만, 자기 중심적으로 생각하고 행동하는 패턴을 벗어 버리기가 쉽지 않은 겁니다. 그러니 자기를 돌보는 일과 똑같은 비중으로 다른 성도들의 일도 돌아볼 수 있도록 훈련하라는 겁니다. 말씀에 사용된 '돌아보다'라는 단어에 해당하는 헬라어는 '스코포스(skopos)'로 '매우 깊은 관심을 갖다'라는 뜻을 갖고 있으며, 또한 망원경(telescope), 현미경(microscope)의 어원이기도 합니다.

그렇습니다. 우리는 이웃을 볼 때 그냥 '내 중심의 눈'으로만 보면 오해할 수 있는 겁니다. 이웃들이 하고 있는 행동을 망원경으로 바짝 끌어당겨서 볼 수 있는 마음의 여유가 있어야 합니다. 그래서 얼굴에 피어난 웃음이 비웃음인지 아니면 사랑의 표현인지를 발견할 때 오해가 생기지 않는 겁니다. 또한 이웃의 마음은 현미경을 들이대고 살펴볼 필요가 있습니다. 그래서 그들 마음이 담고 있는 진심을 발견할 수 있어야 하는 겁니다. 내가 나 중심으로 서 있는 '이 자리'에 서서 보는 것만으로는 완전하지 않기 때문입니다.

성경 박사라고 할 수 있는 바리새인들이나 죄인이라 불리우는 세리와 창기들은 다 같이 예수님을 바라보았습니다. 주님이 가르치신 천국복음을 똑같이 들었고, 주님께서 일으키신 표적과 기사도 함께 보았습니다. 그런데 바리새인들은 예수님을 메시아로 믿지 않았고 심지어 십자가 처형의 자리로 내몰고 말았습니다. 반대로 당시 사회에서 죄인으로 낙인 찍혔던 세리와 창기들은 예수님을 메시아로 믿고 그분의 말씀을 순종하고 따랐습니다. 무엇이 그런 차이를 만들어냈을까요?

아주 간단합니다. 바리새인들은 자기를 내려 놓지 않은 채 주님을 바라보았습니다. 반대로 세리와 창기들은 자기를 내려 놓고 주님을 바라본 겁니다. 이 아주 간단한 차이가 한 부류의 사람들은 생명의 길 위에 서게 하고, 다른 부류의 사람들은 사망의 길에 서게 한 겁니다.

우리는 어떤 눈으로 이웃을 바라보고 있을까요? 영적 망원경과 현미경을 손에 잡고 그 사용법을 지금 바로 연습하시기 바랍니다.

:

SNS 잘 사용하기

:

    판단에서 자유로운 사물들도 사용하는 주체가 누구냐, 또는 어떤 동기에 의해 사용되느냐에 따라 선과 악의 옷을 입게 됩니다. 가장 흔히 접하게 되는 예가 칼입니다. 병의 원인을 제거하려는 목적으로 의사가 사용하고 있다면 그 칼은 '선'이라는 판단의 옷을 입게 됩니다. 반면 한 생명을 해하려는 살인자의 손에 들려 있다면 그 칼은 반대편 판단의 자리에 서게 됩니다. 이런 류의 예를 들자면 부지기수입니다. 소셜네트워크서비스(앞으로 약자인 SNS로 표기)도 그중 하나라는 생각이 듭니다.

    SNS는 온라인을 통해 인맥을 구축해서 소식과 정보를 서로 주고받는 기능이라고 간단히 정의할 수 있을 겁니다. 총 가입자 수가 10억이나 되는 대표선수 페이스북을 비롯해서 트위터, 카톡 등이 우리가 잘 알고 있는 SNS들입니다. PC와 스마트폰 보급률이 급성장하면서 지구촌 전체가 SNS로 연결되어 있다 해도 과언이 아닐 겁니다. 저도 페이스북과 카톡에 접속되어 있는데, 멀리 떨어져 있어 직접 만날 수 없는 친구들과 소통하고 그동안 소식을 알 수 없었던 지인들과 새롭게 인연을 이어 가는 등 몇몇 유익을 누리고 있습니다. 물론 SNS에 대한 비판의 목소리도 드셉니다. 중독성이 강하다, 개인 정보 누출 위험성이 높다, 잘못된 정보들이 여과 없이 전 세계에 퍼져 나갈 수 있다, 사회를 정의보다는 포퓰리즘으로 몰아갈 수 있다… 등등 많습니다. 결국 SNS도 어떤 목적으로 사용되느냐가 관건인 셈입니다.

우리 교회는 홈페이지를 갖추고 있습니다. 90년대 초부터 일반인 사용이 허용되면서 빠른 속도로 확산되어 간 인터넷은 사이버 공간이라는 새로운 세계를 열었습니다. 직접 만질 수 없고 신체적으로 방문할 순 없어도 엄연히 존재하는 이상스런 공간이 시작된 겁니다. 사이버 땅도 땅인지라 어느 한 곳에 깃발을 꽂고 소유를 주장하려는 사람들이 몰려들었습니다. 땅 따먹기 경쟁이 시작된 거지요. 장도 열리고, 은행도 세워지고, 백과사전적 지식 창고도 생기고, 서점도 생겼습니다. 자살 사이트, 성매매 사이트, 게임 사이트 등 독성을 지닌 공간들도 독버섯처럼 영역을 넓혀 가고 있습니다. 이곳에 영적 오아시스가 필요하다는 생각이 들었습니다. 그래서 탄생한 것이 교회 홈페이지입니다. 5년 정도의 시간이 지난 현재 165,000여 명이 방문했고 최근엔 하루에 1,000여 명 가까이 접속할 정도로 활발한 공간으로 자리 잡았습니다.

그런데 여전히 목마름이 있었습니다. 홈페이지에선 교회가 일방적으로 올린 정보를 그저 보거나 듣고 갈 뿐 상호 소통은 일어나지 않는 겁니다. 예를 들면, 성경말씀을 중심으로 서로의 생각을 나눌 목적으로 Q.T. 방을 열어 보았지만 저의 모노드라마 장소가 되고 말았습니다.

그래서 이번에 SNS를 통해 시도해 보았습니다. 스마트폰을 가진 성도님들을 초대해서 매일 말씀 나누기를 시작한 겁니다. 아직도 자리를 잡아 가고 있는 중이지만 이젠 제법 활발합니다. 말씀 몇 구절을 중심으로 좋은 묵상들이 오가고 있으니 말입니다. 지역적, 시간적 제약 때문에 Q.T. 모임을 따로 조직할 수 없었는데 SNS가 이를 가능하게 해 준 겁니다. 아무 때나 말씀 한두 절을 가지고 잠시 머물러 묵상하고 그 내용을 서로 나눌 수 있는 좋은 공간이 생긴 겁니다. 사이버 공간에 새로운 목장이 생겼다는 생각에 기분이 유쾌합니다.

어떤 공간에도 주님 말씀이 넘쳐나길 바라는 마음 간절합니다.

S.D.G.의 삶

스타인웨이 앞에 자리 잡고 앉아 호흡을 가다듬는 듯, 잠시 눈을 감았습니다. 드디어 손이 건반 위를 달려가기 시작했습니다. 느리게 빠르게… 곡의 템포에 따라 팔만 움직이는 것이 아니라 몸 전체가 음악을 따라 물결치고 있었습니다. 한 동작 한 동작이 내 시선과 호흡을 빨아들였습니다. 스타인웨이가 소리를 내는 건지 움직이는 몸이 소리를 내는 건지 구분이 잘 안 될 정도로 훌륭했습니다. 다른 아이들은 거대한 스타인웨이 앞에서 장난감 인형 같은 모습이었는데, 피터는 마치 스타인웨이의 조련사처럼 노련한 모습이었습니다. 아니 어느새 피터와 스타인웨이는 한 몸이 되어 있었습니다. 드디어 멋진 손동작과 함께 마지막 음이 스타인웨이를 빠져나오고… 도취에서 막 깨어난 관객들의 박수 소리가 강당을 가득 채웠습니다. 처음 듣는 피터의 피아노 연주는 아주 훌륭하고 감동적이었습니다.

연주회장 앞에 부모님들이 정성껏 차려 놓은 음식도 심플하지만 훌륭했습니다. 음식을 사이에 두고 얘기를 나누던 중 피터가 이런 말을 했습니다. "목사님, 연주하기 전 잠시 눈 감고 기도하면서 '하나님께 영광 되길 바랍니다'라고 말씀드렸어요. 그런데 기도 후 마음이 편해졌어요. 연주도 실수 없이 할 수 있었구요." 이 말을 듣는 순간 크기를 잴 수 없는 감사가 제 마음으로 밀려들었습니다.

바하(Bach)는 곡이 완성될 때마다 악보 앞부분에 S.D.G. (Soli Deo Gloria, 하나님의 영광을 위해)라고 적어 넣었다고 합니다. 그는 작곡가로서의 삶을 하나님께서 주신 소명(Calling)이라고 믿었고, 그래서 음악 활동을 하나님께 영광 드리는 마음 자세로 감당했던 겁니다. 그래서 작품을 만들고 연주할 때마다 자신이 갖고 있는 최고의 재능을 쏟아부었습니다. 그 결과 바하의 작품들은 하나같이 다 명곡이 되었고 지금까지도 세간의 사랑을 받고 있습니다. 하나님께선 그의 진실된 마음을 받아 주셨고, 그의 이름을 높여 주신 겁니다.

주님께선 바울을 통해 모든 성도들에게 도전적인 말씀을 던져 주셨습니다. "그런즉 너희가 먹든지 마시든지 무엇을 하든지 다 하나님의 영광을 위하여 하라."(고전 10:31) 우리 성도들의 삶은 우연이 없습니다. 삶의 모든 부분이 다 하나님의 섭리 가운데 있는 겁니다. 그러니 현재 우리가 몸담고 있는 직장이나 사업장도 하나님의 소명(Calling)임을 믿을 수 있어야 하는 겁니다. 이런 믿음은 일(직업)의 가치에 대한 사회적인 통념에서 우리를 자유케 합니다. 하나님께서 이 일을 허락해 주셨다고 믿는 순간, 내가 감당하고 있는 일은 소중하고 의미 있는 것으로 바뀌게 되는 겁니다. 또한 그 믿음은 일에 대한 우리의 자세도 바꾸어 놓습니다. 바하처럼 기쁨과 감사의 마음으로 하나님께 영광을 돌리며 주어진 일을 감당할 수 있게 되는 겁니다. 그럴 때 일의 결과도 질과 양에서 풍성해지게 되구요.

오늘도 일터로 나가는 여러분도 현재 주어진 일을 소명이라 믿고 어깨를 펴시고, 찬송을 부르고, 얼굴에 웃음을 가득 담고 출발하시기 바랍니다. 하나님께서 이런 분들을 높여 주실 겁니다.

'답다'의 회복을 바라며

최근 뉴스를 보니 한국 정가에 이상한 바람이 불고 있습니다. 정치와는 전혀 관계없는 인사가 대중의 인기를 얻고 있는 겁니다. 최근 공석이 된 서울 시장 재보선에 A씨가 출마 가능성을 비치면서 일어난 바람입니다. 의사, 컴퓨터 백신 사업가, 대학원 교수… A씨의 이력이 이처럼 화려하고 다양한 것은 사실이지만 그 속에서 정치가적 요소를 발견해 내기는 쉽지 않습니다. 그런데 "바꿀 것이 많다…", "하드웨어에만 신경써 온 행정에서 벗어나 이제 소프트웨어에 집중해야 한다" 등 출마의 변과 같은 말을 던지자 국민들이 환호하며 지지를 보내기 시작한 겁니다. 그가 평소에 보여 준 '공정함', '깨끗함', '도전 정신', '이타주의' 등이 자기 정당의 이익 챙기기에만 급급한 기존 정치권의 행태에 식상해 있던 국민들에게 크게 어필한 모양입니다. 또한 높은 지지율에도 불구하고 타 후보의 손을 들어주고 선

선히 물러난 무욕의 모습도 국민들을 감동시키기에 충분했습니다. 그래서인지 '대권 도전'을 물을 때마다 손사래 치는 A씨에 대한 국민들의 기대는 여전합니다. 아직도 대선 후보 여론조사에서 1, 2위를 다투고 있으니 말입니다.

한쪽 구석에서 불고 있는 또 하나의 바람이 있습니다. 기독교 정당을 세워 정치판에 뛰어들겠다는 목회자들의 모임입니다. 기독교의 본질은 A씨가 가지고 있는 긍정적인 요소들을 훨씬 뛰어넘습니다. 하지만 국민들이 보여 주는 반응은 조소 또는 무관심입니다. 기독교 정신으로 정치하겠다는 목회자들이 과연 기독교 정신으로 무장된 사람들인지 확신이 가지 않기 때문입니다. 그들이 과연 공의와 사랑이라는 기독교 정신을 의지하고 나선 것인지, 아니면 전체 인구의 20%가 넘는 교회의 외형만 믿고 나선 것인지 잘 구분이 되질 않기 때문입니다. 이번 사건으로 인해 교회가 다시 한 번 사회에 부정적인 이미지를 심게 되지는 않을까 하는 생각 때문에 안타깝기만 합니다. 동시에 이 반갑지 않은 바람의 중심에 있는 목회자들이 기독교 정당 세우기 운동을 빨리 접고 나라와 민족을 위한 기도에 정진했으면 하는 소망이 간절합니다.

이 두 가지 사건을 접하면서 '답다'라는 접미어가 머릿속에 떠올랐습니다.

정치인들이 정치인들답지가 않으니 이런 이상한 바람이 분다는 생각이 든 겁니다. 정치는 국가와 국민의 이익과 안녕을 최대화하기 위해 존재하는 수단에 불과합니다. 따라서 각 정당들은 그 숭고한 목적을 위해 의견을 나누고 수렴하고 양보하고 보완하는 태도를 가지고 정치에 임해야 하는 겁니다. 그런데 정당들이 극과 극으로 대립해서 자기들 밥그릇 챙기려고 싸움만 해 대니 국민들은 그런 정치를 신뢰하지 못하고 식상해 하는 겁니다.

교회도 마찬가지입니다. 요즘 한국 교회의 성장율은 점점 뒷걸음질 치고 있습니다. 하나님 나라 확장에 실패하고 있는 겁니다. 그 이유는 분명합니다. 교회가 교회답지 못하고 성도들이 성도답지 못하기 때문입니다. 한 책의 제목을 빌자면 '예수없는 예수 교회'가 수두룩하기 때문인 겁니다. 걸핏하면 싸우고 분리되고, 걸핏하면 자리 모자란다고 막대한 돈을 들여 건물을 세우고, 교단의 장을 뽑을 때마다 정치판을 무색케 하고… 주님께서 가르쳐 주신 사랑과 연합과 영적 가난과 겸손과 섬김 등 교회의 본질들이 점점 희미해져 가고 있는 겁니다.

사회가 교회를 차가운 눈으로 바라보는 것을 사탄의 책략이라고만 설명할 일이 아닙니다. 이젠 교회와 성도들이 말씀의 칼 앞에서 스스로를 아프게 성찰하고 회개해야 할 때인 겁니다.

물론 이 운동은 당연히 '나'부터 시작되어야 합니다.

가릴 수 없는 진실

　　　　백악관에서 설치한 웹사이트를 방문하기는 생전 처음
이었습니다. PC 자판을 몇 차례 두드리자 사이버 공간의 백악관 내
부였습니다. '세상 참 많이 변했네'라고 감탄하며 '청원(petition)' 건
들을 다루는 곳으로 가 보니 "The East Sea-a FALSE history in
our textbooks(동해-우리 교과서 속의 역사적 오류)'라는 내용이 눈
에 들어왔습니다. 미국 교과서에 표기된 '일본해'를 '동해'로 바꾸어
야 한다는 청원 내용이 그 이유와 함께 잘 정리되어 있었습니다. 청원
에 동참하기 위해 필요한 절차를 다 마친 후 한 표를 던지고 나니 마
음이 다 후련했습니다. '16,102.' 제가 한 표를 행사한 후 집계된 전체
청원자들의 숫자였습니다. 백악관 정기회의 석상에서 공식 안건으로
다루어지기 위해 필요한 숫자는 '25,000'…. 그런데 표 행사 후 일주
일이 채 안 되어 그 숫자를 넘었다는 뉴스를 접할 수 있었습니다. 이

번 청원 운동이 역사의 진실을 감추려는 일본의 꼼수를 드러내는 또 다른 유효타가 되길 바라는 마음 간절합니다.

"1992년 1월 8일부터 이곳 일본대사관 앞에서 열린 일본군 '위안부' 문제해결을 위한 수요시위가 2011년 12월 14일 천 번째를 맞이함에, 그 숭고한 정신과 역사를 잇고자 이 평화비를 세우다." 주한 일본대사관 앞에 세워진 '위안부 평화비'에 새겨진 선언문 내용입니다. 그런데 이 문제의 국가 총리가 지난달 이런 망언을 했습니다. "위안부 평화비에는 사실과 괴리가 있는 표현이 사용되었다." '위안부'를 'Sexual Slavery(성노예)'라는 영어 표현으로 번역했는데 그것이 잘못되었다는 트집입니다. 1992년 이후 1,000번이나 수요 시위를 벌였음에도 진실된 역사 앞에서 사죄할 줄 모르는 일본의 후안무치가 총리의 발언을 통해 그대로 드러난 셈입니다. '가깝고도 먼 나라'라는 표현 속의 '먼'이 참으로 까마득해 보입니다. 시위에 참여한 한 여성이 든 피켓의 문구가 아직도 마음에 남아있습니다. "ALL WE WANT IS A SINCERE APOLOGY(신실한 사과 한 마디가 우리가 원하는 전부다)."

파스칼이 '힘 없는 정의는 무기력하다'고 했는데, '이제야 우리 민족이 진리를 되찾고 지킬 만한 힘을 갖게 되었구나' 하는 생각에 뿌듯한 마음이 들었습니다.

자신이 지닌 알량한 권력과 재력으로 진리를 감추고자 하는 세력은 성경에도 등장합니다.

예수님의 무덤을 지키던 군병들은 예수님의 부활 장면을 목격하고 "무서워하여 떨며 죽은 사람과 같이" 되고 말았습니다. 그들은 두려움으로 인해 풀린 다리를 끌고 유대의 종교 지도자들을 찾아가 그들이 목격한 사건의 전말을 보고 했습니다. 대제사장들과 장로들은 깜짝 놀랐습니다. 평소 예수님께서 하신 말씀이 현실이 된 겁니다. 이 사실이 유대 전역에 퍼진다면 예수님의 공생애 때보다 더 큰 일이 일어날 것을 예측한 지도자들은 그 자리에서 꾀를 냈습니다. 돈을 주고 군병들을 매수한 겁니다. "이제 나가서 소문을 내라. 예수의 제자들이 밤에 몰래 와서 예수의 시체를 도적질해 갔다고." 돈은 제대로 그 힘을 발휘했습니다. "이 말이 오늘날까지 유대인 가운데 두루 퍼지니라." 마태는 자신이 기록한 복음서에 예수님 부활과 관련한 당시 사회 분위기를 이렇게 적고 있으니 말입니다.

하지만 손으로 태양을 가릴 순 없는 법이다. 예수님은 분명히 십자가에서 돌아가셨고, 아리마대 사람 요셉이 제공한 무덤에 갇히셨다가, 장사한 지 사흘 만에 다시 살아나셨습니다. 이 땅의 역사 속에서 일어난 이 확실한 사건, 이 복음의 소식을 믿고 지금 믿음의 성도들은 구원의 기쁨을 누리고 있는 겁니다.

주님은 정말로 살아나셨습니다!!!

:

껍데기**보다** 속

:

기억 창고를 뒤지다 보면 생각만 해도 얼굴 뜨거워지는 장면들과 종종 맞닥뜨릴 때가 있습니다. 당시는 너무 부끄러워 다시는 기억하고 싶지 않은 심정으로 창고 깊숙한 곳에 감춰 두지만, 시간이 훌쩍 지난 후 우연찮게 다시 떠올리게 되면 부끄러움보다는 사건이 담고 있는 교훈 때문에 빙그시 웃게 되는 그런 추억들이 누구에게나 있기 마련입니다.

무디 신학대학원에 다닐 때의 일입니다. 함께 공부하던 한국 학생들과 어울려 점심 식사를 하러 교내 식당으로 가던 길이었습니다. 모두가 한창 진행 중이던 대화에 몰두하며 걷고 있을 때, 갑자기 L 전도사님이 방향을 틀어 일행을 벗어나기 시작했습니다. 어리둥절해진 나머지 동료들은 발걸음을 멈추고 전도사님을 바라보았습니다. 그때서야 식당 근처에서 서성이고 있는 노숙자가 우리들 눈에도 들어왔습니다.

L 전도사님이 우리 쪽을 향해 물었습니다. "이분을 식당에 모시고 가서 식사를 대접하고 싶은데요." 그러자 일행 중 한 사람이 대답했습니다. "그건 안 될거예요. 학교가 금하고 있거든요. 이 지역 수많은 노숙자들을 다 돌볼 수는 없잖아요. 그래서 그런 룰을 만들었다고 들었어요."

잠깐 생각하던 L 전도사님은 우리들에게 노숙자를 부탁하고 식당 쪽으로 급히 달려갔습니다. 잠시 후 되돌아온 전도사님의 손에는 샌드위치와 음료수가 들려 있었습니다. 음식을 받아든 노숙자의 얼굴에 퍼지던 그 행복한 미소를 지금도 잊을 수가 없습니다. 모진 세파에 시달려 온 얼굴에서도 그런 미소가 피어날 수 있다는 사실이 믿겨지지 않을 정도였습니다. 전도사님의 친절과 사랑이 작은 기적을 만들어 냈던 겁니다.

한편 아주 부끄러운 순간이기도 했습니다. 평소에 갖고 있던 노숙자들에 대한 생각 때문이었습니다. "다운타운이라 그런지 학교 근처에 노숙자들이 정말 많구나. 만나는 사람들마다 다 도와 달라고 하면 어쩌나. 어차피 내 능력을 벗어나는 일이니, 되도록이면 피해 다녀야겠다." 학교가 만들어 놓은 룰을 적당히 응용해 적용했던 겁니다. 이런 생각 때문이었는지, 어느 순간부터 노숙자들이 사랑의 대상이 아니라 그저 다운타운을 이루고 있는 살풍경의 일부로만 보일 뿐이었습니다. 그래서 그날도 L 전도사님이 본 노숙자를 제 눈은 보지 못했던 겁니다.

부끄러움과 큰 교훈을 동시에 담고 있는 이 사건이, 오늘 아침 Q.T.할 분량 로마서 2장 25절부터 29절의 말씀을 묵상하던 중 갑자기 떠올랐습니다. 바울을 통해 하나님은 "이면적(속사람) 유대인이 유대인이며 할례는 마음에" 하는 것이라고 가르쳐 주십니다. 몸에 있는 할례의 표시를 보이며 "우리는 하나님께서 선택해 주신 특별한 백성이야"라고 말하며 자랑하는 유대인들을 깨우치기 위해 주신 말씀입니다. 하나님께선 허울 좋은 껍데기가 아닌 마음의 중심에 관심을 갖고 계신 분이심을 확실하게 교훈하고 계신 겁니다.

주님께서 바리새인들을 향해 서슬퍼런 책망을 쏟아 놓으신 이유도 그 맥락이 같습니다. 트래픽이 심한 거리에서 기도하길 좋아하고, 뻔히 드러나는 행색을 한 채 금식하고, 팡파레를 불어 대며 불쌍한 사람을 돕는 통에 껍데기는 의의 모양새를 갖춘 것처럼 보이지만, 그 속을 들여다보니 교만으로 가득했던 겁니다. 주님은 그들의 가식된 삶을 '겉만 잘 치장된 무덤'과 같다고 꾸짖으셨습니다.

빛의 찬란함과 소금의 짠맛의 출처는 잘 꾸민 껍데기가 아니라 의로운 영혼임을 기억하고 속사람을 바로 세워 가는 한 해가 되시길 바랍니다.

출장? 여행?

　　이 주 전 폭설로 미루었던 어바나와 샴페인 지역 방문을 지난 월요일에 마쳤습니다. 작년에 그곳에서 교회를 개척한 목사님들을 만나 격려하고 위로할 목적으로 계획한 출장이었습니다. 그래서 트렁크 안에는 묵직한 쌀 두 포대와 김 두 박스가 실렸습니다.

　　자동차 안 좁은 공간에서 좋은 목사님들과 유쾌한 대화를 나누며 왕복 6시간 정도를 보내는 중 '출장'은 어느새 '여행'이 되어 있더군요. 대화 중간중간 시선에 담겨 오는 낯선 풍경들에도 제 가슴은 여행자처럼 설레었습니다.

　　목적지가 대학촌이어서 일까요? 제겐 또 다른 설레임이 있었습니다. 그곳에서 공부하는 큰딸 때문에 3년 반 동안 앤 아버를 오갔던 기억이 떠올라서 였습니다. 수많은 기억들 중 유독 한 가지가 머리를 떠나지 않았습니다. 벌써 4년 전 일이군요. 여름방학이 막 시작되어 딸을

65

데리고 집으로 오던 때였습니다.

친구들 집에 맡길 짐과 집으로 가져갈 짐을 대충 가려내 차에 싣고 시카고로 오는 도중, 갑자기 발이 불편해졌습니다. 운동화 끈을 너무 졸라 맸는지 브레이크와 가속 페달을 밟을 때마다 오른발 뒤꿈치가 아팠습니다. 견디다 못해 결국 신발을 벗어 버리고 말았습니다. 맨발로 운전하기는 그때가 처음이었습니다. 불편할 줄 알았는데… 약 5초 정도 페달 밟기의 강약 조절을 익히고 난 후부터는 더 세밀하게 그리고 더 만족스럽게 속도를 조절할 수 있었습니다. 페달과 내 발을 가로막고 있던 두터운 운동화의 두께가 사라진 후에야 깨닫게 된 새로운 경험이었습니다. 운동화는 분명히 보호의 측면에서 많은 이점을 가져다줍니다. 그러나 흙의 부드러움과 풀의 싱그러움을 직접 감촉할 수 없는 등등등… 반대급부도 있음을 깨닫게 된 순간이었습니다.

갑작스레 떠오른 추억은 당시 얻었던 영적 깨달음까지도 이끌어 왔습니다. 인간이 쌓아 온 문명 속에서 상실되어 가는 소중한 것들에 대한 염려랄까. 예를 들면 이런 겁니다. 집, 건물과 차는 거주와 이동의 편리함을 제공하지만, 하나님께서 만드신 자연물들을 직접 감상하며 그 속에서 그분의 솜씨를 발견하는 기쁨을 차단하는 방해꾼이 될 수도 있습니다. 전자메일은 빠르게 소식을 나눌 수 있는 도구가 되지만, 동시에 눈물 자욱, 눌러 놓은 꽃이나 낙엽, 나의 일부인 필체를 함께 전할 수 없어 따뜻한 정(情)을 통한 관계 세우기에 효과적이질 못합니다. 비약적으로 발전한 미디어들은 과거엔 상상할 수도 없었던 재밋거리들을 가지고 여유시간을 채워 주지만, 동시에 우리의 영혼을 혼탁하게 만들 수 있습니다. 휴대전화는 어느 곳에서나 연락이 가능한 편리함을 제공해 주지만, 홀로 있어 하나님과 소통하거나 스스로를 들여다볼 수 있는 시간을 상당 부분 빼앗고 말았습니다. 이 땅의 과학과 기술을 통해 '필요(needs)'를 충족키 위해 만들어 낸 수많은 '것(things)'들에 갇혀 결국 하나님과 이웃과의 아날로그적 소통의 영역을 점차 잃어 가는 현대인들의 메마르고 바쁜 자화상을 발견하게 된 겁니다.

운동화를 벗어 버리고 땅을 밟고 서는 시간을 스스로 만들어 내야 합니다. 가족들과 가까운 공원을 걷거나, 사랑하는 사람들에게 자필 편지를 쓰거나 직접 만나 대화하거나, 홀로 있는 시간을 내어 말씀을 묵상하거나 여행을 떠나거나…. '편리'를 이유로 촘촘히 세워진 문명의 창살을 벗어나 기지개를 주-욱 켠 후 하나님과 하나님이 만드신 피조물들을 오감을 통해 마음껏 즐길 수 있어야 합니다.

지난 월요일의 출장, 아니 여행은 여러모로 유익한 시간이었습니다.

연결점이 중요하다

최근 사무기기들이 말썽을 부립니다. 지난주엔 주일을 코앞에 두고 프린터가 오작동 램프를 깜빡거리며 심통부리는 통에 어려움을 겪었습니다. 주보는 USB 메모리에 저장한 후 교회에서 프린트함으로, 설교 노트는 아이패드에 담아 감으로 간신히 위기를 모면할 수 있었습니다(이 위기 덕에 종이를 절약할 수 있는 길을 발견한 쾌거도 있었지만).

그런데 며칠 전에는 데스크탑 PC가 말썽을 부렸습니다. 분명히 기계 돌아가는 소리는 들리는데 모니터는 깜깜한 겁니다. 서재의 모니터가 잘못되었나 싶어 막내의 모니터를 낑낑거리며 가져다가 연결해 보아도 결과는 마찬가지였습니다. 순간 머릿속이 복잡해졌습니다. "PC를 다시 구입하려면 미니멈 $$$은 각오해야 할텐데…. 그리고 그동안 공들여 작업해 저장해 놓은 자료들은 어떻게 하나…." 프린터 고장이

잽 정도였다면 PC의 말썽은 그야말로 카운터 펀치 수준이었습니다.

그때 우리 교회 컴퓨터의 달인 J가 생각났습니다. 막내를 통해 사태의 심각성을 미리 알린 후, PC를 J에게 보냈습니다. 마음속으로 'J는 반드시 해낼 수 있어.' 외치며(?) 마치 중요한 경기에 선수들을 출전시키는 감독의 비장한 심정으로 응원했습니다. 그런데 다음날 막내를 통해 들은 얘기가 기대 밖이었습니다. "J가 그러는데 아빠 컴퓨터 문제 없데. 모니터 연결하고 파워 꽂자마자 잘 작동한다는데." '이제 고민 끝!'이라 매우 기뻤지만, 한편으론 '뭔 일이지?' 하는 궁금증이 막 일었습니다.

금요일 저녁 드디어 PC를 앞에 두고 J와 마주섰습니다. "목사님이 경험한 문제를 저도 봤어야 하는데, 그러지 못해서 문제의 원인을 말씀드리기 어려워요." 멘트가 아마추어리즘을 벗어나 있었습니다. 심각한 표정도 전문가의 것이었습니다. J가 마지막으로 물었습니다. '그럴리는 없겠지만 혹시나 해서 묻습니다' 하는 표정이 역력했습니다. "그런데 목사님은 모니터를 PC의 어떤 포트에 연결하세요?" J의 질문에 "당연히 여기에 연결하지" 하고 답하며 자신 있고 당당하게 손가락 하나를 펴서 연결점을 가리켰습니다. 그런데…. "거기가 아니라 여기에 연결해야 되요." J의 손가락은 다른 곳을 지적하고 있었습니다.

현재 PC는 제자리로 되돌아와 신나게 작동 중입니다. 주인의 실수를 묵인하고 자기 일에 열중하고 있는 녀석을 물끄러미 바라보다가 이런 영적 깨달음을 얻습니다. '성경에 기록된 하나님의 말씀을 그대로 순종하지 않을 때 비슷한 종류의 실수를 범할 수 있다.'

블레셋과의 전쟁을 앞둔 사울 왕은 마음이 급했습니다. 제사를 진행할 사무엘의 도착이 늦어졌던 겁니다. 마음이 급한 사울은 왕의 직권으로 스스로 제사장 역할을 담당하고 말았습니다. 적군이 눈앞에 진 치고 언제 쳐들어올지 모르는 긴급 상황인지라 사울의 결정은 지극히 자연스럽고 또한 융통성 있어 보입니다. 그러나 하나님은 당신이 정해 주신 법을 순종하지 않은 사울을 버리셨습니다.

다윗은 하나님의 법궤를 자신이 거하는 성으로 들어 올리라 명합니다. 특별팀이 구성되고 그들은 법궤를 옮길 수레를 준비했습니다. 그런데 이송 중 큰 사고가 납니다. 갑자기 날뛰는 소 때문에 수레 밖으로 떨어지려는 법궤를 손으로 잡다가 팀원 한 명이 죽고 만 겁니다. 하나님께선 법궤를 옮기는 법을 정해 두셨습니다. 레위 지파가 어깨에 매고 옮겨야만 하는 겁니다. 법궤 이송 작전은 하나님을 사모하는 마음에서 시작되었습니다. 그러나 말씀이 뒷받침되질 못했던 겁니다. 동기가 순수했음에도 작전이 실패한 분명한 이유입니다.

우리의 삶은 하나님 말씀에 정확히 연결되어 있어야만 합니다.

체리 환담

최근 토요일 새벽 친교가 다시 시작되었습니다. S 집사님이 매번 요깃거리를 준비해 오시는 덕분에 부활된 겁니다. 커피와 간단한 다과를 앞에 두고 교회 식구들이 둘러 앉아 도란도란 얘기를 나누다 보면 시간 가는 줄 모릅니다. 물론 누구나 환영입니다. 지난 토요일 새벽에 있었던 일입니다.

이번엔 우리 가정이 도너츠와 머핀을 준비했습니다. M 가게에서 만들어 파는 것이 독특하고 맛있다고 말했더니 아내가 일부러 그곳에 가서 사 왔습니다. 예배가 끝난 후 계단 위쪽 문을 잠그고 주차장을 가로질러 친교실로 향하다가 신선한 새벽 공기에 발이 묶여 잠시 서성이고 있었습니다. 그때 S 집사님이 나오시더니 차 쪽으로 부지런히 걸어가셨습니다. 일찍 가시려나 하는 생각과 함께 다가가 보니 차에서 박스 하나를 들어내고 계셨습니다. 체리였습니다. 알이 큼직한 체리가 가득 담겨 있었습니다.

함께 친교실로 이어진 계단을 내려오는데 짙은 커피 향기가 코끝을 자극했습니다. 이젠 이른 아침 커피맛에 중독된 모양입니다. 친교실에 들어서니 평소보다 많은 수의 교인들로 테이블이 꽉 채워져 있었습니다. 악수와 인사를 나누고 식사 기도도 마친 후 자리에 앉아 커피 한 모금을 입에 물자 피로가 싹 달아납니다. 금방 씻어 내와 물기가 이슬처럼 묻은 체리를 집어 한 입에 넣고 베어 물자 달고 시원한 즙이 기분 좋게 입 안을 채웁니다. 손가락 끝에 끈적하게 달라붙는 설탕기를 연신 냅킨에 닦아 가며 먹는 도너츠는 커피와 어우러져 맛의 시너지 효과를 창출합니다. 하지만 음식 보다 훨씬 더 달콤하고 그래서 그곳에 모인 모든 사람들을 기분 좋게 만들어 주는 것이 있습니다. 시나브로 사라져 가는 음식 대신 테이블에 풍성하게 쌓여 가는 대화입니다.

체리 한 알을 집어 드신 A 장로님이 말씀하셨습니다. "할아버지는 체리를 안 좋아해." 모두가 의아한 표정을 하고 있을 때, 부인 되시는 A 집사님만 활짝 웃으셨습니다. "블루밍턴 딸 집에 내려갔을 때 자주 사용하는 말입니다. 손자들이 체리를 좋아해서 함께 마트에 가서 사올 때가 종종 있습니다. 체리를 씻어 아이들 앞에 내놓으면 얼마나 잘 먹는지 몰라요. 한참 먹다가는 자기들을 지켜만 보고 있는 저를 돌아보고 "할아버지도 같이 드세요"라고 말합니다. 그때 제가 손주들에게 하는 말이 이겁니다. "할아버지는 체리를 안 좋아해." 그러면 손자들의 손놀림은 다시 빨라집니다. 하도 그 말을 들어서 이제 손주들은 아예 절 체리를 좋아하지 않는 할아버지로 알고 있습니다." 곳곳에서 기분 좋은 웃음과 맞장구가 터져 나왔습니다. 이야기를 듣는 중 갑자기 어머님 생각이 났습니다. 좋은 것은 다 자식들에게 먼저 내주셨던 기억들과 함께. '어머니(부모님)의 사랑은 가이없어라'는 가사가 가슴에서 맴돌았습니다.

동시에 우리를 위해 끝없이 자신을 내어 주신 예수님이 떠올랐습니다. 예수님은 치유와 회복의 권능을 지니고 계셨습니다. 그 권능을 사용하셔서 주님께 나온 사람들을 돌봐 주셨습니다. 병든 자를 치유해 주셨고, 귀신들린 자에게선 악한 영을 쫓아 주셨습니다. 영혼이 곤고한 자에겐 말씀을 통해 회복을 선물해 주셨고 배고픈 자들에겐 빵을 주셨습니다. 하지만 한 번도 그 능력을 자신을 위해 사용하신 적이 없으셨습니다. 40일을 굶으셨어도 그 능력을 사용해 돌로 빵을 만들지 않으셨습니다. 아무리 피곤해도 제자들과 함께 걸어가셨습니다. 심지어 십자가에서 돌아가시던 절체절명의 순간에도 주님은 그냥 가만히 계셨습니다. 우리 인류의 구원을 위해 그 귀한 생명을 내어 주셔야만 했기 때문입니다. 그런 예수님의 사랑과 은혜를 그냥 당연한 것으로 여기며 무덤덤하게 살아가고 있는 건 아닌지… 체리 환담은 제 신앙을 재점검하는 소중한 기회가 되었습니다.

여백

숲에서
예수를 보다

4월의 흙길은 부드럽습니다. 내딛는 발을 환영하듯 포근하게 받아 주는 길을 걸으며 '줄탁동시'라는 단어를 떠올렸습니다. 병아리가 알을 깨고 나올 때 어미 닭이 돕기 위해 밖에서 함께 쪼아 주는 모습에서 나온 4자성어입니다. 어떤 일이 잘 성취되도록 여럿이 함께 협력한다는 뜻을 가진 말이지요. 대지(大地)가 얼음처럼 차갑던 품을 녹여 봄싹 돋움을 돕고 있는 풍경 때문에 이 단어가 떠올랐나 봅니다.

4월의 숲은 연초록빛 안개로 자욱했습니다. 큰 나무들 허리춤까지 자라난 어린 나무들의 성긴 봄옷은 고봉의 어깨 부분을 두르고 있는 안개를 꼭 닮아 있었습니다. 안개는 곧 짙푸른 구름으로 바뀌게 되겠지요.

숲길을 반쯤 걸었을 때, 문득 이런 생각이 들어 아내와 이야기를 나누었습니다. "숲은 참 너그러운 것 같아. 찾아오는 사람들이 누구든 상관치 않고 다 받아 주니 말이야. 심지어 돈벌이를 목적으로 벌목하러 온 사람들, 숲을 갈라 도로를 내려는 사람들, 숲의 형태를 바꾸어 리조트를 조성하려는 사람들까지도 그냥 받아 주잖아?"

대화 중 쉘 실버스타인의 '아낌없이 주는 나무'라는 딱 54개의 문장으로 이루어진 짧막한 동화가 기억났습니다. 작가가 이 작품을 쓰게 된 동기가 '너그러움'일 수도 있다는 생각 때문이었습니다.

작품에 등장하는 나무는 매일 자기를 찾아와 놀아 주던 아이에게 자신이 소유한 것들을 하나씩 하나씩 나눠 줍니다. 놀이감만 제공하면 마냥 행복해하던 아이는 어른으로 성장해 가면서 점점 더 많은 것을 요구합니다. 사회에 적응하기 위해 돈이 필요한 아이에게 나무는 열매를 나누어 줍니다. 가정을 이뤄 집이 필요해진 아이에겐 가지를 잘라 줍니다. 여행용 보트를 아쉬워하는 아이에게 선뜻 몸통까지 내어 줍니다. 그러면서도 아이가 좋아하는 모습을 보며 나무는 행복하기만 합니다. 물론 자기와 시간을 보낼 수 없는 아이의 바쁜 형편이 아쉽긴 하지만…. 어느 날 고단한 삶의 무게로 어깨가 축 쳐진 아이가 찾아옵니다. 이제 밑동만 남은 나무는 아무 것도 줄 수 없습니다. 다행히 이젠 아이도 더 이상 필요한 것이 없습니다. 편안히 쉴 장소 외에는. 자신이 내어 줄 수 있는 전부, 그 밑동에 걸터 앉아 평안한 얼굴로 쉬고 있는 아이를 보며 나무는 마냥 행복해 합니다.

숲에서 느낀 '너그러움'을 통해 시작된 연상 작업이 '아낌없이 주는 나무'를 거쳐 예수님께로 이동해 갔습니다. 예수님의 삶도 '환영과 베풂', 이 두 단어로 요약될 수 있으니 말입니다.

예수님은 당신을 찾는 모든 사람들을 긍휼함으로 맞아 주셨습니다. 당시 사회로부터 따돌림받던 세리, 창기, 문둥병자들까지도 차별 없이 따뜻하게 품어 주셨습니다. 또한 자신의 소유를 아낌없이 풀어 찾아온 자들의 필요를 넉넉히 채워 주셨습니다. 치유, 회복, 자유…. 그래서 주님을 만나고 돌아가는 자들의 영혼은 기쁨과 감사로 넘쳐 났습니다.

마지막엔 온 인류를 위해 생명까지 내어 주셨습니다. 죄의 날줄과 사망의 씨줄로 견고하게 짜인 감옥에 갇힌 인간은 그 출구 없는 공간이 전부인 줄만 알고 살았는데…. 십자가 형틀에서 그분의 심장이 멎는 순간 천국을 향한 출구가 열리는 것을 목격할 수 있었습니다. 그리고 믿음만 있으면 그 어떤 사람도 다 그 구원의 문을 통과할 수 있도록 허락해 주셨습니다.

예수님의 너그러움(교회에선 은혜라는 단어를 사용합니다)을 통해 생겨난 이 땅의 교회 안에도 너그러움이 넘쳤으면 하는 바램이 간절합니다. 누구든지 문을 열고 들어서는 순간 자신이 환영받고 있음을 분명히 체감할 수 있는 교회, 시간이 지나면서 자신의 필요가 채워짐을 경험하게 되는 교회들을 주변에서 어렵지 않게 볼 수 있길 바라는 소망이 큽니다.

숲에서
물을 보다

지난 금요일 새벽예배를 마치고 산책로에 갔습니다. 참 오랜만이었습니다.

봄을 즐기러 갔는데 그날 아침은 굳은 얼굴의 겨울이 숲을 지키고 있더군요. 훈련 안 된 군대처럼 어지러이 서 있는 나목들, 밤새 얼어붙은 땅을 달구고 있는 금빛의 햇살타래, 그 풍광 속을 여전히 씩씩하게 걷고 있는 반가운 얼굴들…. 보고 싶던 풍경이 살갑게 맞아 주는 숲길에서 고향을 느꼈다면 지나친 과장일까요?

그곳에서 물을 보았습니다. 겨우내 숲을 찾았던 눈과 비가 이런 모양 저런 형태로 존재하고 있었습니다. 그 위에 닿은 시선이 생각을 옷 입기 시작했습니다.

길가 우묵한 곳에 고인 물은 얼어붙어 있었습니다. 죽은 나뭇잎들을 끌어안고 얼음으로 정지해 있는 모습이 다소 그로테스크해 보였습니다. 그런데 얼마쯤 가다 보니 가녀린 물줄기가 산책로를 가로질러 소리 없이 움직여 가고 있었습니다. 과연 땅이 기울었나 싶을 정도로 약한 경사였습니다. 물줄기의 깊이도 1cm 정도나 될까. 그 폭도 신발 두 개 정도를 마주 이어 놓은 정도였습니다. 마치 무색의 셀로판지를 땅바닥에 붙여 놓은 것 같았습니다. 그 가녀린 몸체로 겨울의 차가운 입김도 아랑곳하지 않고 낮은 곳을 향해 끊임없이 흘러가는 모습이 신비롭기만 했습니다.

신앙의 달음질도 절대 멈춰서는 안 됩니다. 세상 일이 바쁘다는 이유로 말씀 읽고 기도하는 일을 멈추는 순간 우리의 영혼은 얼어붙기 시작합니다. 육신을 즐겁게 하는 일들에 마음을 빼앗겨 예배 드리는 일을 중단하는 순간 우리의 영혼은 돌처럼 굳어지고 맙니다. 자기 생각을 앞세워 하나님의 뜻 행하기를 멈추는 순간에도 같은 일이 일어납니다. 멈춤은 냉혹한 사단의 세력에게 영혼의 문을 열어 주는 행위이기 때문입니다. 사단이라는 점령군에 지배된 삶의 특징은 하나님과의 분리입니다. 얼어붙어 제 기능을 잃어버린 영혼의 눈과 귀로는 하나님의 임재하심을 결코 체험할 수 없는 겁니다.

바울은 목적지인 하나님 나라에 도착할 때까지 쉼 없이 달렸습니다. 로마 감옥도 그의 영적 달리기를 멈출 수 없었습니다. 그 안에서도 교회들을 위해 쉼 없이 기도했고, 문제가 있는 교회들을 수신자로 삼아 부지런히 편지를 써 내려갔습니다. 그 결과 바울의 영성은 늘 생명력으로 가득했습니다.

숲길을 따라가다 보니 살얼음만 살짝 얼어 있는 물웅덩이를 볼 수 있었습니다. 돌아오는 길에 다시 보니 표면을 덮고 있던 살얼음이 어느새 사라지고 없었습니다. 시간이 지나면서 점차 강해진 햇살이 녹여낸 겁니다. 하지만 밑바닥까지 얼어붙어 있던 물은 좀체로 해빙의 기미가 보이질 않았습니다. 살펴보니 수심의 차이 때문이었습니다. 수심이 깊은 물은 추위에 상대적으로 강한 면을 보이고 있었던 겁니다.

우리의 신앙도 마찬가지입니다. 평소 꾸준한 훈련을 통해 남들보다 깊은 영성을 갖춘 성도들은 갑작스럽게 닥친 시험과 유혹 앞에서도 크게 동요하지 않습니다. 욥이 그랬습니다. 하루아침에 사랑하는 자녀들과 소유한 재산을 모두 잃어버린 끔찍한 재앙 앞에서도 욥은 의를 놓치지 않았습니다. 그의 깊은 영성이 낳은 믿음의 고백은 들을 때마다 감동적입니다. "주신 자도 여호와시요 취하신 자도 여호와시니 여호와의 이름이 찬송을 받을지니이다."

물의 교훈을 안고 숲을 빠져나오는 동안 이런 질문 앞에 서 있는 제 자신을 발견했습니다. '현재 나의 신앙은 달음질치고 있는가? 내 영성의 깊이는 어느 정도인가?'

언제 가도 내 영혼을 흔들어 대는 숲은 매력적이고 또한 자극적입니다.

영혼을 위한 투자

안개비 내리는 소리를 들어보셨나요? 질문 자체가 잘못되었다고 이의를 제기하실 분들이 제법 많을 겁니다. 안개비는 무언가에 부딪쳐 소리를 낼 만한 부피와 중량을 지니고 있질 않기 때문입니다. 하지만 전 분명히 들었습니다.

몇 달 전 아내와 함께 산책로 입구에 섰을 때 안개비가 숲을 하얗게 감싸고 있는 광경을 목격할 수 있었습니다. 숲에 한 발 들여놓는 순간, 어릴 적 구름인 양 흰 소독약을 쫓아 차 꽁무니를 따라 달리던 때의 그 묘한 흥분이 슬그머니 찾아왔습니다. 그리고 그날 들을 수 있었습니다. 안개비가 내리는 소리를. 나뭇잎에 소리 없이 내려앉아 끼리끼리 몸을 합치고 불리다가 이파리의 그 가녀린 기울기도 견디지 못하고 굴러떨어져 아래쪽 나뭇잎에 부딪혀 내는 소리를. 굵은 모래를 긁어 대는 발소리를 멈추고 가만히 귀를 기울여야 들리던 그 소리를. 바쁜 마음으로는 들을 수 없는 소리들이 주변 곳곳에 있다는 사실, 그 새로울 것 하나 없는 사실을 그날 다시 깨달을 수 있었습니다.

숲은 바쁜 마음으로는 볼 수 없는 풍경들도 잔뜩 품고 있습니다. 걷다 보면 자기 몸보다 몇 배나 길어 보이는 여덟 개의 다리를 느릿느릿 움직여 길을 동서로 횡단하는 거미를 볼 수 있습니다. 이젠 새로운 생명을 꿈꾸며 고치를 만들다가 그만 바람에 미끌어져 실끝에 대롱대롱 매달리게 된 녹색 애벌레와도 만날 수 있습니다. 까맣게 죽은 나무에 흰 꽃처럼 피어나 그 생명력을 자랑하고 있는 버섯들도 볼 수 있구요. 자동차를 몰고 숲을 쌩쌩 지나쳐 가는 사람들의 눈에는 결코 담길 수 없는 값진 풍경들입니다.

신앙도 마찬가지입니다. 뭔가에 쫓기는 바쁜 마음으로는 하나님의 세미한 음성을 들을 수 없고, 우리의 삶을 터치하시는 그분의 손길도 느낄 수 없는 겁니다.

엘리야의 마음은 두려움으로 가득했습니다. 며칠 전 850명의 이방신 선지자들을 물리친 승리감과 3년 반 동안이나 계속되던 가뭄을 끝낸 기도 체험은 온데간데없이 사라지고 말았습니다. 그의 영혼은 "너를 죽이겠다"는 왕후의 말 한 마디에 지배되고 말았습니다. 그의 가슴이 두려움이라는 파도로 출렁이게 되자 엘리야는 하나님의 세미한 음성을 들을 수 없었습니다. 그를 지키고 계신 하나님의 강한 손길도 느낄 수 없었습니다. 결국 그는 100마일이 넘는 거리를 단숨에 달려가 광야 한 가운데로 숨고 말았습니다. 적으로부터 벗어난 그곳에서 엘리야는 다시 하나님을 체험하기 시작합니다. 그리고 그의 영혼은 회복됩니다. 주변의 상황에 얽매이거나 지나치게 바쁘게 반응하는 마음으로는 늘 함께하고 계신 주님을 결코 보고 들을 수 없는 겁니다.

복음서를 보면 주님의 일정은 쉴 틈이 없으셨습니다. 하나님 나라를 선포하며 가르치시고, 병든 자들과 귀신들린 자들을 고쳐 주시고, 이 마을 저 마을 부지런히 순회하시고… 그야말로 식사할 여유도, 머리 둘 곳도 없는 일정을 소화해 내셨습니다. 그 바쁜 중에도 한 가지 일은 반드시 행하셨습니다. 새벽 미명 한적한 곳에 나가 기도하시는 일이었습니다. 바쁜 일상으로부터 벗어난 그 자리에서 주님은 아버지 하나님과 친밀하게 교제하신 겁니다.

우리도 일상의 방해로부터 자유로운 공간이 필요합니다. 성경을 펴고 말씀에만 집중할 수 있는 장소, 기도하며 전심으로 하나님을 찾을 수 있는 시간이 꼭 필요합니다. 아침 햇살이 풍성한 거실 소파라도 좋고요, 식구들이 다 잠든 시간 주방의 식탁이라도 좋습니다. 산책길에 놓인 벤치라도 좋고, 일터의 점심 먹는 장소라도 좋습니다. 여유로운 마음으로 주님과 교제할 수 있는 장소라면 OK입니다. 그곳에서 매일 30분 정도의 시간을 드려 주님과 만나시기 바랍니다. 이 작은 투자가 여러분의 영혼을 튼튼하게 만들어 줄 겁니다.

숲 향과
인향(人香)

오늘은 숲 향이 달랐습니다. 오랜 가뭄에 수분과 함께 사라졌던 숲의 몸냄새가 다시 돌아온 겁니다. 바람 불 때마다 얼굴과 머리로 떨어져 내리는 물방울도 상큼했습니다. 서로 엉겨 붙어 몸집을 불려 가던 빗물이 소소한 바람도 못 이겨 낙하하는 모습이 제법 시원했습니다. 어제 내린 비가 산책길의 어제와 오늘을 그렇게 또렷이 구분하고 있었습니다.

영혼을 혼미케 하는 숲의 포옹에 묻혀 무념무상을 즐기며 걸음을 옮겨 놓을 수 있었습니다. 삶을 살다 보면 영혼이 낳은 생각들이 돌이켜 영혼을 가두어 버리는 순간들을 종종 경험하게 됩니다. 이때 포로된 영혼을 구하는 방법 중의 하나가 무념무상입니다. 잠시 내 생각을 옆으로 치워 두는 거지요. 오랜만에 내린 비가 자아낸 숲의 흥겨움이 온몸의 감각기관을 통째로 사로잡아 버린 사이 내 영혼은 아주 자연스레 자유로울 수 있었던 겁니다.

오감이 생산하는 순수한 감정에 충실하며 걷다가 저만치에서 다가오는 한 초로의 여자분을 보았습니다. 차림새와 행동이 남달랐습니다. 양손에 플라스틱 투명장갑을 끼고 있었고, 한 손엔 플라스틱 백이 들려 있었습니다. 산책길 바닥을 향한 시선은 뭔가를 찾고 있는지 연신 두리번거리고 있었습니다. 가까이서 보니 한국분이었습니다. 인사하고 지나치며 손에 들린 플라스틱 백 안을 슬쩍 들여다보았습니다. 약간의 의심-혹시 숲에서 캐낸 나물은 아닐까 하는-이 담긴 눈길로…. 백 안은 산책길을 더럽히고 있던 쓰레기들로 가득했습니다. 잔잔한 감동이 미안함과 함께 순식간에 가슴을 점령하고 말았습니다.

무념무상은 깨지고 영혼은 다시 생각을 쏟아 내기 시작했습니다. '나는 지금까지 이 숲길을 기쁨을 얻기 위한 수단으로만 대해 왔구나' 하는 생각과 '하지만 저분은 이 숲을 마음으로 사랑하고 있어' 하는 생각이 동시에 들었습니다. 갑자기 부끄러워졌습니다. '누가 저런 걸 이런 데 버렸어' 하고 불평할 줄은 알았지만 아무런 행동없이 그냥 지나쳤던 몇몇 순간들이 떠올랐기 때문입니다. 숲을 대상으로 지금까지 쏟아 놓았던 찬사의 표현들이 가볍고 얄팍한 것에 불과했다는 생각이 들었습니다.

생각과 행동의 큰 차이를 곱씹는 동안 야고보서에 기록된 말씀들이 깨달음으로 다가왔습니다. "내 형제들아 만일 사람이 믿음이 있노라 하고 행함이 없으면 무슨 유익이 있으리요. 그 믿음이 능히 자기를 구원하겠느냐. 만일 형제나 자매가 헐벗고 일용할 양식이 없는데 너희 중에 누구든지 그에게 이르되 평안히 가라, 덥게 하라, 배부르게 하라 하며 그 몸에 쓸 것을 주지 아니하면 무슨 유익이 있으리요. 이와 같이 행함이 없는 믿음은 그 자체가 죽은 것이라."(야고보서 2장 14~17절)

하나님을 사랑하고 이웃을 사랑한다고 고백한 수많은 성도들이 이 믿음의 고백을 삶에 실천하지 못하고 있다는 생각이 들었습니다. 그래서 사회를 향한 교회의 영적 영향력이 점점 약해지고 있다는 생각도 들었습니다. 그래서 최근 부쩍 교회 바깥의 사람들로부터 우려와 염려가 섞인 비판을 자주 듣게 된다는 생각도 들었습니다.

산책로 초입에 위치한 주차장에서 다시 그분을 볼 수 있었습니다. 다가가서 "정말 좋은 일을 하시네요. 감사합니다"라고 말씀 드리고 머리를 숙여 경의를 표했습니다. "버리는 사람이 있으면 줍는 사람도 있어야지요." 많은 뜻을 담은 단 한 마디…. 그리고 이 말과 함께 따라온 그분의 표정엔 '별 것 아닌데 공치사를 받아 쑥스럽네요' 하는 겸손이 잔뜩 배어 있었습니다.

내 안을 채우고 있던 숲 향을 인 향(人香)이 가만히 밀어냈습니다.

길 위의 매미들

　　새로 발견한 산책로는 몇 가지 특이한 점을 지니고 있습니다. 길이 높낮이가 있고 구불거려 마치 한국의 야산에 들어선 느낌을 줍니다. 볼거리도 제법 쏠쏠합니다. 폭이 한 뼘 정도에 길이는 약 3미터쯤 되어 보이는 목재들을 촘촘히 이어 붙여 놓은 다리들이 퍽 인상적입니다. 그중에는 130여 걸음을 옮겨 놓아야 반대편에 닿을 수 있는 긴 다리도 있습니다. 다리 위에 낙엽이 쌓인 모습은 흙길의 그것보다 더 자극적입니다. 그리고 사슴이 많습니다. 숲이 깊은 반면 면적이 적어 산책하는 내내 녀석들과 마주치게 됩니다. 사람들과 친숙해졌는지 우리를 피하는 동작이 제법 여유롭습니다. 어떤 녀석은 길 옆에 서서 아내와 제가 지나갈 때까지 바라보는 통에 오히려 우리가 긴장한 적도 있을 정도입니다.

　요즘은 길 위에 떨어져 있는 매미들을 자주 봅니다. 대부분이 죽었고, 살아 있어도 외부의 자극에 힘 없는 날갯짓으로 반응할 뿐입니다.

제가 어릴 적 매미는 딱정벌레류(사슴벌레, 장수풍뎅이 등)와 함께 보물 목록에 들 정도로 인기있는 곤충이었습니다. 쉽게 잡을 수 없다는 이유 때문이었습니다. 녀석을 포획하려면 높은 나무를 기어오를 수 있는 담력과 민감하고 동작 빠른 녀석을 순간적으로 낚아채는 민첩성이 필요했습니다. 그래서인지 매미를 잡은 아이는 영웅 취급을 받았습니다. "매미 잡았다" 이 한 마디에 우르르 몰려들던 아이들. 푸르스름하게 빛나는 몸통과 반투명한 날개를 지닌 녀석을 단 한 번만이라도 만져 보고자 그 늠름한 영웅 앞에서 하염없이 겸손해 하던 아이들(물론 저도 포함☺)이 기억납니다.

시카고에선 매미가 인기 있는 곤충이 아니었습니다. 소음을 생산하는 천덕꾸러기에 불과했습니다. 게다가 17년을 주기로 돌아오는 매미의 대습격을 무슨 자연재해처럼 말하기도 했습니다. 생각만해도 끔찍하다는 표정으로 매미 경험담을 리얼하게 풀어 놓는 모양이 처음엔 생경하기만 했습니다. 그런데 17년 주기였던 2007년을 지내는 동안 경험자들의 심정을 어느 정도 이해할 수 있었습니다. 1990년엔 야외 음악제까지 취소할 정도였다는 기사도 수긍하며 읽을 수 있게 되었습니다.

그래도 제게 매미는 여전히 신비한 곤충입니다. 지역마다 다르지만 평균 잡아 10년을 땅 속에서 유충으로 지내다가 우아한 성충으로 보

90

내는 시간은 고작 10여 일에 불과한 슬퍼 보이는 생애. 지상으로의 짧은 나들이도 오직 한 가지 목적, 즉 다음 대 생산을 위한 짝짓기에 올인해야 하는 치열함. 우리에게는 소음인 매미들의 울음 소리가 짝을 찾는 유일한 수단이라는 정보 한 줄에 마음이 짠해집니다. 10년이 넘게 차곡차곡 쌓아 온 소리들을 하나도 남김없이 지상에 쏟아 내고 길 위에 껍데기처럼 누운 녀석들. 주어진 목적을 이루기 위해 10여 일의 짧은 삶을 치열하게 살아가는 녀석들을 통해 영적 도전을 받습니다.

매미의 짧은 삶은 이 땅의 모든 생명체는 반드시 끝에 닿게 된다는 사실을 일깨워 줍니다. '영원'이라는 시간에 견주면 우리에게 주어진 수명도 매미의 그것과 다를 바 없다는 사실도 깨닫게 됩니다. 그래서 일 초라는 시간조차 소중해집니다. 이때 우리는 "나의 삶은 치열한가?"라는 질문 앞에 서게 됩니다. 풀어 설명한다면, 우리를 창조하신 하나님께선 성경을 통해 분명한 목적지와 그곳에 도착할 수 있는 유일한 길을 보여 주셨는데, 그 진리의 길을 놓치지 않고 달려가기 위해 일분일초도 아끼는 그런 삶인가를 묻는 질문입니다. 어떻게 대답하시겠습니까?

길 위에 땅의 온도로 누워 있는 녀석들을 바라보는 제 얼굴이 불그레해졌습니다.

자연의 정원사?
또는 파괴자?

며칠 전 배에 이끌려서(임산부처럼 불어나는 배 사이즈
☺) 집 밖으로 나갔습니다. 타운 홈 단지 내에 만들어 놓은 산책로를 따라 몇 바퀴 뛰기 위해서였습니다. 가는 날이 장날이라고 밖에 나와 보니 하늘은 금방이라도 비를 뿌릴 듯 먹장 구름 몇을 안고 있었습니다. 물기를 잔뜩 빨아들인 공기는 뜨거운 열기까지 더해 마치 사우나장 안을 방불케 했습니다. '들어가지', '그래도 뛰어야지' 이 두 마음이 잠시 동안 불꽃을 튀기며 갈등했지만, 불룩한 '배'가 승리하고 말았습니다.

둘레가 400m정도 되는 원형 산책로를 한 바퀴 뛰고 났을 때 떨어지기 시작한 빗방울이, 두 바퀴를 다 돌아갈 때쯤엔 결국 장대비로 바뀌고 말았습니다. 하지만 전 뛰는 것을 멈출 수 없었습니다. '배' 때문에…. 처음엔 몸에 닿는 물기 때문에 찜찜했지만, 얼마 안 있어 해방감을 느낄 수 있었습니다. 꼬마 때 장맛비 속에서 놀 때 느끼던 그 해방감이었습니다. 갑작스런 장대비는 아스팔트와 풀밭에 길게 누워 있던 더위를 사정없이 깨웠고, 깜짝 놀라 껑충 뛰어오른 열기는 내 코를 거쳐 폐를 자극했지만, 몸 전체를 때리는 빗줄기의 시원함을 당해 낼 순 없었습니다. 빗속에서 다시 한 바퀴를 도는 동안 기이한 현상을 발견할 수 있었습니다. 자연끼리의 친근함이라고 제목 붙일 수 있는…

산책로에 들어설 때 그 공간을 가득 채우고 있던 소리들-풀벌레들의 울음, 매미들의 아우성, 새들의 지껄임 등-이 비가 내리자마자 사라지고 말았습니다. 마치 컨서트 장의 관객을 보는 느낌이었습니다. 음악이 시작되기 전 수근거리던 관객들이 마침내 무대에 등장한 뮤지션들이 만들어 내는 화성에 귀 기울이며 잠잠해지는 그런 모습을. 신비함 속에서 빗소리에 가만히 귀를 기울여 보았습니다. 음악이 들리기 시작했습니다. 그건 분명 4중주였습니다. 아스팔트 위에 떨어지는 빗소리, 풀밭 위에 떨어지는 빗소리, 나무잎에 떨어지는 빗소리, 그리고 집 지붕 위에 떨어지는 빗소리는 분명히 각각 다른 음색을 내고 있었고, 동시에 아름다운 화성을 창출해 내고 있었습니다. 4바퀴를 마칠 때쯤 음악회는 아쉽게도 끝나고 말았지만, 감동의 여운은 제법 길었습니다. 빗소리 쿼테트의 연주가 끝나고나자 다시 관객들의 웅성거림이 빈 공간을 채우기 시작했습니다. 마치 연주 후 박수를 치는 모습, 또는 연주장을 빠져나가는 부산스런 모습을 연상케 하는…. 몸은 땀과 비로 잔뜩 젖었고 다리는 오랜만의 노동으로 뻐근했지만 내 영혼은 표현하기 힘든 기쁨으로 들끓었습니다. 유~명한 오케스트라 홀의 특석을 차지하고 앉아 세계적인 연주가들의 빼어난 공연을 듣고 난 후에 맛본 감동으로도 감히 비교할 수 없을 그런 환희였습니다.

가슴을 채운 환희를 만끽하며 몇 바퀴를 걷던 중 이런 생각이 떠올랐습니다. '인간을 제외한 자연물들끼리는 정말 친근한 관계를 누리고 있구나', '인간을 제외한…' 그래요 아무리 애를 써도 그 친근함의 써클 안에 인간을 끼워 넣기가 참 힘들었습니다.

쉼 없이 발발되어 온 전쟁의 포화들. 산업화를 빌미로 한 이런저런 파괴의 행위들. 체르노빌에서 있었던 원전 사고. 태안 반도를 뒤덮었던 거대한 기름띠. 아예 기름 저장소를 방불케 하는 멕시코 만의 기름 유출 사태. 해박하지 않은 머리로도 수없이 떠올릴 수 있는 자연을 향한 인간의 공격적 행위들이 부끄럽기만 합니다. 각종 이상 기후 현상을 동원해서 '너희들 스스로를 위기로 몰아넣는 어리석은 행동들을 제발 그만 둬' 하고 데모하고 있는 자연의 아우성에 귀가 아플 정도입니다. 자연끼리의 친근함 속에 '우리'를 끼워 넣기가 힘든 이유입니다.

하나님께선 창조 후 우리 인간을 자연의 파괴자가 아니라, 자연을 돌보는 정원사로 임명해 주셨습니다. 우리 성도들만이라도 이 타이틀에 걸맞는 삶을 살았으면 좋겠습니다.

가을과
데이트하다

둘째를 새벽같이 메트라 역에 데려다 주어야 하는 아내의 배웅을 받으며 집을 나섰습니다. 문을 나서자마자 옷 사이로 제법 차가운 새벽 공기가 스며듭니다. '아, 진짜 가을인가?' 하는 생각에 가슴을 한껏 열어 그들을 반갑게 품어 보았습니다. 맞군요, 오랫동안 기다려온 바로 그 체온이….

교회 입구 쪽으로 다가가다가 나도 모르게 고개를 들어야 했습니다. 내 시선을 끌어당기고 있는 어떤 강한 힘을 느꼈기 때문입니다. 교회 첨탑보다 한 뼘쯤 위에 걸려 있는 오리온좌였습니다. 물론 여름철에도 가끔씩 바라보던 친굽니다. 그런데 오늘은 느낌이 사뭇 다르더군요. 어느새 짙어진 새벽 하늘을 카펫으로 삼아 스포트라이트를 받고 있는 헐리웃 주연 배우 같다고 할까?

여느 때처럼 마주 보고 있는 양쪽 출입문을 열어 젖혔습니다. 신선한 바람이 깊은 강물처럼 흘러들어 실내 구석구석을 채웠습니다. 방석 위에 무릎을 꿇었을 때 문득 시구 몇 절이 가슴으로 찾아왔습니다. "지금 집이 없는 사람은… 지금 혼자인 사람은… 낙엽이 흩날리는 날에는 가로수들 사이로 이리저리 불안스레 헤매일 겁니다"(릴케, 「가을날」). 아직도 주님을 만나지 못해 떠남의 계절 가을이면 더 큰 외로움과 염려에 젖어 지낼 지인들을 위해 기도했습니다. "가을에는 기도하게 하소서… 가을에는 사랑하게 하소서… 가을에는 호올로 있게 하소서"(김현승, 「가을의 기도」). 각 연의 첫 문장들이 그대로 내 자신을 위한 기도제목이 되었습니다. 특히 '호올로 있게 하소서' 이 표현은 예수님을 연상케 했습니다. 새벽 미명 한적한 곳에서 '호올로' 아버지 하나님과 시간을 보내시던 주님을. "지금 드리는 기도가 주님의 것을 닮게 하소서." 오늘 새벽 내 영혼을 채운 문장입니다.

집에 돌아오자마자 CD에 바흐를 걸었습니다. 자신의 작품에 꼭 '오직 하나님께 영광'이라고 적어둘 정도로 하나님을 사랑한 바흐, 그를 좋아하는 첫 번째 이유입니다. 가을의 깊이에 잘 어울리는 선율 때문에 이런 생각을 해 본 적이 있습니다. "바흐에게 창작열이 가장 왕성했던 계절은 바로 가을일거야." 그런데 이 근거 없는 허무맹랑한 상상이 믿어질 정도로 오늘 아침의 바흐는 다른 때보다 훨씬 아름다웠습니다. 그리고 보니 20년 전 어느 쇼핑몰에서 바흐의 무반주 첼로곡을 처음 만났을 때도 오늘처럼 가을이었네요.

아침 시간에 늘상 하던 일들을 마친 후 아내와 밖으로 나왔습니다. 시리도록 파란 하늘이 좋았습니다. 눈을 통해 들어와 머리를 채운 그 푸르름 때문인지 두통도 많이 가셨습니다. 타운 초입 좌우에 늘어선 나무들이 눈에 들어왔습니다. 그들의 대화가 들려 오는 듯했습니다.

키 작은 침엽수: "다시 가을이네. 가을만 되면 네가 불쌍해 보여. 또 네 아파리들과 이별해야 할 시간이잖아. 벗은 채 추위를 견뎌야 하는 모양도 그렇고."

키 큰 활엽수: "난 네가 불쌍해 보이는데. 이별의 고통을 경험하지 못해 삶을 이해하는 폭과 깊이가 얄팍한 네가."

그들 곁을 지나치면서 나는 어느 쪽일까 생각해 봅니다.

골프장을 낀 산책로에 들어서자 철망 담장이 갈라놓은 두 부류의 사람들이 눈에 들어옵니다. 타운 내 잔디를 깎고 있는 멕시칸들과 골프를 즐기고 있는 노인들. 극단적 해석이 가능한 이 풍경이 오늘은 잘 어울려 보입니다. 일하는 자의 미래와 여유를 즐기고 있는 자의 과거로써 말입니다.

해마다 찾아오는 가을과의 첫 데이트는 항상 유쾌합니다. 가을은 적어도 내게는 하나님께서 주신 최고의 선물 중 하나입니다.

:

국화 화분 앞에서

:

거실 안으로 스며든 늦가을 햇살이 좋아 큰 유리문 앞을 서성거리며 한 주일의 삶을 돌아보고 있었습니다. 그렇게 목회 편지에 사용할 만한 소재들을 부지런히 뒤지고 있는데, 거실 한편으로 자꾸 눈길이 갔습니다. 그곳엔 작은 화분 안에 담긴 자주빛 국화가 놓여 있었습니다. 오랜 기간 깊은 병을 앓고 있는 환자처럼 부시시하고 창백한 모습이라 볼품도 없지만, 볼 때마다 정이 갑니다.

녀석이 우리 집으로 이주해 온 건 이 주 전 금요일 밤이었습니다. 교회 친교실의 새 가족 환영 테이블 위에서 그 소담스런 자태를 마음껏 뽐내며 가을 분위기를 연출해 온 그야말로 '꽃'이었는데, 그 금요일 저녁 아내와 함께 발견한 녀석의 모습은 마치 죽음을 코앞에 둔 병자의 모습이었습니다. 화려하던 자색은 백태가 낀 듯 변색되었고, 수수함과 고상함이 잘 균형 잡힌 얼굴을 단단히 지탱해 주던 목도 다 꺾여 있었습니다.

"버려야 되겠죠?" 묻는 아내에게 고개를 끄덕여 주었습니다. 그 후 녀석의 존재는 제 머릿속에서 하얗게 지워지고 말았습니다.

그런데…. 늘 그렇듯이 기쁨과 감동으로 가슴 벅찬 금요기도회를 다 마치고 차에 올라보니 녀석이 떡하니 제 차를 타고 있는 겁니다. 반가움과 궁금증이 섞인 표정으로 아내를 돌아보니 "쓰레기통으로 가져가는데 문득 '뿌리가 있으니 살려낼 수 있지 않을까?' 하는 생각이 들었어요" 합니다. 아내의 말을 듣는 순간 화분으로부터 가녀린 숨결이 느껴지는 것 같았습니다.

그날 밤부터 위급한 녀석의 생명을 살려 내기 위한 아내와 저의 합동작전이 시작되었습니다. 물을 주고, 볕이 가장 잘 드는 곳에 자리를 마련해 주고, 가끔씩 유리문 밖으로 외출할 기회를 주어 신선한 바깥 바람을 쏘이게 하고, 그리고 자주 눈을 맞추고는 '넌 살아날 수 있어. 우리 사랑이 네게 큰 힘이 되길 바란다'라고 격려해 주었습니다.

처음 이틀은 가망이 없어 보였습니다. 하지만 실망하지 않고 인내하며 작전을 계속해 나갔습니다. 3일째 되는 날, 새벽 기도를 마치고 거실에 들어선 저는 흥분된 목소리로 아내를 불렀습니다. "녀석이 드디어 고개를 들기 시작했어!"

그 후 녀석의 회복은 빠르게 진행되었습니다. 물론 교회의 테이블을 장식하던 때의 그 왕성한 생명력에는 많이 못미치지만, 푸른 이파리들만 무성한 기존의 화분들 틈에서 '꽃' 역할을 톡톡히 하고 있습니다.

녀석과 함께 한 시간들을 돌아보면서 행복한 감정을 즐기던 중, 주님께서 남겨 놓으신 말씀 한 절이 가슴에 담겨 왔습니다. "상한 갈대를 꺾지 아니하며 꺼져 가는 심지를 끄지 아니하기를 심판하여 이길 때까지 하리니."(마태복음 12:20) 죄의 무게에 눌려 점차 다가오는 사망을 소망 없이 기다리며 살아가는 인간들을 상한 갈대와 꺼져 가는 심지로 표현하고 계십니다. 예수님은 이처럼 절망의 수렁에 깊이 빠진 우리들을 그냥 버려 두지 않으셨습니다. 건져 내기 위해 이 땅에 오신 겁니다. 자신이 만든 피조물을 살리기 위해 창조주가 스스로의 생명을 포기하는 도저히 이해할 수 없는 사랑의 이야기가 담겨 있는 겁니다.

주님 앞에서 저도 죽음 직전의 화분과 같았습니다. 다행히 주님께서 절 발견하시고, 주님께서 십자가에서 돌아가신 이유를 깨닫게 해 주시고, 절 사랑한다고 말씀해 주시고, 제 소망 없는 마음에 믿음을 선물로 주셔서 구원의 문이 되시는 주님을 꼭 붙들도록 만들어 주신 주님의 '이준 구하기' 작전이 지금도 생생합니다.

문득 이런 질문이 제 영혼을 흔들어 댑니다. "저 화분처럼 나는 주님께 기쁨이 되고 있는가?"

길

　　올 가을 날씨는 한 마디로 '환상', 'Perfect' 등의 말 외엔 표현 방법이 없을 것 같습니다. 그래서 시간이 날 때마다 걸었습니다. 새벽예배 다녀와서 옷을 갈아 입어야 하는 불편함도 이겨내고 걸었고, 땅거미가 져 어스름해진 저녁 시간에도 걸었습니다. 코만 채우는 공기로 만족할 수 없을 때면 달렸습니다. 가뿐 숨을 몰아쉬며 양쪽 폐를 가을공기로 꽉 채우고 나면 이런 일성(一聲)이 터져 나왔습니다. '아 참 맛있네!' 청명한 공기는 참 달았습니다. 가을 공기는 맛뿐 아니라 보기도 좋습니다. 길가에 늘어선 나무들 사이를 뚫고 지나가는 햇살(아침 것이든 저녁 것이든 상관없습니다)이 몸을 감아올 때면 무게없는 금빛 물살을 헤치고 유영하는 것처럼 황홀하기만 합니다. 또 바람 불 때마다 유성처럼 떨어지는 이파리들을 어깨로 맞으며 걷다 보면 마치 예쁜 그림엽서 안으로 들어선 것 같은 기분이 들기도 합니다. 길에서 만나는 소리들도 유쾌합니다. 발에 밟혀 바스락대는 낙엽의 음향은 책장을 넘기는 소리를 많이 닮아 있습니다. 그래서인지 낙엽으로 가득한 길을 걷다 보면 어느새 사색 속으로 깊이 침잠해 있는 자신을 발견하곤 합니다.

걷는 동안 갑자기 길이 보였습니다. 그러면서 걷는다는 행위는 길이 있음으로 가능하다는 이 당연한 생각이 새삼스럽더군요. 이곳에는 산이 없어서 그런 경험을 할 수 없지만, 한국에선 근처의 야산을 오르면서 깜짝깜짝 놀라곤 했습니다. 포장된 길이 아닌, 그저 그 길을 지나다닌 이름 모를 사람들의 수~없는 발길에 의해 만들어진 작은 길이 나를 산꼭대기로 인도해 갈 때의 그 신비함…. 조국의 산을 올라본 경험이 있는 분들은 공감하실 겁니다.

길을 생각하면서 길이 만들어지는 과정이 사람 사이에 관계가 형성되는 과정과 참 비슷하다는 생각이 들었습니다.

길은 A라는 지점에서 B라는 곳에 가야할 필요가 있을 때 생기게 됩니다. 즉, B라는 지점에 대한 관심이 시작될 때 길도 만들어지기 시작하는 겁니다. 성도들 간의 관계도 마찬가지입니다. 내 곁의 형제와 자매에게 관심을 갖게 될 때 관계가 세워지기 시작하는 겁니다.

하지만 단 한 번의 관심과 단 한 번의 왕래만으로 길이 만들어지진 않습니다. 길을 막고 있던 긴 풀이 밟히고 밟혀 사라지고, 그 풀이 가리고 있던 흙이 드러날 때 드디어 B 지점까지 이어지는 길이 놓이게 되는 겁니다. 얼마만큼 다녀야 길이 난다는 공식도 없습니다. 굳이 답을 적자면 '길이 생길 때까지' 정도가 될 겁니다. 성도들 간의 관계도 마찬가지입니다. 한 번 실망했다고 가던 길을 멈춰 버리면 관계는 자라질 않습니다. 늘 미숙한 채여서 사랑과 이해와 용서는 찾아볼 수 없고, 대신 여전히 낯설음과 불편함으로 가득한 사이로 남고 마는 겁니다. 나와 좀 다른 점이 있고 그래서 불편하더라도 참고 자꾸 왕래할 때, 나도 모르는 새 그 사람과 나 사이에 소통이라는 길이 뚫리게 되는 겁니다.

　예수님께서도 믿음이 부족하고 약하디약한 제자들과 관계를 세우기 위해 참 많이 인내하셨습니다. '나'와 이웃 간의 길 공사는 어떻습니까? 공사가 중단되어 도중에 끊겨 있는 모양은 아닌가요? 힘이 들더라도 인내라는 작업복을 입고 사랑이라는 삽을 들고 부지런히 길을 닦는 성도님들이 되시길 소망합니다.

산책로에서

　　금요일 새벽 기도를 마친 후 아내와 뜻이 통해 교회 근처 공원으로 차를 몰았습니다. 호숫가에 주차를 하고 밖으로 나오자마자 차지만 투명한 바람이 얼굴을 때렸습니다. 정신이 번쩍 나더군요. 호수 쪽을 향해 서서 기지개를 크게 켠 후 산책로를 향해 전진해 나갔습니다. 아스팔트로 덮인 주차장을 벗어나 낙엽과 물기로 질척한 땅에 들어서니 발이 편안해집니다. 흙길을 직접 걷기가 어려운 시대를 살아서인지, 맨땅 위에 서자마자 내 발걸음 하나하나에 반응하는 땅의 숨결이 생생하게 느껴집니다. 과학과 기술이 구축한 문명은 컴퓨터 언어(0과 1만으로 표현되는)처럼 단순하고 편리하긴 하지만 따뜻한 생명이 없어, 늘 그 앞에서 이질감을 느끼게 됩니다. 그래서인지 지구의 맨살, 땅에 직접 접촉하고 있다는 사실만으로도 감동입니다. 신발마저 벗어 던지고 싶었지만 근엄한 '어른의 마음'에 막혀 아쉽게도 실천하진 못했습니다 (물론 어느 볕 좋은 봄 또는 가을 날 꼭 한 번 해 볼 생각입니다☺). 하나님께서 만드신 것이 역시 최~고입니다.

산책하는 중 여러 마리의 다람쥐를 보았습니다. 겨울 준비가 다 끝났는지 무척이나 한가한 모습입니다. 그도 그럴 것이 초겨울의 숲에선 도토리 찾아보기가 어려웠습니다. 다람쥐는 도토리를 보는 대로 물어다가 저장한다는 말을 들은 적이 있습니다. 이유는 기억력이 나빠서 자기가 저장한 장소를 금새 잊어버리기 때문이랍니다. 여기저기 저장해 놓으면 추운 겨울 동안 먹이를 찾을 가능성이 훨씬 높아지는 거지요. 이런 생각을 떠올리다가 사사시대의 이스라엘 백성들이 생각났습니다. 하나님을 까맣게 잊고 살다가 어려움이 닥치면 그때서야 하나님을 찾아 부르짖었던 그들, 하지만 문제가 사라지고 다시 평안을 찾게되면 도로 하나님을 까맣게 잊었던 그들. 그들이 꼭 다람쥐를 닮았다는 생각이 든 겁니다. 물론 요즘 시대에도 '다람쥐 신앙'은 곳곳에서 발견됩니다. '나'는 어떤가 생각해 봅니다.

걷다가 숲 안을 들여다보니 하늘을 향해 잘 뻗어 있는 나무들과 땅에 누워 꺼멓게 썩어 가는 나무들이 대조를 이루고 있습니다. 나무에겐 바람과 홍수와 가뭄과 병충해가 시련일 겁니다. 그 시련들을 이겨낸 승리자와 그렇지 못한 실패자가 각각 생명과 죽음의 모습으로 공존하고 있는 겁니다. 마치 인간 세상의 풍경을 그대로 옮겨 놓은 듯했습니다. 예수 그리스도를 믿고 생명을 얻은 자들과 아직도 죄와 허물에 묶여 사망의 그늘을 걷고 있는 자들이 뒤섞여 사는 인간 사회가 꼭 닮음꼴입니다. 하지만 분명한 차이는 있습니다. 숲속의 세계에선 살아 있는 나무가 죽은 나무를 다시 일으켜 세울 순 없습니다. 그러나 인간 사회에선 가능합니다. 복음을 나눔으로 죄와 허물로 죽어 있는 사람들을 생명의 자리로 인도해 낼 수 있기 때문입니다. 꺼먼 빛을 띄고 썩어 가던 나무가 다시 땅에 심겨져 뿌리를 내리고 잎을 피우는 장면을 상상해 보시기 바랍니다. 기적이지요. 그런 기적이 예수님 때문에 인간 세상에선 언제든지 일어날 수 있는 겁니다. 그 기적의 자리에 우리가 동역자로 참여할 수도 있구요.

잘 꾸며진 산책로엔 바람과 낙엽과 새들…만 있는 것이 아니었습니다. 주님의 영적 교훈들로 넘실대고 있었습니다

명품 풍경

소로(小路)가 있는 숲에서 만나게 되는 풍경 모두가 유쾌한 것만은 아닙니다. 개에게 자유함을 준답시고 묶었던 끈을 풀어 놓아 주변 사람들에게 스트레스를 주는 행위(주인은 반드시 개를 끈으로 묶고 다녀야 한다는 경고문이 산책로 입구에 써 있음), 강한 비바람이 지나고 나면 꼭 발견하게 되는 여기저기 쓰러져 누운 나무들…. 이처럼 생각만 해도 마음이 불편해지는 장면들이 아주 드물게 일어나긴 합니다. 그러나 말 그대로 '아주 드물게' 일어납니다. 아니 거의 안 일어난다고 표현하는 것이 더 적절할지도 모릅니다. 더 중요한 사실은 숲에서 매일 접하게 되는 유쾌한 사건들로 인해 그 '아주 드물게' 일어나는 불편한 일들이 금방 잊혀지고 만다는 겁니다. 그래서 산책 후 숲을 벗어나는 순간의 감정은 늘 '쾌청'합니다.

지난주에도 참 보기 좋은 명품 풍경 둘을 접할 수 있었습니다.

풍경#1

　걷기를 다 마쳐 갈 즈음 초로의 두 남자 분이 우리 부부 곁을 지나쳐 갔습니다. 얼핏 듣게 된 대화체가 아주 편한 것으로 보아 친구인 것 같았습니다. 그 다음날 거의 같은 시간에 그분들을 다시 볼 수 있었습니다. "두 분 친구 사이인가 보네. 아침 숲길을 함께 거닐면서 대화를 나누는 모습이 참 보기 좋구만. 함께 마음을 나눌 수 있는 친구 하나 이곳으로 이사오면 참 좋겠다." 부러움을 잔뜩 담아 아내에게 툭 던진 말이 제 가슴으로 다시 돌아와 향수의 정을 들쑤셔 댔습니다. 지금까지 미국에서 살아 본 두 개의 도시, 시카고와 뉴저지까지 찾아와 외톨이 친구를 위로하고 돌아간 친구들-J, L, S, C, K-의 얼굴이 갑자기 보고 싶어지더군요. 그리움이 시 한 구절을 기억의 수면 위로 밀어올렸습니다.

　"오랜 침묵을 건너고도/항상 그 자리에 있네 친구라는 이름 앞엔/도무지 세월이 흐르지 않아/세월이 부끄러워/제 얼굴을 붉히고 숨어 버리지 (…중략…) 항상 조잘댈 준비가 되어 있지/체면도 위선도 필요가 없어/있는 그대로의 서로를 웃을 수 있지/애정이 있으되 묶어 놓을 이유가 없네/사랑하되 질투할 이유도 없네 (…중략…) 신은 우리에게 고귀한 선물을 주셨네"

산책로의 모퉁이를 돌다가 황혼기의 노부부와 마주치게 되었습니다. 약 80세 정도 되 보이는 한국인 부부셨습니다. 산책길에서 부부가 걷는 모습이야 흔히 볼 수 있는 평범한 풍경입니다. 그런데 그날 만난 두 분의 산책 풍경은 아주 특별하고 낯설어 보였습니다. 두 분이 손을 꼭 쥐고 계셨던 겁니다. 부부가 손을 쥐고 걷는 모습은 일 년 넘게 산책하는 동안 처음 보는 장면이었습니다.

게다가 노부부.

그 정도 연세의 부부라면 두 분이 몇 보쯤의 거리를 두고 걷는 것이 제 머릿속에 자리 잡은 스테레오 타입인데…. 그래서 서로의 손을 꼭 쥐고 산책하던 노부부의 모습을 '특별하다.', '낯설다'라는 단어를 빌어 표현할 수밖에 없었던 겁니다.

노부부의 얼굴에서 배어 나오던 잔잔한 행복의 분위기도 참 아름다웠습니다. 두 분의 표정에서 '우리는 평생 서로의 손을 잡고 긴 인생길을 산보하듯 살아온 부부입니다'라는 문장을 또렷이 읽어 낼 수 있었습니다.

노부부를 지나치면서 저도 모르게 "아, 참 아름답다!"라고 말하고 말았습니다. 동시에 아내의 보폭은 무시한 채, "빨리 걸어와. 우리 나란이 걸어야지" 하고 보채던 제 모습이 떠올라 부끄러움으로 얼굴이 달아올랐습니다.

보폭을 줄이고 아내의 손을 꼭 잡고 말했습니다. "우리도 저 노부부처럼 주님 만나는 순간까지 행복의 향을 뿜어내는 부부가 되면 좋겠다. 적어도 우리 아이들만큼은 '우리 아빠 엄마는 참 다정하고 보기 좋은 커플이었어'라고 기억할 수 있는 부부로 살면 좋겠다."

환경을 통해서도 가르침을 주시는 하나님께서 두 가지 다른 명품 풍경을 통해 '친구'와 '부부'의 소중함을 일깨워 주셨습니다.

느릿느릿해 보기

속도를 늦추지 않으면 갈 수 없는 장소가 있습니다. 바로 산책로입니다.

산책로가 있는 공원 진입로의 제한속도는 아예 시간당 15마일 입니다. 물론 산책하는 사람들과 개 그리고 숲속 짐승들을 보호하려고 만들어 놓은 법적 장치입니다. 하지만 어느 날부터 그 표지판이 제게 이렇게 말을 걸어오더군요. "여기서부터는 바깥 세상에서 품었던 생각들을 몽땅 다 내려 놓아야 합니다. 차의 속도를 늦추듯이 당신 생각의 속도도 늦추시기 바랍니다."

그런데 막상 공원 안으로 들어서면 표지판의 상징적 경고 메시지가 사족에 불과하다는 생각이 듭니다. 주차하며 마주 대하게 되는 호수 주변의 평화로운 풍경은 마음의 속도계를 한껏 늦추어 줍니다. 호수면 또는 주변의 풀밭에서 여유 또는 게으름 부리고 있는 오리들로 인해 속도계는 거의 정지 모드를 가리킵니다. 그렇게 산책로에 들어서면 평소 절반 정도밖에 작동하지 않던 오감이 절정의 수준에 다다르게 됩니다. 숲을 이루고 있는 작은 사물에까지 눈길이 미치고, 코는 숲이 뿜어 대는 작은 향에도 민감하게 반응합니다. 귀는 숲에서 들려오는 어떤 소리도 귀찮아하질 않습니다. 오감이 숲에 잠길 때 영혼은 치유를 경험합니다. 파상적으로 공격해 오는 세상 것들에 지친 영혼과 함께 오감도 지쳐 무뎌져 있었구나 하는 깨달음은 마음의 속도를 늦춘 후에나 가능합니다.

최근 우리 가족에게 새로운 일거리가 생겼습니다. 집 밖에 심어 놓은 꽃과 고추에 물 주는 일입니다. 고추는 3주 전쯤 모종을 사와 스티로폼 상자를 밭으로 만들어 예닐곱 그루를 심었고, 꽃은 2주 전쯤 K 권사님이 주셔서 집 입구 여기저기에 심어 두었습니다. 그래서 식구들이 돌아가며 물을 주고 있는 겁니다. 그런데 물 주는 일이 희한합니다. 물 주는 것만으로 끝나지 않기 때문입니다. 물 주는 작업 앞뒤에 반드시 무릎을 굽히고 고개를 숙여 녀석들의 성장 상태를 살펴보게 되는 겁니다. 고추에서 흰색 꽃이라도 발견하게 되면 온 식구를 불러모아선 함께 기뻐합니다. 똑같이 물을 주는데도 몸집이 왜소해지고 색이 바랜 꽃을 보면 기도가 절로 나옵니다. "주님, 저 생명을 건강하게 해 주세요." 물 주는 동안 고추와 꽃이 쑥쑥 자라듯 내 안의 정(情)도 자라나는 겁니다.

세상을 창조하신 하나님께서 아담에게 이 땅의 모든 생명체를 다스리라고 하셨는데, 그 '다스림'이라는 단어 속에 담긴 '돌봄'의 의미를 물 주는 일을 통해 깨닫게 됩니다. 물을 주는 기계적인 일이 어느 사이 정을 나누고 묵상하는 의미의 작업으로 변하게 되는 겁니다. 이때 흘깃 마음의 속도계를 들여다보면 늘 그 바늘이 '여유'의 모드에 맞추어져 있는 모습을 볼 수 있습니다.

문득 성경을 읽다가 잠깐 멈추고 묵상했던 몇몇 장면들이 떠올랐습니다. 하루 일을 다 끝내고 저물 무렵 들판에 나가 묵상하던 이삭. 밤하늘을 보며 하나님의 창조 솜씨에 감탄하다가 시편 8편을 써 내려가던 다윗. 새벽 미명 한적한 곳에 나가 하나님 아버지와 친밀한 교제를 나누던 예수님. 대할 때마다 느끼게 되는 평화로움의 정체를 파악하기 위해 묵상하던 장면들입니다. 그런데 그 이유를 이제야 알 것 같습니다. 마음의 속도계를 늦춘 주인공들의 삶에서 분출되는 평화의 에너지가 그 원인이었음을.

누구에게나 마음의 속도계를 늦출 수 있는 자신만의 시공간이 필요합니다.

유리문 안에
갇힌 순수

모처럼 눈이 많이 내리던 날 오후 교회 일로 L 집사님께 전화드렸습니다. 워낙 눈을 좋아하시는 분이라 화두를 이렇게 던졌습니다. "눈이 오는데 어디 밖에서 눈 구경하고 계신 건 아닌가요?", "어떻게 아셨어요. 그렇지 않아도 눈 속에 산책 중입니다." 수화기를 타고 넘어오는 목소리에서 거친 호흡이 느껴졌습니다. 대화 간간히 터지는 기침 소리로 보아 아직 감기가 완전히 떨어지기도 전인 것 같은데…. 집사님의 눈 사랑은 못 말릴 수준이라는 생각이 들었습니다.

"아무도 없네요. 혼자 걷는 이곳 풍경이 너무 좋습니다." 대화 중 집사님의 이 한 마디가 제 상상력을 강하게 자극했습니다. 눈을 품은 우윳빛 하늘과 눈 덮힌 하얀 거리가 함께 어우러져 위아래 구분 없이 그저 커다란 한 공간을 창출해 내고 있는 곳, 내리는 눈에 흡수되어 사라져 버린 소음의 자리를 적요함이 대신하고 있는 곳, 존재하다 보니 감추고 싶은 것이 많았는데 때마침 내리는 눈의 베일 뒤로 숨어들며 가만히 토해 내는 사물들의 안도의 숨결이 느껴지는 곳···. 그 공간의 신비함을 코로 들이 쉬며 자신도 풍경의 일부가 되어 걷고 있을 집사님의 모습이 눈에 잡힐 듯했습니다.

전화를 끊고 거실 유리문을 통해 뒷뜰을 채우며 내리는 눈을 잠시 바라보다가 아내에게 물었습니다. "우리도 나가 볼까? 모처럼 눈길을 함께 걸어 볼까?" 집사님이 부러웠던 겁니다. 그런데···.

처음엔 흥이 나서 외출 차림새를 두고 대화를 시작했습니다. "밖이 추우니까 중무장하는 게 좋을 거예요···", "맞아. 귀싸개(earmuff)도 잊지 말고 챙기고···", "그런데 당신 부츠가 없잖아요. 눈이 제법 많이 쌓여서 앞쪽에 바람구멍이 숭숭 뚫린 운동화로는 감당이 안 될텐데···" 그것으로 끝이었습니다. 유리문 안쪽에서 담장에 쌓인 눈 높이를 간간이 확인하는 것으로 만족해야 했습니다.

유리문 앞을 서성이는데 문득 예수님께서 주신 말씀 한 절이 떠올랐습니다. "내가 진실로 너희에게 이르노니 누구든지 하나님의 나라를 어린 아이와 같이 받아들이지 않는 자는 결단코 거기 들어가지 못하리라 하시니라" (누가복음 18:17).

어린 아이는 자신이 좋아하는 것들 앞에서 자기 감정에 솔직합니다. 그것이 먹을 것이라면 냉큼 손을 뻗어 집어 들고는 재빨리 입에 넣

을 겁니다. 그것이 친구와 노는 일이라면 옷도 제대로 챙기지 않고 후
닥닥 뛰쳐나갈 겁니다.

하지만 어른이 되면 달라집니다. 이런저런 시행착오를 거치면서 감
정을 앞세우기보다는 '유익'을 판단의 자로 삼아 먼저 따져 보기 시작
합니다. 좋아하는 음식을 앞에 두고도 '건강에 괜찮을까?', '상한 건
아니겠지?', '내가 먼저 손을 대면 남들이 어떻게 생각할까?', '뭔가 조
건이 달린 접대는 아니겠지?' 등등. 어떤 상황에서든 '자기 유익'이라
는 복잡한 자를 먼저 들이대는 것이 습관처럼 되고 마는 겁니다. 물론
그런 신중의 습관을 꼭 나쁘다고 말할 수는 없습니다.

하지만 하나님 나라 앞에선 그런 습관을 버리라고 예수님께서 가르
쳐 주고 계십니다. 우주의 모든 것을 창조하시고, 소유하시고, 운영하
고 계신 하나님의 나라 앞에서 들어갈까 말까 망설이지 말라는 겁니
다. 하나님께서 주신 말씀을 순종해야하나 거부해야하나 따지지 말
라는 겁니다. 하나님과 관련된 것은 무조건 선하고 완전한 것이라 믿
고 어린 아이처럼 주저함 없이 취하고 누리라는 겁니다.

눈만 오면 총알같이 튀어 나가 강아지처럼 뛰던 그때의 순수함이
그립습니다.

흰 눈 오던 날의
사색

　　막내의 피부를 괴롭히고 있는 병균의 정체를 밝히기 위해 집을 나섰습니다. 차고 문을 열자마자 하얗게 변한 세상이 눈과 가슴을 꽉 채워 옵니다. 병원에 도착하기 전까지 눈을 통해 수집한 풍경들을 감동의 정도에 따라 분류해서 저장하거나 버리는 작업이 머리 속에서 한창 진행 중입니다. 몇 가지 풍경은 벌써 생각과 함께 잘 정리되어 기억의 앨범에 꽂혀 있군요. 예를 들자면 이런 것들입니다.

　　동네를 둘러선 소나무는 한겨울에도 푸르름을 간직해선지 볼 때마다 도도해 보입니다. 그런데 오늘 아침엔 왠지 잔뜩 풀 죽은 모습입니다. 자신의 자랑거리인 파란 머리를 반백으로 물들이며 내리는 흰 눈 앞에서 유희의 대상으로 전락해 버린 때문일까요?

　　길은 소금과 눈의 전쟁터입니다. 내리는 눈을 녹여 자신을 만든 사람들에게 만족을 주려는 소금의 노력이 치열합니다. 반면 자신의 정체성을 지키고자 애써 보지만 닿자마자 구정물로 변하고 마는 길 위의 눈은 그저 약자일 뿐입니다. 바퀴에 치여 이리저리 튀어 오른 구정물은 차의 몸엔 딱정이처럼 차창엔 마스카라 번진 눈물처럼 붙어 나름의 방법으로 자신의 존재감을 알리려 노력합니다. 그런데…. 길에 묶여 있던 눈을 돌려 보니 여전히 아름다운 눈 풍경들이 담겨 옵니다. 지붕, 나뭇가지, 잔디밭… 사람과 기계가 닿지 않은 장소들이군요. '자연의 입장에서 사람은 악연 아닐까?' 하는 생각이 그럴듯하게 느껴집니다.

처방전을 본 약사가 15분 정도 기다리라고 합니다. 상점 진열대 사이를 하릴없이 돌다가 잡지들을 모아 놓은 곳 앞에서 멈춰 섰습니다. 남은 10여 분을 함께 보낼 잡지를 찾기 위해 상하좌우를 훑어보는데 낯익은 얼굴이 눈에 들어왔습니다. 자세히 보니 예수님 초상이었습니다. 호기심에 잡지를 꺼내들고 보니 『Life』입니다. 'Jesus(예수)'라는 대제목 아래 성경 구절을 그대로 인용한 'Who do you say that I am?(너희는 나를 누구라 하느냐?)'라는 소제목이 붙어 있었습니다.

기분이 썩 유쾌하진 않았습니다. 왠지 출판사의 의도가 순수해 보이질 않아서 였습니다. 발행일이 2012년 11월이라 미국 전체 인구의 70%를 차지하는 기독교인들을 타깃 삼아 크리스마스 특수를 노린 상술처럼 느껴졌습니다. 그리고 속세적 주제들을 다룬 잡지들 틈에 아무렇게나 진열되어 있는 모습도 유쾌하진 않았습니다.

잡지를 열어 전체 내용과 주제를 가늠해 볼 수 있는 목차와 서문을 읽어 내려갔습니다. 성경과 유적지와 교회와 선교지를 발로 뛰며 취재하고 깊이 연구한 결과물이더군요. 비록 믿는 자의 시각에서 쓴 내용은 아니지만 정확한 정보를 캐내어 대중에게 전달코자 하는 기자 정신을 가지고 예수님께 다가간 내용들이어서 그분을 전혀 모르는 사람들에겐 더 쉬운 소개서가 될 수도 있겠다는 생각이 들었습니다. 스마트폰을 열어 이 기사를 쓴 기자에 대해 알아보고 더 긍정적인 생각을 갖게 되었습니다. 로버트 설리반은 기독교 관련한 주제들을 전문가적 지식에 근거해 아주 공정하게 보도해 온 공적을 인정받아 윌버상(종교에 대한 대중의 이해를 돕는 데 공헌한 미디어 종사자들에게 주는 상)을 두 번이나 수상한 적이 있는 기자이기 때문입니다.

예수님은 이 땅에 우리와 같은 인간의 모습으로 오셨고 죄인들 틈에서 전 생애를 보내셨습니다. 수많은 잡지들 틈에 자리한 예수님 소개 잡지가 더 이상 낯설어 보이지 않았습니다. 오히려 믿지 않는 사람들의 손길이 분주하게 닿는 가판대가 더 예수님을 필요로 하는 장소라는 생각이 들었습니다. 믿음의 성도들이 예수의 향기를 품고 서 있어야 할 곳도 바로 세상 한가운데이듯이.

:

PC가 죽다

:

몇 해 전의 일로 기억합니다. 작업 중, 갑자기 PC가 꺼졌다가 다시 켜지더니 타는 냄새가 났습니다. 재빨리 코드를 뽑고는 가슴을 쓸어 내렸습니다. 하지만 PC의 삶은 그것으로 끝이었습니다. PC는 생을 마감하면서 자기 주인에게 두 가지 소중한 교훈을 남겨 주었습니다.

첫 번째 교훈 고요함. 타는 냄새 때문에 코드를 뽑는 순간 사무실은 갑자기 고요해졌습니다. '고요함' 얼마나 오랜만에 사용해 보는 단어이고 또 얼마나 한참만에 경험해 보는 분위기이던지. 처음엔 그 '고요함'이 낯설기조차 했습니다. 우리는 늘 소음을 배경 삼아 지내고 있다는 생각이 듭니다. 사무실에서는 PC의 기계음, 길 위에선 차들이 쏟아 내는 엔진 소음들, 사람들 속에서는 말말말…, 집에서는 가전 제품들이 쳐 놓는 소리의 장막들…. PC가 호흡을 멈추면서 깜짝 선물

120

로 준 고요함을 그날 마음껏 즐길 수 있었습니다. 그리고 아무도 없는 시간을 골라 홀로 예배당에 앉아 약 두 시간 정도 고요함 가운데 하나님과 달콤하게 대화할 수 있었습니다. 순전히 침묵의 소중함을 일깨워준 PC 덕분이었지요.

두 번째 교훈 중독. PC가 생을 마치는 순간 무척 당황스러웠습니다. 갑자기 할 일이 없어졌고 그 할 일이 없다는 생각이 날 불안하게 만들었습니다. 그때 내 삶의 많은 부분이 PC에 의존하고 있었음을 발견하게 되었습니다. 소식을 주고받을 때도 가야 할 곳의 약도를 구할 때도 심지어 물건을 구입할 때나 모르는 영어 단어의 뜻을 찾을 때, 그리고 세상이 어떻게 돌아가는지 알고자 할 때도 PC 앞으로 달려가야 합니다. 그래서 PC가 곁에 있어야 안심하게 되고 PC가 제대로 작동하고 있어야 삶도 제대로 돌아가고 있는 듯 여겨집니다. 그래서 아침에 눈 뜨자마자 PC도 눈 뜨게 하고 잠자리에 들 때에야 PC를 해방시켜 줍니다. 내가 PC를 이용하는 주인인지 아니면 PC가 만들어 놓은 환경에 갇혀 있는 종인지 잘 구분되질 않습니다. PC가 죽고나니 중독된 삶이 보인 겁니다. 이처럼 우릴 중독으로 몰아넣고 있는 것은 PC뿐이 아닐 거라는 생각도 들었습니다. 일, TV, 스포츠, 게임, 휴대전화, 자녀….

PC가 사라진 기간 중 제 생활 패턴은 많이 변했습니다. 고요함 속에서 말씀을 묵상하는 시간이 늘었습니다. 정신없이 달려가던 사역의 속도를 늦추고 비전을 조율하는 시간도 갖게 되었습니다. 예배당에 들어가 기도하는 시간도 늘었구요, 오랜만에 펜을 들어 가슴을 채우고 있는 생각들에 물꼬를 터 주기도 했습니다. 원시적인(?) 삶이지만 훨씬 여유로워졌습니다. 물론 새 PC가 입주하면서 삶의 궤적이 이전의 모습으로 많이 되돌아가긴 했지만, 이 사건 이후 골방의 여유와 기쁨은 계속해서 확대·재생산되고 있습니다.

이 땅에서 사역을 시작하신 후 예수님의 삶은 워크홀릭의 모습이었습니다. 영적 목마름으로 몰려온 백성들에게 끊임없이 천국을 가르치시고 육신적인 아픔을 안고 찾아온 병자들을 일일이 치료하시고 이곳저곳으로 바쁘게 이동하시고… 분명 예수님은 일 중독자셨습니다. 하지만 예수님은 그 바쁜 중에도 한 가지 습관만큼은 꼭 지키셨습니다. 새벽 미명 한적한 곳(골방)으로 나가 아버지 하나님과 교제하는 일. 그 골방의 여유는 예수님 사역에 동력을 공급해 주었습니다.

주님이 아닌 연약한 우리들에게 이 골방의 여유는 더더욱 필요합니다. 하나님과의 교제를 통해 치유되고 회복되고 위로받고 지혜를 얻을 수 있는 골방. 모든 분이 다 하나씩 갖게 되시길 바랍니다.

낭만 속 진리

오랜만에 메트라 기차역에 섰습니다. 다운타운에 위치한 신학교에 다니느라 정기적으로 이용한 후로는 처음이니 약 9년 만이었습니다. 옷깃을 자주 여며야 할 정도로 바람이 제법 차가운 저녁이었지만 마음은 훈훈했습니다. 그토록 가 보고 싶던 시카고 심포니 오케스트라(CSO) 홀에 생전 처음 가는 길이었기 때문입니다.

CSO 홀로의 여정은 S 성도님의 전화 한 통으로 시작되었습니다. S 성도님은 한때 시즌 티켓을 사서 연주회장을 찾을 정도로 음악열이 대단한 청년입니다. CSO 홀에서 연주를 보는 것이 작은 소원이라고 말한 적이 있는데, 그 말을 기억해둔 모양입니다. "목사님, 제가 좋아하는 피아니스트가 이번 목요일부터 연주하는데, 함께 가시죠." 그렇게 해서 그날 저녁 전 9년 만에 메트라 기차역에 서 있었던 겁니다.

유니온 역에서 CSO 홀까지의 거리는 도보로 약 10여 분 정도였습니다. 중간에 들른 도넛 가게에서 산 커피와 치즈 빵(저녁 대용)을 양손에 들고 CSO 홀 앞에 도착하니 공연 시작 20분 전쯤이었습니다. 연주회장 앞에 정차한 관광용 버스 3대에서 중학생쯤으로 보이는 아이들이 우르르 빠져나오는 모습이 눈에 들어왔습니다. 부럽더군요. 좋은 음악을 접하며 감성지수(E.Q.)를 키워 가는 이곳 아이들의 삶과 같은 시간대 학원에서 시달리고 있을 한국 아이들의 삶이 참 다르다는 생각 때문이었습니다.

무대에 등장한 우찌다 여사는 머리가 무릎에 닿도록 몸을 깊이 숙여 인사했습니다. '여러분을 위해 최선을 다해 연주하겠습니다'라고 말하는 듯했습니다. 모짜르트를 몽환적으로 연주해 내는 솜씨는 일품이었습니다. 연주와 지휘를 겸한 모습도 독특했습니다. 때론 한 손으로 연주하며 다른 한 손으로는 지휘하다가, 또 어떤 때는 두 손을 다 피아노에 묻고 연주하고, 또 다른 때는 두 손으로 지휘하는 모습에서 장인 정신을 볼 수 있었습니다. 연주곡을 마스터한 여사의 확신이 CSO 협연자들을 자신이 해석한 음악세계로 일사분란하게 이끌어 갔습니다.

교회의 리더십을 생각해 보았습니다. 깊은 묵상과 기도를 통해 말씀 속에 담긴 하나님의 뜻을 확실하게 깨닫는 것이 교회 리더십의 기초입니다. 말씀에 담긴 주님의 초월적 메시지만이 교회와 성도들을 진리의 길로 인도하는 유일한 나침반이기 때문입니다.

전체의 연주음 안에 잘 어우러진 일부가 되기 위해 애쓰는 CSO 멤버들의 모습도 인상적이었습니다. '한때 우찌다 여사처럼 화려한 솔리스트가 되길 꿈꾸며 노력했을텐데…. 이젠 무대의 중앙에서 자신만의 독특한 음악적 향취를 마음껏 드러낼 수 없는 현실이 씁쓸할 수도 있을텐데…' 하는 안쓰러운 생각이 잠깐 스치기도 했습니다. 하지만 금새 그 생각을 접고 말았습니다. 협연자들에게서 풍기는 전문가적 조연의 태도 때문이었습니다. 주연이 돋보이도록 돕는 CSO 멤버들의 연주를 묘사하는 데는 절제와 겸손, 이 두 단어로 충분했습니다. 전체의 일부가 되어 조연의 역할에 깊이 몰입해 있는 그들의 모습 속에서 길고 큰 감동을 체험할 수 있었습니다.

신앙 생활도 이와 유사하다는 생각이 들었습니다. 성도들은 다 조연이기 때문입니다. 교회 안에서 분명히 드러나야 할 주인공은 바로 하나님 한 분뿐이기 때문입니다. 이 사실을 깊이 깨달은 바울은 이렇게 말했습니다. "그런즉 너희가 먹든지 마시든지 무엇을 하든지 다 하나님의 영광을 위하여 하라."

낭만과 진리가 한데 어우러진 기억에 남을 밤이었습니다.

꼬마들 눈으로

성경 통독이 다 끝나고 참석한 성도님들이 점심 식사를 준비하느라 분주할 때 초인종이 울렸습니다. 문을 여니 4살 새롬이와 3살 성광이 그리고 엄마가 서 있습니다. 참 반가웠습니다. "오늘 갑자기 이삿짐이 도착했데요. 100여 박스나 되어서 시간이 될지 모르겠다고 하네요. 그래도 아이들과 함께 오셔서 식사는 하자고 말씀드렸는데…오실 수 있을지는 잘 모르겠어요." 아침 나절 성광이 엄마(이후 윤성도님)와 전화한 후 아내가 들려준 말입니다. 그런데 이렇게 식구들을 보게 되니 참 반갑고 기뻤습니다. 자기 집처럼 편하게 들어와 씩씩하게 신을 벗으며 집으로 들어서는 꼬마들이 너무 예쁘더군요. 그래서 둘을 양 팔에 안고 번쩍 들어주니 "까르르" 웃어댑니다.

어른스럽게 식탁에 얌전히 앉아 음식을 맛있게 먹고난 둘은 거실 유리문 앞으로 달려갔습니다. 뭔가를 열심히 보던 녀석들이 갑자기

"목사님"(지난주 호칭은 '아저씨'였는데 엄마가 가르쳐 주셨나 봅니다.☺) 하고 부릅니다. 다가가 보니 두 녀석 눈이 반짝거립니다. 아직 말이 서툰 성광이가 뭔가를 말하는데 잘 알아들을 수 없었습니다. 옆에 있던 새롬이가 "다람쥐요" 하고 거들어 줍니다. 두 꼬마들의 눈길이 가 있는 곳을 바라보니 다람쥐 한 마리가 부지런히 움직이고 있었습니다. 낮은 울타리 밑으로 사라졌다가 입에 음식을 물고 다시 나타나면 셋은 다 같이 "와" 하고 소리쳤습니다. 어느새 저도 다람쥐의 모노드라마에 빠져들었던 모양입니다. 곁에 있던 새롬이가 다시 말합니다. "우리집에선 다섯 마리나 봤어요." 그러자 성광이도 뭔가를 말하며 동의합니다.

어느새 꼬마들의 눈은 새에게로 향했습니다. "저거 보세요. 새가 요기 가까운 나무에 앉았어요. 보이세요?" 하고 묻는데 잘 보이질 않습니다. 새롬이와 성광이 손끝을 따라 이리저리 고개를 돌리다가 이런 생각을 하게 되었습니다. '아이들과 함께 있다 보니 평소에는 관심도 갖지 않던 사물들을 자세히 보게 되네.' 진짜 그랬습니다. 거실 유리문을 화면 삼아 펼쳐지는 작은 세상의 드라마는 다양했습니다. 새들이 활발하게 날아다니고, 중력마저도 버거운 마른 잎들이 다양한 몸짓으로 추락하고, 비를 뿌리는 하늘은 우수의 빛을 띄고 있습니다. 케이블의 위치를 표시하기 위해 잔디밭에 꽂아놓은 형형색색의 작은 깃발들도 처음 보듯 생경하기만 합니다. 아이들의 눈높이로 보니 시야에 닿는 세상들이 새롭기만 합니다.

식사 중 윤 성도님이 한 말씀이 떠올랐습니다. "한국에서 이사오면서 거실 TV를 없애 버렸어요. 아이들의 정서에 좋지 않은 것 같아서요. 그래도 아이들이 잘 놀더라구요. 스스로 놀이 거리를 만들어서 놀기도 하고 그러다가 작은 사고도 치고…. 그러다가 답답해지면 집 밖으로 나가자고 해요. 잔디밭에서 막 뛰며 노는 모습이 보기 좋아요. 그래서 TV 없애길 참 잘했다는 생각이 들어요." 그러고 보니 성광이네 식구들과 만날 수 있었던 것도 그 없어진 TV 때문이었네요. 마침 집 밖으로 나선 아이들이 "엄마" 하고 부르던 소리가 만남을 연결해 준 고리가 되었으니 말입니다.

지난 월요일 제자 훈련을 마치고 교제를 나누던 중 어쩌다 잠깐 동안 어릴 적 놀이문화를 되짚어 보게 되었습니다. '알령구리', '망까기', '잣치기', '땅따먹기', '다방구'…신나게 기억해 내던 J 집사님이 한 마디했습니다. "요즘 애들이 불쌍해요." 대부분의 시간을 사이버(가상) 공간에서 보내는 아이들이 떠올라 공감이 되었습니다. 바쁜 생활에 쫓기다가 잠깐 나는 시간 대부분을 미디어와 보내버리는 어른들도 불쌍하다는 생각이 들었습니다.

문을 열고 나서면 주님 창조하신 리얼한 세계가 바로 코앞에 있음을 잊지 않으려고 합니다.

이유 있는 멈춤

지난주 초엔 계획에도 없던 세인트메리(St. Mary) 신학교를 다녀와야 했습니다. 사연은 이렇습니다.

면접을 다 끝낸 큰 아이가 학교로 돌아갈 때가 되어서 작은 아이 차를 점검하기 위해 시동을 걸어 보았습니다. 차고에 3대의 차를 넣고 빼고 하는 것이 귀찮아서 큰 아이가 있는 동안 작은 아이 차는 차고에 넣어 두게 되었습니다. 그렇게 거의 한 달 동안 차고에 세워둔 작은 아이 차가 은근히 걱정되었던 겁니다. 아니나 다를까 키를 돌리자 엔진이 '푸쉬시' 소리를 낼 뿐 시동이 걸리질 않았습니다. 미리 점검하지 않았다면 큰 낭패를 볼 뻔 했습니다. 제 차를 바짝 가져다 대고 점프케이블의 + - 단자를 잘 맞추어 양쪽 차의 배터리에 연결하고는 두 차의 시동을 차례로 걸었습니다. 다행히 작은 아이 차의 엔진이 시원한 소리를 내며 돌아가기 시작했습니다. 하지만 그걸로 문제가 해결된 건

129

아니었습니다. 배터리가 충전될 때까지 작은 아이 차를 계속 운전해 주어야 했습니다. 출근하는 작은 녀석에게 제 차를 주고 아내와 전 근 처 한적한 길을 찾아 이제 막 잠에서 깨어난 차를 몰았습니다. 그렇게 가다 보니 먼덜레인에 소재한 세인트메리 신학교 근처까지 가게 되었 고, 내친김에 신학교 안으로 들어가게 되었던 겁니다.

이 신학교는 가을에만 서너 번 방문한 적이 있습니다. 형형색색의 단풍을 이고 선 아름드리 나무들, 그 풍경을 파란 수면을 바탕으로 수채화처럼 고스란히 담아 내고 있는 호수 그리고 고전풍의 신학교 건물들… 이들이 어우러져 빚어내는 풍광은 그야말로 걸작품입니다. 그래서 가을에만 몇 차례 다녀왔던 겁니다. 그런데 겨울 풍경도 못지 않았습니다. 가장 압권은 얼어붙은 호수였습니다. 그 위에 내려앉은 흰 눈은 호수를 고위도 지역에서만 접할 수 있는 광활한 눈밭으로 만 들어놓았습니다. 보기만 해도 어떤 마음의 질병-답답함, 걱정, 두려 움 등-이든 단번에 날려 버릴 것 같은 참으로 시원한 풍경이었습니다. 곳곳에 차를 세워두고 가벼운 묵상도 하고, 셀카를 눌러 경이로움과 평온함 모두를 담고 있는 풍경들을 수집하기도 하며 여유로운 시간 을 보냈습니다. 그러는 동안 영혼이 풍성해짐을 느낄 수 있었습니다.

이 일을 통해 평소 알고 있던 두 가지 교훈을 다시 한 번 되짚어 보 게 되었습니다.

신앙의 여정에서 이유 없는 멈춤은 영적 후퇴를 낳는다는 사실을 새삼 깨닫게 되었습니다. 꾸준히 해 오던 성경 묵상을 멈추고, 늘 같은 시간에 드리던 기도를 쉬고, 매년 충성스럽게 감당해 오던 교회 섬김을 별이유 없이 내려 놓는 바로 그 순간부터 우리의 영혼은 하나님으로부터 멀어지기 시작합니다. 대신 그 자리를 세상 것들에 대한 탐심이 채우기 시작합니다. 다윗이 범죄하던 때가 생각납니다. 왕들이 출정할 시기에 그는 침상에서 게으름을 피우고 있었습니다. 다윗에게 전쟁터는 여호와를 경험할 수 있는 장소였습니다. 그런데 그 일을 별이유없이 멈추자마자 다윗은 유혹에 이끌려 간음과 살인이라는 엄청난 죄악을 저지르고 말았습니다. 이런 영적 진리를 깨달은 바울은 빌립보서 3장에서 고백합니다. 예수님께서 주신 소명을 이루기 위해서 쉼 없이 전진해 간다고.

동시에 영적 성숙을 위해 이유 있는 멈춤은 반드시 필요한 것임도 깨닫게 되었습니다. 바울은 로마 전역에 복음를 전파하고 교회를 세우기 위해 끊임없이 사역한 인물이었습니다. 그러나 바울도 자의든 타의든 이유 있는 멈춤의 시간들을 가졌습니다. 선교 후 안디옥 교회, 에베소 사역 후 고린도, 그리고 로마 감옥 등. 그 멈춤의 순간들은 바울에게 기독교 신앙을 정리할 수 있는 기회를 주었고, 그 결과 서신서들이 탄생할 수 있었습니다. 또한 그 멈춤의 순간은 다음 사역을 위한 충전의 기회도 돼 주었습니다.

멈춤… 신앙 성장에 꼭 필요하지만 지혜롭게 분별할 수 있어야 합니다.

소소함

셋

그분의 품

봄이 오는
소리

　　동쪽으로 난 거실 유리문은 아침마다 햇살을 집 안 가
득 뿌려 놓습니다. 겨울엔 그 햇살에 파묻혀 말씀 묵상하고 기도하
는 것이 작은 즐거움입니다. 오늘도 그 소소한 기쁨을 누리며 금요 저
녁예배 말씀을 준비하고 있는데 밖에서 갑자기 쿵 하는 소리가 들렸
습니다. 깜짝 놀라 소음의 진원지를 알아보려고 창밖을 내다 보았습
니다. 고드름이었습니다. 처마를 꽉 붙들고 있던 부분이 따뜻한 햇살
에 힘이 풀리는 바람에 전체 몸무게를 견디지 못하고 낙하한 겁니다.
예년과 다르게 잦은 눈과 강한 추위로 시카고를 꽁꽁 결박했던 겨울
이 이제야 물러가는 모양입니다. 그러고 보니 고드름의 낙하 소리는
봄의 도래를 기뻐하는 축포라는 생각이 들었습니다. 그 후로도 몇 차
례 더 소음이 들리더니 곧 잠잠해졌습니다. 영혼에 봄이 오는 소리도

이처럼 강렬합니다.

밤새워 고기를 잡았지만 허탕을 치고만 베드로의 몸과 마음은 그
야말로 파김치가 되고 말았습니다. 허탈한 심정으로 그물을 씻고 있
는데 그때 저쪽 편에서 웅성거리는 소리가 들려왔습니다. 수많은 무
리에 둘러싸인 한 청년이 호숫가로 다가오고 있었습니다. 예수라 불
리는 그 청년은 베드로에게 다가와 그의 배를 잠시 사용할 수 없느냐
고 물었습니다. 배에 오른 예수는 그곳에 모인 사람들에게 말씀을 전
하기 시작했습니다. 처음 들어보는 말씀들이 베드로의 가슴으로 스
며들어 그의 영혼을 강하게 흔들어댔습니다. 베드로는 한 말씀도 놓
치지 않으려고 집중해서 들었습니다. 청년 예수가 갑자기 큰 인물로
보이기 시작했습니다. 가르침을 끝낸 예수 선생은 베드로에게 갑작스
런 명령을 내렸습니다. "깊은 데로 가서 그물을 내려 고기를 잡으라."
해가 돋는 시간에 수심 깊은 곳에다 그물을 내리는 건 갈릴리에서 잔
뼈가 굵은 어부들에겐 우스꽝스런 행동이었습니다. 그러나 선생 예수
의 지극히 온유한 음성 안엔 결코 거부할 수 없는 위엄이 스며 있었습
니다. 베드로는 말씀대로 순종했습니다. 그러자 신비한 일이 벌어졌
습니다. 헤아릴 수 없을 정도로 많은 물고기들이 떼 지어 그물로 몰려
든 겁니다. 얼마나 많이 잡혔는지 그물이 찢어질 정도였습니다. 친구
의 배를 불러 가까스로 잡힌 고기들을 수습하고 났을 때 한 가지 깨
달음이 베드로의 영혼을 꽉 채웠습니다. '이분은 주(主)시다.' 베드로

는 그 자리에서 주님 발 앞에 엎드렸습니다. "주여, 나를 떠나시길 바랍니다. 나는 죄인입니다." 주 예수께서 다시 부드러운 음성으로 대답하셨습니다. "무서워 말아라. 이제 후로는 네가 사람을 취하리라." 베드로는 죄로 인해 얼어붙어 있던 자신의 영혼에 깃든 강렬한 생명의 기운을 거부할 수 없었습니다. 육지에 배를 대자마자 그는 주님을 좇기 시작했습니다. 평생토록.

1991년 막 30이 된 청년은 모든 게 시들해졌습니다. 약 4년 전 기쁨으로 시작한 대기업에서의 직장 생활도 시들해졌습니다. 이게 내가 가야 하는 길이 맞나 하는 의문이 청년의 마음을 자꾸 흔들어 댔습니다. 대학 졸업할 때 꿈꾸었던 기자가 돼 보겠다고 그 당시 막 시작한 방송국의 문을 두드리기도 했습니다. 수출 업무에 푹 젖어 있던 청년이 언론 기관에 오랜 기간 몸담아 온 수백 명의 경쟁자들을 이겨 낼 순 없었습니다. 그해 가을 출석하고 있던 교회에서 부흥 사경회를 열었습니다. 큰 기대 없이 아내와 함께 참석했습니다. 첫날 강사 목사님의 말씀이 가슴을 칼처럼 찔러 왔습니다. 현재 겪고 있는 영혼의 시들함이 비전의 문제 때문이 아니라 죄의 문제 때문임을 깨달았습니다. 교회에 발을 들여놓은 지 10년 만의 깨달음이었습니다. 이젠 죄의 문제를 해결하는 일이 남았습니다. 사경회에 참석하기 위해 6시면 퇴근했습니다. 평소보다 2시간이나 앞당겨 회사를 나온 겁니다. 청년의 영혼은 그만큼 갈급했습니다. 사경회 마지막 시간 드디어 주님께서 청년을 만나 주셨습니다. "네 그 죄 때문에 내가 십자가를 졌단다."
예배가 끝날 때까지 회개와 기쁨의 눈물이 흘러내렸습니다. 그때 청
년의 영혼에 강렬하게 찾아온 생명의 봄기운은 지금도 청년의 신앙을
지켜 주는 든든한 버팀목이 되어 주고 있습니다.

천사를 만나다

소
소
함
셋
그분의 품

       추수감사주일 새벽 성경공부는 가슴을 따뜻하게 하고 뛰게 하는 간증들로 채워졌습니다.

  "그날은 밤 11시 30분이 되어서야 퇴근할 수 있었습니다. 밤 늦은 시간 텅 빈 주차장을 걷는데 저만치에서 누군가가 다가왔습니다. 몸집이 큰 아프리칸 아메리칸 여자였습니다. 순간 섬찟했습니다. "버스가 끊겨서 그러는데 요 앞 월마트까지만 데려다 주실래요? 추위에 한참을 떨어서 몸이 다 얼어 버렸어요." 두려운 마음이 잠시 들었지만 거절할 수 없었습니다. 차에 탄 여자는 조심스럽게 말했습니다. "레이크 근처에 사는데 집까지 데려다 줄 순 없을까요?" 집에 12시까지는 가야하는데 레이크라니, 미시간 호수 근처에 산다는 말로 알아듣고는 단호히 거절했습니다. "여기서 5분이면 갈 수 있는 거린데 안 될까요?" 그제서야 밀워키와 레이크가 만나는 근처를 뜻함을 알아차렸습니다. 데려다 주는 동안 들은 말입니다. "에반스톤 근처의 교회를 다니는데, 오늘은 성경공부가 많이 길어졌어요. 이곳까진 어떻게 올 수 있었는데, 여기서 버스가 끊기고 만 거예요. 집에선 두 아이가 걱정하며 기다리고 있을텐데… 주님께 얼마나 간절히 기도했는지 몰라요. 집까지 날 데려다 줄 천사를 보내 달라고. 그때 당신이 나타난 거예요. 당신은 하나님이 보내 주신 천사예요." 그날 밤 전 하나님께서 사용하신 천사가 되었던 겁니다. 지금도 그 기쁨을 잊을 수가 없어요."

"한 장로님이 전화하셨습니다. 일터에 전기가 나갔으니 고쳐 달라는 겁니다. 장로님은 장의사에서 일했어요. 수리해야 할 곳은 지하였습니다. 저녁시간 장의사 지하로 내려가는데 마음이 좀 꺼림칙했습니다. 장로님은 상황을 설명하곤 함께 일하던 멕시칸들과 바로 퇴근하시고 말았습니다. "집사님 솜씨를 잘 아니 깨끗하게 고쳐 놓을 줄 믿습니다." 이 한 마디만 남기고. 두려운 마음이 들었지만 마음을 다잡고 작업을 시작했습니다. 그런데 구석에 놓인 침대 같은 것에 자꾸 신경이 쓰이는 겁니다. 그래서 돌아보니 흰 천이 뭔가를 덮고 있는데 발이 비쭉 나와 있는 겁니다. 시체였습니다. 얼마나 놀랐던지, 일이고 뭐고 당장 뛰쳐나오고 싶은 생각이 들었습니다. 하지만 나를 믿고 일을 맡겨 준 장로님 생각이 나서 그냥 나올 수도 없었습니다. 그래서 주님께 간절히 기도하기 시작했습니다. 얼만큼의 시간이 지나자 마음이 안정되기 시작했습니다. 오히려 일하는 동안 인생의 짧음을 묵상할 수 있었고, 주님의 심정으로 더 뜨겁게 복음을 전해야겠다는 마음도 다질 수 있었습니다. 4시간이 훌쩍 지나서야 일을 마칠 수 있었지만, 장의사 지하실을 나서는 제 마음은 참 평안했습니다. 주님께서 함께 해주신 겁니다."

"간증을 듣는데 오래 전 일이 생각났어요. 그때 전 노인 아파트에 사는 한 성도님을 케어하고 있었어요. 그날도 그분께 필요한 약을 사러 쥬얼에 들렀지요. 문 닫기 직전의 아주 늦은 시간이었어요. 상점에 들어서니 과일 코너의 빅세일 사인이 눈에 들어왔어요. 아무 생각 없이 달려가 그분께 사다 드릴 과일을 정신없이 고르기 시작했지요. 그러고 있는데 한 종업원이 와서는 이런 말을 하는거예요. "닫을 시간이 다 되서 약을 사야 할 것 같은데." 혼잣말처럼 중얼거리는 그 말에 퍼뜩 정신이 든 전 약 파는 코너로 가서 필요한 약을 집어 들었어요. 그리고 계산대에 서자 곧 가게를 닫는다는 안내방송이 흘러나오는거예요. 약을 가져다 드리니 그분이 얼마나 고마워하시던지. "마침 약이 다 떨어져서 큰일났다 싶었는데 너무 고마워." 그 후 고마움을 전하기 위해 그 상점에 갈 때마다 그 종업원을 찾았는데 만날 수 없었어요. 그 일이 생각날 때마다 그 종업원이 천사였을지도 모른다는 생각을 하곤 해요."

그날 새벽은 참 훈훈했습니다…

녹.버.깨.숙.
라면을 끓이다

긴장된 마음으로 가스 불 앞에 섰습니다. 가스 불에는 이제 막 거품이 오르기 시작한 물이 담긴 두 개의 냄비가 올려져 있습니다. 그 옆에는 아내가 잘 씻어 다듬어 놓은 재료들을 가지런히 담은 플라스틱류 그릇이 놓여 있습니다. 먼저 포장지를 뜯어 그 안에 있는 내용물들을 따로따로 구분해 두었습니다. 불필요한 동작을 미리 줄여 둠으로 조리 시간을 정확히 맞추기 위해서였습니다.

뭘 하는지 궁금하시다구요? 일일 셰프가 되어 라면을 끓이고 있는 중입니다. 그런데 왜 '긴장'까지나 하고 있느냐구요? 가족이 아닌 손님들에게 직접 끓인 라면을 대접하는 건 그야말로 이번이 처음이기 때문입니다. 그렇다면 왜 긴장하며 그 일을 하고 있느냐고 묻는 분도 계시겠죠? 저만의 특별한 라면 조리법을 공개하다가 이렇게 덜컥 셰프 모자를 쓰게 된 겁니다.

처음에 잠깐 당황했습니다. 집에 팩에 든 녹차가 다 떨어지고 없는 겁니다(사전에 재료를 확인하지 못한 셰프의 실수☺). 다행히 이파리 채로 말린 녹차가 있기에 망에 담아 물에 넣고는 30초 정도를 우려 냈습니다. 그리고 막 끓기 시작한 물에 버섯을 한 웅큼 집어넣은 후 다시 물이 펄펄 끓기를 기다렸습니다. 드디어 라면을 넣고 전자렌지에 달린 시계를 통해 시간을 메모리해 두었습니다. 꼬들꼬들한 면발을 위해선 3분 30초, 약간 풀린 면발의 경우엔 5분을 끓여야 하기 때문입니다. 라면을 넣자마자 깻잎과 분말스프와 달걀(노른자를 살려서)을 동시에 넣고, 일 분쯤 기다린 후에 라면에 딸려 온 마른 재료를 털어넣었습니다. 이제 마지막 단계만 남았습니다. 가스 불을 끄기 20초 전에 숙주를 듬뿍 집어넣고 난 후…. 가늘게 숨을 내쉬었습니다. 이제 끝난 겁니다.

의외로 품평이 좋았습니다. 조리법을 가르쳐 달라는 빗발치는(?) 요청에 마치 전문가인 양 논리와 이유를 섞어 설명하던 중 문득 이런 생각이 들었습니다. 교회도 잘 끓여 낸 한 그릇 라면과 닮았다는 생각이.

라면을 만들기 위해선 그에 필요한 재료들이 꼭 있어야 하듯이 교회도 함께 예배 드리고 하나님의 일을 함께 감당할 성도들이 있어야 합니다. 교회라는 단어 자체가 공동체의 의미를 담고 있기 때문입니다. 라면을 끓이는 데 이것저것 다른 재료들이 필요하듯이, 교회도 여러 가지 다른 성향과 은사(탤런트)를 지닌 다양한 성도들이 필요합니다. 초대 교회의 인물들 면면을 보면 쉽게 이해가 될 겁니다. 베드로, 바울, 바나바, 이 세 사람만 보아도 서로 다르잖아요?

재료들의 각기 다른 맛을 하나로 묶어 주는 불이 있어야 하듯이, 교회도 성도들의 다양한 성향과 은사들을 묶어 하모니를 만들어 내는 그 무언가가 절대적으로 필요합니다. 바로 성령 하나님께서 하시는 역할입니다. 성령님께서 보여 주시는 비전을 향해 그분이 부어 주시는 사랑과 평화의 끈으로 묶여 함께 동역할 때 교회는 건강한 맛과 향기를 뿜어낼 수 있는 겁니다.

시간의 중요성도 빼놓을 수 없습니다. 재료들이 한 가지 맛으로 녹아들기 위해선 적합한 시간의 조리가 필요합니다. 교회도 마찬가지입니다. 그리고 우리들이 임의로 정한 시간은 의미가 없습니다. 하나님의 시간이 필요한 겁니다. 교회를 조리하시는 셰프는 하나님이시기 때문입니다. 우리 성도들이 할 일은 하나님께서 정하신 시간을 분별할 수 있는 영적 예민함을 갖추는 겁니다. 교회의 모든 성도들이 그분의 속도에 맞춰 행진할 때 교회는 타거나 설익지 않고 셰프이신 하나님 보시기에 좋은 상태로 완성되어 갈 겁니다.

아무래도 셰프 모자를 쓰는 횟수가 늘어날 것 같은 묘한 기분이 드네요(☺).

제도라는
차가운 벽

1878년 12월 목회를 꿈꾸는 한 전도사가 벨기에의 작은 탄광촌에 도착했습니다. 네덜란드 개혁장로교단은 그에게 6개월이란 시간을 허락했습니다. 그 기간 동안의 목회 활동을 평가해서 그의 사역을 계속 지원할지를 결정하겠다는 겁니다. 하지만 청년 전도사에게 교단의 주어진 기간과 평가는 중요하지 않았습니다. 그의 머리와 가슴엔 '이곳에서 예수님 닮은 사역을 펼쳐야지' 하는 결단과 열정만 가득할 뿐이었습니다.

청년 전도사는 예수님이 보여 주셨던 긍휼을 가지고 탄광촌 주민들에게 다가갔습니다. 그는 자신이 가진 것 모두를 주민들에게 나눠 주었습니다. 어느 날 집에 돌아온 그에게서 입고 있던 외투를 볼 수 없습니다. 어느 날은 맨발로 들어옵니다. 하루는 하숙집 여주인이 청소하러 방에 들어가 보니 침대 시트가 보이질 않았습니다. 화상 입은 주민의 상처를 싸매는 데 사용한 겁니다. 화가 난 여주인은 비꼬듯이 말했습니다. "목회자의 가정에서 자란 분이 체통이 말이 아닙니다." 그는 아무렇지도 않게 대답했습니다. "그리스도께서 그러셨듯이 저도 가난한 자의 친구가 되길 원합니다."

결국 청년 전도사는 자신이 묵고 있던 하숙집을 나오고 말았습니다. 탄광촌 주민들의 삶과 비교할 때 너무 사치스럽게 생각되었기 때문입니다. 그래서 낡은 헛간을 빌려 난로 하나에 의지해 생활하기 시작했습니다.

처음에 주민들은 그의 사랑을 이해하지 못했습니다. 지금까지 그런 사랑을 받아본 적이 없기 때문이었습니다. 그래서 한동안 몇 걸음 떨어져 경계의 눈으로 살피기만 했습니다. 그러나 청년 전도사의 지칠 줄 모르는 사랑은 결국 그 의심의 벽을 무너뜨리고 말았습니다. 주민들은 그를 '선한 사마리아인', '작은 예수'라 부르며 따랐습니다. 청년 전도사의 순수한 헌신을 통해 적지 않은 수의 사람들이 예수님을 영접했습니다.

하지만 교단의 평가는 달랐습니다. 6개월 후 도착한 평가단의 지적은 칼날 같았습니다. "주민들을 향한 자기 희생은 인정하나 교단이 정한 목회자가 갖추어야 할 몇 가지 중요한 자질이 부족함." 그것으로 교단의 지원은 끝이 나고 말았습니다. 가난한 청년 전도사의 꿈도 거기서 멈추고 말았습니다. 교단의 차가운 제도가 '작은 예수'의 열정과 꿈을 단 6개월 만에 꺾어 버리고 만 겁니다.

빈센트 반 고흐의 이야기 입니다. 이후 그는 자신의 열정을 화폭에 쏟아부었습니다. 그의 작품 중에 '별이 빛나는 밤'이라는 유화가 있습니다.

그림 속 하늘과 땅은 하나님의 영광을 상징하는 청색으로 가득합니다. 밤하늘엔 하나님의 사랑을 의미하는 노란색의 빛덩어리들이 강렬합니다. 그 노란빛은 땅 위 집들에도 스며 있습니다. 그런데 하나님의 사랑을 뜻하는 이 노란빛이 부재한 장소가 하나 있습니다. 바로 교회입니다.

예수님 당시엔 종교지도자들이 전통과 제도에 묶인 삶을 살았습니다. 그들은 하나님의 말씀보다는 그 말씀을 해석한 장로들의 전통을 더 따랐습니다. 그러다 보니 그 틀을 깨고 사랑과 긍휼을 실천하시는 주님을 용납할 수 없었습니다. 안식일에 병자들을 고쳐 주시고, 보통 사람들은 물론 심지어 세리와 창기와 죄인들까지 찾아다니며 '하나님 나라'를 선포하고 가르치시는 행위를 도저히 이해할 수 없었던 겁니다. 그들은 예수님의 삶에서 풍겨 나는 인간의 생각과 틀을 넘어선 하늘의 권위를 볼 수 없었습니다. 결국 그들은 예수님을 십자가에 못 박고 말았습니다.

제도는 질서를 위해 필요합니다. 그러나 그 제도 안에 말씀이 갇혀

서는 안 됩니다. 주님의 사랑과 긍휼도 갇혀서는 안 됩니다. 제도는 교회의 본질이 아니라 '작은 예수'들이 맘껏 말씀을 실천할 수 있도록 돕는 조연임을 기억해야 합니다.

임마누엘

　　서로돕기센타가 운영하는 소망의 집으로 갈 준비를 다
마쳤습니다. 밴에는 사랑의 담요들이 실렸고, 함께 가실 분들도 다 모
였습니다. 목적지까지 길을 안내해 줄 약도도 다 나눠드렸습니다. 미
리 살펴보니 그리 어려운 길도 아니었습니다. 드디어 출발했습니다.

　　그런데 문제가 생겼습니다. 앞서 가던 P 집사님의 차 뒤를 경찰차가
불을 번쩍이며 따라 붙는 광경을 보게 된 겁니다. 제가 나서서 어떻게
해 볼 수 있는 상황도 아니어서 그저 기도하는 마음으로 그 곁을 지나
쳐 갈 수밖에 없었습니다.

　　아내와 걱정을 나누며 94번 하이웨이를 막 들어서는데 전화벨이 울
렸습니다. "경찰이 용서해 주었어요. 이번만 특별히 봐준데요." 아내
와 함께 "할렐루야!"를 외치며 주님께 감사를 드렸습니다.

　　후에 전해 들은 이야기입니다.

약속 시간 안에 목적지에 도착하려고 P 집사님의 마음이 바빴던 모양입니다. 게다가 그 지역의 제한 속도를 잘 몰랐구요. 그 결과 제한 속도를 17마일이나 초과하고 말았습니다. 경찰이 다가오자 마음이 급해진 P 집사님의 입에선 "10시까지 가야하는데"라는 한국말만 쏟아져 나오고. 그래도 다행히 그 경황 중에 신문에 실린 행사 광고지가 생각나더랍니다. 그래서 운전면허증 대신 광고지를 건네주고 자신의 처지를 간단히 설명했고…. 광고에 있는 얼굴과 P 집사님을 비교해 본 경찰은 '법집행의 카드' 대신 '용서의 카드'를 꺼내 들었다고 합니다.

'만약'이라는 단어를 대입해서 반대의 상황을 생각해 보니 끔찍했습니다. 이미 도착한 많은 사람들이 염려 속에 적지 않은 시간을 기다려야 했을 겁니다. 스피드 티켓을 받고 도착한 P 집사님 일행의 마음도 불편했을 겁니다. 이런 편하지 않은 심기들이 전체 분위기에 마이너스 영향을 주었을 가능성이 큽니다.

그런데 주님께서 경찰의 마음을 바꿔 주심으로 상황을 반전시켜 주신 겁니다. 이 극적인 에피소드를 통해 주님은 참여한 모든 사람들의 영혼에 최고의 기쁨을 부어 주셨습니다. 주님의 사랑을 전하기 위해 충성을 다하는 자에게 베풀어 주신 하나님의 은혜였습니다.

이 에피소드에서 발견하게 된 강렬한 교훈 하나는 주님이 없는 인생은 늘 불완전하다는 사실입니다. 혼자 힘으로는 아무리 최선을 다해도 100%를 이루어 낼 수 없는 것이 인간인 겁니다.

요한복음 2장에 등장하는 가나의 혼인잔치 이야기가 이런 인간의 모습을 적나라하게 드러내고 있습니다. 유대사회에서 혼인 잔치는 최고의 축제입니다. 그러니 신랑은 완벽한 잔치 준비를 위해 미리 초대해 놓은 손님들의 식성과 주량을 충분히 고려하고 분석했을 겁니다. 그렇게 준비한 잔치라 혼인식 당일 신랑의 마음은 여유로웠을 겁니다. 그런데 예상치 못한 일이 벌어지고 말았습니다. 잔치 도중에 포도주가 바닥이 나고만 겁니다. 언제라도 축제의 흥이 깨져 버릴 수 있는 벼랑 끝 상황을 맞게 된 겁니다.

이때 축제의 분위기를 더 흥겹게 북돋아 주신 분이 바로 주님이셨습니다. 물을 이용해서 이전 것보다 훨씬 질이 좋은 포도주를 만들어 주심으로 신랑을 위기에서 구해 주셨던 겁니다.

여기서 성탄의 메시지를 발견하게 됩니다. 예수님은 우리와 함께 하기 위해 이 땅에 오셨다는 사실입니다. 이 세상에 가득한 혼돈과 공허와 흑암을 혼자의 힘으로는 절대 극복해 낼 수 없는 우리와 함께 하심으로 우리의 삶을 진리와 생명의 길로 인도하기 위해 이 땅에 오신 겁니다.

그러니 '임마누엘'(하나님께서 우리와 함께 하심)의 그분을 꼭 붙잡으시기 바랍니다.

마음의
월동 준비

두 주 전 어느 날 마음먹고 반나절을 들여 전화를 눌러 댔습니다. 매주 월요일 저녁마다 홈리스들에게 저녁 식사를 제공하고 있는 업타운(Uptown) 침례교회, 홈리스만을 돌보기 위해 전문 사역을 펼치고 있는 브레이크쓰루(Breakthrough) 사역팀, 그리고 홈리스들을 전도해서 예배를 드리고 있는 기도의 집 등. 이번 주는 망명자들이 미국에 잘 정착하도록 돕고 있는 월드 릴리프(World Relief)에 전화를 넣을 계획입니다.

교회의 P 집사님이 올해는 하나님의 영광을 위해 불우 이웃을 돕고 싶은데 어떻게 해야 할지 모르겠다는 말을 듣고 팔을 걷어부친 겁니다. 한국인 청년들에게 12월 첫째 주와 둘째 주는 시간을 비워 둘 것을 미리 부탁했습니다. 불우 이웃을 돕는 데 청년들의 손과 발을 빌리기 위해서입니다.

지난 수요일 저녁 제자 훈련을 시작하기 전 미리 도착하신 Y 집사님이 쇼핑백 하나를 제 방에 내려놓았습니다. 안을 들여다보니 겨울용 재킷이 들어 있었습니다. 지난 주일 망명자들 돕기 겨울 재킷 수집 광고를 들으시고, 첫 번째 기증자가 되어 주신 겁니다. 시간이 지나면서 사무실에 차곡차곡 쌓일 재킷들과 그 안에 담긴 따뜻한 마음들을 생각하니 벌써부터 제 가슴이 훈훈해집니다.

지난 주일엔 헌금용 대접이 묵직했습니다. 돼지 두 마리가 올라와 있었기 때문입니다. 일 년 동안 불우한 이웃을 생각하면서 동전을 모금하자고 나눠 드린 돼지 저금통의 추수철이 된 겁니다. 올해로 3년째가 되는데, 주둥이를 통해 쏟아져 나온 사랑의 동전들을 모아 추운 겨울을 맞는 재소자의 자녀들과 망명자 가족들과 홈리스들의 마음에 작지만 따스한 기쁨의 불꽃을 나눠 드릴 수 있었습니다. K 집사님이 그러시더군요. "아무리 모아도 돼지의 배가 채워지지 않는 거예요. 그래서 모임 때 친구들만 만나면 무조건 지갑과 주머니를 뒤지게 했습니다. 은전만으로 가득 채워 보려고 나름 노력을 했는데…" 아쉬움이 잔뜩 묻어 있는 말씀 속에 불우한 이웃들을 향한 큰 사랑이 넘실대고 있었습니다.

한 율법사가 예수님께 물었습니다. "하나님께서 주신 율법 중 어느 계명이 가장 큽니까?" 예수님은 딱 두 가지로 정리해 주셨습니다. "네 목숨을 다해 하나님을 사랑하는 것이 첫째 계명이고, 이웃을 네 몸과 같이 사랑하는 것이 둘째 계명이다." 그러자 율법사가 다시 묻습니다. "그렇다면 내 이웃은 누구입니까?" 이때 주님께선 다음과 같은 이야기를 들려 주셨습니다.

"한 사람이 길을 가다가 강도를 만나 죽을 지경이 되고 말았다. 마침 제사장과 레위인이 각각 그의 곁을 차례로 지나갔는데, 영적 지도자라 불리우는 그들은 두려움 때문에 얼른 피해 도망가고 말았어. 그런데 유대인들이 인간 취급도 안 하는 사마리아 사람은 그냥 지나치지 않고 멈추어 서서 자신의 소유를 다 털어 그 불쌍한 사람을 살려 냈단다. 자, 네 생각에는 강도 만난 자의 진정한 이웃이 누구라고 생각하느냐?"

주님은 이 이야기를 통해 이웃 사랑과 관련 실제 도움이 되는 진리를 가르쳐 주고 계십니다. 우리의 도움을 필요로 하는 이웃은 우리 주변에 얼마든지 있다는 사실입니다. 따라서 우리에게 중요한 것은 그들의 존재를 볼 수 있는 눈과 그들을 진정으로 돕고자 하는 마음가짐과 실제 행동임을 보여 주신 겁니다.

올해는 시카고가 예년보다 훨씬 더 추워질 거라고 합니다. 벌써 동부에선 때 이른 폭설 소식을 전해 주고 있습니다. 월동 준비를 잘해야겠습니다. 동시에 영적인 월동 준비, 즉 불우한 이웃들에게 진정한 친구가 되 줄 수 있는 마음의 준비도 잘해야겠습니다.

성탄에 담긴
나눔의 의미

사랑의 담요를 실은 밴이 도착하자 교회 문을 통해 일단의 사람들이 쏟아져 나왔습니다. 업타운 침례교회의 G 목사님 지시에 따라 담요는 일사불란하게 옮겨졌습니다. 옮겨진 담요와 모자 그리고 장갑은 우리 교회의 두 L 집사님과 기타 여러 곳에서 참여한 봉사자들의 손에 의해 나눠 주기 좋은 모습으로 테이블에 차곡차곡 쌓여 갔습니다.

그날 저녁도 홈리스 사역 전체를 지휘하느라 바쁘게 몸을 움직이고 있는 G 목사님과 잠깐 대화할 기회를 얻었습니다. 시작부터 지금까지 20년 가까이 이 사역을 맡아 봉사해 온 G 목사님의 말씀 한 마디 한 마디에 역사가 묻어 있었습니다. "1992년부터 이 사역이 시작되었습니다. 식사 전 30분 예배를 드리고 저녁 식사를 대접합니다. 매주 월요일마다 홈리스들에게 저녁 한 끼를 대접한다는 소문이 퍼져 나가

155

자 많은 교회들이 이 사역에 동참해 주셨어요. 주변 교회들의 동역이 없었다면 우리 교회의 힘만으로는 현재까지 이 사역을 이끌어 오기 힘들었을 겁니다."

식당 쪽에서 G 목사님을 다급하게 찾는 소리가 들려와 황급히 자리를 뜨면서 대화는 잠시 중단되었습니다.

식사를 끝낸 홈리스들이 담요가 있는 장소로 몰리면서 봉사자들의 손놀림이 바빠졌습니다. 사랑의 선물을 사이에 두고 선 봉사자들과 홈리스들의 얼굴 표정이 많이 닮아 있었습니다. 기쁨과 웃음으로 가득한 표정들이.

식사가 거의 다 끝나가자 학생들로 보이는 봉사자들이 교회 건물을 빠져나가는 모습이 눈에 들어왔습니다. 다가가 그중 여학생 둘과 몇 마디 나누었습니다. "저희들은 N 고등학교 학생들이예요. 이 교회 멤버는 아니구요, 홈리스 사역 도우미로 매주 이곳에 오고 있어요. 한 번 섬기고 나면 안 올 수 없는 곳이예요." 고등학생들이 자원해서 꾸준하게 선한 일하는 모습이 감동적이었습니다. 대화를 마치고 교회 문을 나서는 그들을 향해 엄지손가락 둘을 번쩍 들어 주었습니다.

다시 곁으로 돌아온 G 목사님과 대화를 이어 갔습니다. "이곳을 찾는 분들이 많이 줄었습니다. 2004년까지만 해도 식사하러 오는 사람들의 수가 700여 명에 달했지요. 지금은 250여 명에 불과합니다. 이 지역 주거 비용이 치솟으면서 쉘터들이 자리를 옮겼고 그 결과 홈리스들의 수도 많이 줄어든 겁니다." G 목사님의 눈에서 떠난 자들을 염려하는 마음을 읽을 수 있었습니다.

문득 신학교 시절이 생각났습니다. 도시 사역을 잘 감당하는 모범적 교회들을 탐방하던 중 교수님과 함께 이곳을 방문한 적이 있었습니다. 당시 교수님이 이런 이야기를 들려 주셨습니다.

"도심의 교회들이 서버브 지역으로 옮겨 가는 것이 추세였던 적이 있습니다. 당시 업타운 침례교회의 성도들도 이 문제를 놓고 심각히 논의했습니다. 기도하며 도달한 결론은 '떠나지 않는다'였습니다. 그 이유가 너무 아름다웠습니다. '홈리스들을 위한 우리의 사역은 계속되어야 한다. 우리가 떠나면 누가 그들을 돕겠는가? 하나님께서 주신 이 귀한 사역을 외면할 수 없다.'"

그때 들은 이야기는 아직도 제 가슴에 생생하게 새겨져 있습니다. 하나님의 뜻이 있는 곳에 교회가 존재해야 한다는 소중한 교훈을 이 교회를 통해 얻을 수 있었습니다.

바울이 증거한 것처럼 예수님은 부요하신 분(창조주)이셨지만 우리를 부요하게 만들기 위해 스스로 가난하게(인간) 되셨습니다(고린도후서 8:9). 가난한 모습으로 이 땅에 오신 날이 바로 성탄절입니다. 그분의 제자인 믿음의 성도들도 주님의 모범을 따라야 합니다. 우리의 상대적 부요함으로 주변의 가난한 이웃을 도와 세상을 평균케 하는 일에 적극적으로 나서야 합니다.

두 교회
이야기

교회가 맞닥뜨린 상황 때문에 짧은 기간 동안 여러 교회들을 다녀보았습니다. 이렇게 둘러보는 중 교회들을 통해 소망을 보기도 하고 동시에 아픔을 경험하기도 했습니다. 두 교회 이야기를 나눌까 합니다.

S 교회는 아름다운 건물을 가지고 있습니다. 예배당은 한 번에 400여 명을 수용할 수 있는 큰 규모를 자랑하고 있고, 팡파레까지 울릴 수 있는 파이프 오르간의 위용도 대단했습니다. 작은 예배실을 포함해서 성경공부하기 좋은 방들도 여럿 갖추어 놓았습니다. 한쪽 문을 통해 밖으로 나가 보니 아웃도어 파티장처럼 보이는 공간도 있었습니다. "제가 어렸을 때는 여기서 종종 아이스크림 파티를 열곤 했어요. 초여름 은은한 외등 밑에서 도란도란 대화하며 즐기던 파티가 아직도 기억에 생생합니다." 우리를 안내하던 D 집사님의 설명에는 아련

한 향수와 함께 쓸쓸함이 묻어났습니다. 지하로 내려가 보니 400명은 넉넉히 수용할 수 있는 친교실과 큰 주방이 눈에 쏙 들어왔습니다.

반면 고개를 갸웃거리게 하는 장면들도 눈에 띄었습니다. 주차장 공간이 너무 작았습니다. 한 30여 대나 세울 수 있을까? "교회 서쪽에 위치한 중국 식당 보이시죠? 사실은 저 식당 자리까지가 다 우리 교회 주차장이었어요. 60년대만 해도 교회 출석 인원이 1,600여 명에 달했지요. 예배를 3부로 나눠서 드려야 할 정도였습니다" 하는 설명에서 쓸쓸함이 더 진하게 배어 나왔습니다. 지하 친교실 바닥은 물이 찼었는지 엉망이었습니다. "실수로 썸 펌프를 꺼 놓은 적이 있는데 하필 그날 비가 오고 말았어요. 이 공간을 쓸 일이 전혀 없어서 그냥 놔 뒀어요" 하며 웃는 웃음이 헛헛하게 들렸습니다. 어느 날 다가와 "목사님, 제가 S라는 교회를 다녀왔는데, 총 7명이 앉아서 주일 예배를 드리고 있었어요. 어찌나 썰렁하던지…" 하던 L 성도님의 말이 씁쓸한 장면들 위에 겹쳐진 채 떠올랐습니다. 열흘쯤 후 S 교회는 부동산의 매매 리스트에 올랐습니다. 점차 쇠퇴해 가는 미국 교회의 한 단면을 들여다 본 블루톤의 하루였습니다.

"교회를 둘러 보기 전에 우리 기도부터 드릴까요?" O 교회 K 집사님의 목소리는 인자함과 신실함을 담고 있었습니다. 함께 교회 구석구석을 둘러보는 동안 K 집사님은 미래를 이야기했습니다. "작년 8월에 이곳을 사서 왔는데, 손볼 곳이 많습니다. 봄이 되면 주차장을 수리할 계획이구요, 여름이 오기 전엔 에어컨을 설치할 예정입니다…"

어쩌다 교회 규모를 묻게 되었습니다. "어른이 90여 명, 아이들이 30여 명이예요." 이 대답에 깜짝 놀랐습니다. 유대인 중 기독교로 회심한 분들이 모여 예배 드리는 교회였기 때문입니다. 유대교와 기독교 간 불편한 역사적 상황을 고려할 때 120여 명은 정말 대단한 숫자라는 생각이 들었습니다. '자신의 민족을 품고 가슴앓이하던 사도 바울이 이들을 보았으면 얼마나 기뻐했을까?' 하는 생각이 문득 들었습니다. 미팅이 다 끝나갈 무렵 K 집사님은 이런 질문을 던졌습니다. "주신 자료에 교단의 주요 교리가 포함되어 있지요? 일전에 한 교회가 렌트를 원했지만 우리가 믿고 있는 교리와 너무 큰 차이가 나서 거절한 적이 있습니다." 질문과 설명을 듣는 중 기분이 좋아졌습니다. 교회가 참 건전하다는 생각이 들어서였습니다. "교세가 점차 약해져 가고 있는 한 교단은 개교회들이 예배당을 좋은 값을 쳐 준다는 이유로 이슬람, 몰몬교 등에 팔아넘겨 골치를 썩고 있답니다." 이런 이야기들이 난무하는 시대에 살고 있기 때문일까요? 떠나기 전 마무리 기도하는 제 가슴이 기쁨으로 뿌듯했습니다.

요한계시록에는 교회를 상징하는 일곱 촛대 사이를 거니시는 예수님의 모습이 그려져 있습니다. 교회의 머리가 되시는 주님이 사랑하는 교회들을 지키고 보호하며 운영하심을 보여 주는 장면입니다. 그 주님께서 이렇게 말씀하십니다. "회개치 아니하면 내가 네게 임하여 네 촛대를 그 자리에서 옮기리라." 주님의 경고가 현장감 있게 다가오는 시대를 살고 있습니다.

거룩한 땅에서 시작

전 지금 아내와 선상에 앉아 있습니다. 지중해를 지나 그리스로 가는 배입니다. 주변은 작고 큰 흥분이 느껴지는 대화들, 출발 전 예열 중인 선박의 엔진소리, 그리고 귓가를 스치고 지나가는 바람 소리로 술렁거립니다. 눈에 들어오는 풍경도 참 이국적입니다. 빨간 지붕을 얹은 집들과 파란 해안선이 안성맞춤의 짝을 이루고 있는 모습, 귀만 두드려 대는 다양한 언어들, 터키 깃발을 단 여객선들. 주변의 술렁거림과 이 특별한 풍경으로 인해 내 마음도 서서히 달아오르기 시작합니다.

성지를 둘러보기 위해 집을 떠나온 지 벌써 일주일이 지났습니다. 지금 우리 일행은 지중해를 가로질러 그리스 영인 히오스 섬으로 건너가기 직전입니다. 드디어 고동 소리와 함께 배는 출발하고⋯ 바다를 바라보는 중 성지 연수 떠나기 직전 겪었던 일들이 갑자기 떠올랐습니다.

성지 연수 모집 소식 앞에서 많이 망설였습니다. 그러다가 몇 가지 이유를 들어 '떠나자'는 결정을 내렸습니다. 첫째는 목회를 위해서였습니다. 성경을 통해 지식적으로만 접해 온 소아시아 지역의 교회들을 오감으로 만나고 싶은 생각이 든 겁니다. 초대 교회 지도자들이 복음 전파를 위해 걸었던 길, 순교의 현장, 그리고 주님의 편지를 받았던 일곱 교회들을 직접 내 발과 손과 눈으로 경험하고 싶었던 겁니다. 둘째는 아내와 단 둘이 함께 하는 여행이 필요하다는 생각이 들어서였습니다. 목회의 부름을 받고 신학교에 입학한 이후 16년이 넘도록 아내와 단 둘이 여행한 적이 없었기 때문입니다. 이 연수 여행을 통해 아내도 저도 앞으로의 목회를 위해 새롭게 충전되고 싶은 마음이 간절했습니다.

어렵게 결정하고 나니 이번엔 몇 가지가 마음에 걸렸습니다. 먼저 교회. 교회를 10일이나 비워야 한다는 사실이 마음을 불편하게 했던 겁니다. 그런데 교회 성도님들이 흔쾌히 허락해 주셨습니다. 얼마나 감사하던지. 다음엔 고3인 막내가 걸렸습니다. 딴 지 얼마 안 된 운전면허증을 들이대며 혼자서 다 할 수 있으니 걱정하지 말라는 막내의 말이 위로는커녕 오히려 불안감만 증폭시켰던 겁니다. 그런데 이 문제도 쉽게 풀렸습니다. 다행히 둘째가 집에서 출퇴근할 수 있게 된 겁니다. 하나님께 감사를 드렸습니다.

여기까지 기억을 더듬고 있을 때 주변 사람들이 웅성거리기 시작합니다. 배의 속도가 줄어드는 것으로 보아 그리스 영인 히오스 섬에 도착한 모양입니다. 고개를 들어보니 다양한 색의 불을 밝힌 해안의 상점들이 지상과 해상에 동화의 나라를 그려 내고 있습니다. 꿈같은 풍광을 담느라 플래시 터뜨리는 소리가 바쁩니다.

내려서 통관하고 버스에 올라타 식당으로 이동하고 이곳 유일한 한국 교민이 운영하는 식당에서 식사를 한 후 다시 그리스로 가는 여객선에 오르는 동안 3시간이 훌쩍 지나고 말았습니다. 지금은 선실 안의 작은 데스크 앞에 앉아 다시 기억을 끄집어 냅니다.

터키로 오는 비행기 안. 곁에 앉아 있는 아내의 표정이 평안했습니다. 11시간 가까운 비행을 어떻게 견뎌내느냐고 출발 전 많이 조바심 냈었는데…. 정말 다행이었습니다. 둘러보니 기내 전체를 장식하고 있는 밝은 청색이 눈에 들어왔습니다. 3면이 에게해, 흑해, 지중해로 둘러싸여 있는 반도의 나라답다는 생각이 들었습니다.

다시 현실. 이제 곧 도착한다는 방송이 들리자 가슴이 뛰기 시작했습니다. "이렇게 소중한 시간을 허락해 주셔서 감사합니다. 초대 교회 때 터키 지역을 복음화하기 위해 그 땅을 강하게 불어 가셨던 성령님께서 제 영혼도 가득채워 주세요. 생명을 주님께 맡기고 교회 세우는 일에 헌신했던 당시 성도들의 열정을 제 가슴으로 느끼게 해 주세요."

제 인생의 첫 성지 연수는 이렇게 시작되었습니다.

거룩한 땅에서 둘

여행을 다녀오고 시간이 흐르면 다녀온 곳의 구체적 데이터들보다는 그곳에서 발견한 교훈과 체험한 느낌들이 더 기억에 남는 법입니다. 사실 구체적 데이터는 인터넷에 넘쳐 나도록 많아서 잘만 정리하면 그곳에 사는 사람들보다 더 상세한 지식을 가질 수 있는 세상이 되었습니다. 그래서 이번 성지 연수는 데이터보다는 현장에서 캐내고 얻은 교훈과 느낌에 치중해서 정리해 볼 계획입니다.

꼬박 하루 동안 둘러본 이스탄불은 몇 개의 강한 이미지로 기억에 자리잡았습니다. 첫째 눈부신 아름다움입니다. 보스보로스 해협과 마르마라 해를 끼고 형성된 도시는 방문자의 마음을 사로잡기에 충분했습니다. '세계에서 가장 아름답다'고 자랑하는 터키인들의 자부심에 동의할 수밖에 없는 미항입니다. 두 번째 한국인들과 친한 도시였습니다. 룸서비스 내용을 여러 나라 말로 번역해 놓았는데 한국말 번역이 3번째에 위치할 정도였습니다. 또한 대부분의 상점 주인들은 가격을 흥정할 수 있을 정도로 한국말에 능했습니다. 도시를 둘러보는 동안 그 이유를 알 수 있었습니다. 곳곳에서 한국 사람들을 만날 수 있었던 겁니다. 그러니까 이 도시인들에게 우리 한국인들은 중요한 고객인 셈입니다. 마지막으로 유적지를 찾는 여행객들의 호주머니 돈으로 운영되는 도시라는 생각이 들었습니다. 어딜 가나 관광객들로 넘쳐났습니다. 관광객들은 대체로 세 부류로 나눌 수 있었습니다. 성지를 보러 온 기독교인들과 이슬람 사람들, 그리고 순수한 여행객들. 여행객들 주변엔 늘 호객꾼들로 붐볐습니다. 흥정은 기본입니다. 처음 2달러를 호가하던 물건도 그냥 지나치려면 금방 1달러 밑으로 내려가는 판이었습니다. 화장실도 돈을 내야만 사용할 수 있는 도시였습니다.

기억에 남는 유적지는 아야 소피아 박물관과 토프카프(대포의 문)라 불리는 성입니다. 아야 소피아는 유스티니아누스 황제 때 5년에 걸쳐 재건된 교회입니다. 재건되었다는 말 속에 2번이나 불에 타 전소되었던 이전 교회의 그림자가 담겨 있습니다. 노아의 방주의 문을 그대로 가져다 달았다는 신비한 문을 지나 교회 안으로 들어서니 이 건물이 겪어 온 파란만장한 역사가 여기저기 배어 있었습니다. 벽화가 훼손된 자리에선 8~9세기의 성상 파괴 운동과 13세기 십자군의 약탈의 흔적을 볼 수 있었고, 흐릿하게 흔적만 남은 십자가와 이슬람식으로 개조된 구조물들을 통해선 15세기 오스만 투르크 제국의 침략사를 엿볼 수 있었습니다. 교회에서 이슬람 사원으로 결국엔 현재의 박물관으로 그 용도가 바뀌어 온 역사를 보면서 이 온 우주 안에 불변하는 것은 하나님 외에 없다는 진리가 떠올랐습니다. 그런데 왜 인간은 건물에 집착하는 것인지. 수백, 수천억 원씩 들여 교회 건물을 짓고 그것이 건강함의 징표나 되는듯 행세하는 일부 교회들의 사고가 불가사의하기만 합니다.

토프카프에는 참 이상한 물건들이 보관되어 있었습니다. 다윗의 검, 아브라함의 식기, 요셉이 머리에 둘렀다는 터어반, 모세의 지팡이 등. 이 교회가 다른 교회들보다 더 성스러운 곳임을 내세우기 위해서 수집한 성물들이라는데, 신뢰도 안 갈뿐더러 중요성도 느낄 수 없었습니다. 오히려 중세 교회에서 흔히 볼 수 있었던 부패의 단면이 연상되었습니다. 어떤 교회는 모세가 본 떨기나무 가지 하나를, 어떤 교회는 사도 바울이 발목에 찼던 쇠고랑을, 어떤 교회는 가룟 유다가 예수님을 팔고 받았다는 동전 하나를 보관하고 있다고 선전했습니다. 이 성물들이 지니고 있는 면죄의 효과를 선전했던 겁니다. 정작 교회가 강조해야 할 것들은 말씀과 기도 그리고 섬김과 사랑이어야 하는데….

새벽 1시 20분경 수리아 안디옥으로 떠나는 비행기에 몸을 실었습니다. '그리스도인'이라는 단어가 처음으로 탄생한 곳을 곧 볼 수 있다는 생각에 피곤함도 잊은 채.

거룩한 땅에서 셋

비를 피해 동굴 안으로 들어섰습니다. 일행 37명이 어깨에 어깨를 맞대야 다 들어갈 수 있는 작은 규모의 동굴이었습니다. 제법 쌀쌀한 기운이 비에 흠뻑 젖은 몸을 비집고 들었습니다. 비행기 연착으로 새벽 2시경 호텔 도착, 교회 홈페이지에 기행문을 올리고 나니 3시 반경, 그리고 아침 7시 기상. 부족한 잠 때문인지 한기가 더 사무치고…. 전날 그랜드 바자(4,000여 상점들이 밀집한 이스탄불의 시장) 내 한 찻집에서 마셨던 홍차가 그리워졌습니다. 앙증스럽게 작고 투명한 유리잔, 모락거리는 흰색 김과 잘 어울리던 홍차의 색감, 모처럼 손에 쥐어 본 각설탕의 포장을 벗겨 내며 느끼던 향수(鄕愁)… 이 모든 디테일이 생생할 정도로.

일행은 지금 베드로 기념교회 앞에 와 있습니다. 지진 때문에 발견되었다는 이 동굴 교회는 사도행전 11장에 등장하는 수리아 안디옥의 성도들이 예배 드리던 장소라고 추정되는 곳입니다. 부푼 기대감을 가지고 도착해 보니 입구가 잠겨 있었습니다. 현지 가이드를 통해 얻은 정보는 실망스러운 것이었습니다. 최근 동굴 내부가 자꾸 무너져 내리는 바람에 보수 공사 중이라 입장할 수 없다는 겁니다. 그래서 할 수없이 바로 옆 동굴에 모여든 겁니다. 그곳에 2~3분 정도 머물며 우리가 할 수 있는 일이라고는 동굴 특유의 냄새를 맡으며 멀리 내려다 보이는 도시의 풍경을 배경으로 사진 찍는 일이었습니다.

다시 빗길을 걸어 버스로 향하던 중 한 풍경이 떠올랐습니다. 안락한 집을 빠져나와 한때 마음을 준 적이 있던 신전들을 무심히 지나치고발에 익어서 편안한 거리를 벗어나 거친 산길로 들어서서 숨을 몰아쉬며 이 동굴 교회로 올라오던 2000여 년 전 성도들의 모습. 그들의 한결같은 발길이 낳은 길 위엔 비가 내리고 눈이 쌓이고. 어둡고 낮고 음습하지만 거룩함이 그득한 동굴 예배처에서 예수 그리스도만 사모하고 나누었을 그들. 그래서 '그리스도인'이라는 별명이 안성맞춤으로 어울렸을 그들. 이 가슴 벅찬 풍경을 상상하다가 마음 깊은 곳으로부터 '헌신'이라는 단어를 길어 올릴 수 있었습니다. 상상의 저울 한쪽에 그들의 헌신을 다른 한쪽엔 내 것을 올려보았다가 많이 부끄러워졌습니다.

눅눅해진 실내 공기를 안고 버스는 다소로 달렸습니다. 신약 성경 27권 중 13권을 쓴 인물, 로마 제국 거의 모든 지역에 복음을 전했던 인물, 바로 사도 바울의 고향을 향해 가고 있는 겁니다. 도착해 보니

다소는 길 양켠에 주상복합형의 아파트가 잔뜩 들어서 있는 중간 규모의 도시였습니다. 로마 시대엔 바다로 이어지는 큰 강(큰 배가 다닐 정도)을 끼고 있어서 경제적, 군사적 요충지로 제법 큰 규모의 도시였다고 합니다. 바울도 자기 고향을 "소읍이 아닌 길리기아 다소 성"(사도행전 21:39)이라고 소개하고 있습니다. 안토니우스가 클레오파트라를 초청해서 함께 시간을 보낸 도시라고 하니 당시의 문화적 화려함도 엿볼 수 있습니다. 지금은 여행객 외에는 아무도 눈길을 주지 않는 클레오파트라 문이 세월의 때가 잔뜩 묻은 허름한 모습으로 그때의 화려함을 추억하고, 그 앞에 선 여행객들은 이 땅의 영화란 헛될 뿐이라는 교훈을 되새깁니다.

바울의 생가라는 곳에 도착했습니다. 다 무너져 가는 벽으로 구분된 집터가 투명한 플라스틱에 갇혀 지상에서 2~3미터 정도 아래 위치해 있었습니다. 곁에는 우물이 있더군요. 누군가 직접 물을 퍼 올리는 모습을 지켜보는데 이런 생각이 들었습니다. 2000년이 넘게 사람들의 목마름을 해갈해 온 이 우물과 바울을 비롯한 예수님의 제사들이 생명을 걸고 전함으로 2000년이 넘도록 인류의 영적 목마름을 해갈해 온 복음이 아주 닮았다는 생각이.

벌써 터키에 많이 익숙해졌나 봅니다. 주유소를 지나친 버스가 고속도로에서 후진해 목적지를 찾아가는 위험천만한 장면을 태연하게 보고 있으니 말입니다. 두 시간쯤 더 가면 갑바도기야에 도착한다고 하는군요.

거룩한 땅에서 넷

외출하기 위해 신발 끈을 매는데 신발 곳곳에 낀 먼지때에 눈길이 갔습니다. 이제 산 지 한 달 정도밖에 안 됐는데 한 일 년은 신은 것처럼 낡아 보입니다. 성지 연수 중 아침부터 밤까지 이어지는 강행군 내내 내 발을 감싸 주었던 녀석입니다. 끈을 다 매고 허리를 펴는데 문득 '진짜배기 구경은 이 친구가 했나보네' 하는 생각이 들었습니다. 내가 눈과 귀로 성지를 둘러보았다면 녀석은 성지 구석구석을 자신의 몸 전체로 직접 만져 보고 게다가 그곳의 먼지와 냄새까지 기념품으로 수집해 왔으니 말입니다. '앞으로 이 친구를 신을 때마다 성지가 떠오르겠구만' 하는 생각에 빙그레 웃고 말았습니다.

갑바도기야에 내 마음대로 '감탄사의 땅'이라는 별명을 붙였습니다. 먼저 계곡을 가득 채운 기묘한 모양의 바위 기둥들 앞에서 탄성을 질러야 했습니다. 화산 폭발로 날아온 재가 기존의 땅 위에 덮이고, 그 후 오랜 기간의 풍화작용을 거치는 동안 원래 땅은 연회갈색 기둥을 이루고 까만 현무암은 그 기둥의 모자처럼 남아 절묘한 조화를 이루고 있었습니다. 외계적 풍광을 찾다가 이곳에서 영화 '스타 워즈'를 촬영했다는 일화가 있을 정도로 계곡의 경치는 신묘했습니다. 그런데 자세히 보니 대부분의 바위들에 구멍이 뚫려있었습니다. 사람들이 산 흔적이었습니다. 기독교 초기 로마의 박해를 피해 숨어든 성도들, 로마의 국교가 된 후 세속을 떠나 은둔을 목적으로 찾아든 수도사들의 거처이자 예배처였습니다. 바위 굴 벽에 손을 대 보았습니다. 해발 1,000m가 넘는 이 깊은 계곡을 찾았던 믿음의 선진들이 지펴 놓은 치열한 신앙의 열기가 여전히 그곳에 배어 있었습니다.

괴레메('너희들은 볼 수 없다'는 뜻) 동굴 교회에 도착해서도 감탄사는 멈추지 않았습니다. 흑암 교회, 사과 교회, 뱀 교회 등 몇 개의 동굴 교회를 둘러보는 동안 벽면에 그려진 성화들 앞에서 탄성을 지를 수밖에 없었습니다. 회반죽을 벽면에 바르고 마르기 전에 그 위에 그림을 그리는 기법을 사용한 프레스코화였습니다. 이 기법을 사용한 그림의 수명은 동굴의 수명과 같다고 합니다. 주님을 향한 그들의 영원한 사랑이 그림 안에 스며 있는 겁니다. 벽화 작업도 치열했다고 합니다. 교회 리더의 허락을 받은 사람은 그림을 그리기 전 몸을 깨끗이 씻어야 했고, 작업하는 내내 금식했다고 합니다. 기력이 고갈되면 일정 기간을 쉰 후, 다시 똑같은 과정을 거쳐 작업을 이어갔다고 합니다. 선과 면으로 이루어진 2차원적 벽화 앞에서 깊이와 뜨거움을 포함한 다차원적 감상과 묵상에 깊숙이 빠져들었습니다.

데린구유로 가는 중 차창을 통해 공중에 떠 있는 열기구들을 볼수 있었습니다. 갑바도기야 전체를 공중에서 관망하고 싶은 여행객들을 태운….

데린구유('지하 도시'라는 뜻)에서도 입을 다물 수 없었습니다. 자꾸 사라지는 닭을 찾다가 발견했다는 이 지하 도시는 6~7세기경 이 지역에 살던 기독교인들이 이슬람의 침입을 피해 일정기간 숨어 지내던 장소라고 합니다. 한 번에 10,000명 정도를 수용할 수 있다고 하니 그 엄청난 규모를 짐작해 볼 수 있습니다. 비슷한 크기의 지하 도시가 갑바도기야에 약 40개나 된다고 합니다. 고개를 잔뜩 숙여야 통과할 수 있는 좁고 낮은 계단을 내려가니 높이가 2m쯤 돼 보이는 널찍한 공간들을 만날 수 있었습니다. 얼마나 잘 지었는지 가장 밑층에서도 신선한 바깥 공기를 숨 쉴 수 있었습니다. 가장 밑층에 교회가 있었습니다. 공간을 십자가 모양으로 만들어 놓은 곳이었습니다. 일행 모두가 교회 벽에 손을 대고 나직한 목소리로 짧지만 깊이 기도했습니다. "주님, 감사합니다. 이들의 헌신을 다리 삼아 제계까지 복음을 전해 주신 주님 감사합니다. 공간을 건너고 세대를 넘어 복음이 전해지는 길에 제 작은 헌신도 주님의 도구로 사용되길 원합니다." 기도를 마치고 얼굴을 드는 일행의 눈들이 어둠 속에서도 빛이 났습니다.

집 떠난 지 5일째 날이 저물어 가는 경관을 보며 다음 행선지인 코냐로 향했습니다.

거룩한 땅에서 다섯

터키엔 한국 여행객들이 많았습니다. 여행사마다 성지 연수/순례 패키지가 비슷해서인지 어딜가나 한국 분들을 만날 수 있었습니다. 어느 지역에선 주차장의 관광 버스 4대가 모두 한국인들을 태우고 있을 정도였습니다. 제주도, 천안, 뉴욕, 시카고. 떠나온 도시도 다양했습니다. 그리고 대부분이 우리 일행처럼 성지를 돌며 초대 교회 성도들의 발자취를 추적함을 목적으로 한 교인들이었습니다. 뿌듯한 마음이 들었습니다. 적잖은 경비에도 불구하고 터키를 찾는 동포들을 보며 조국의 신앙심과 경제력을 함께 볼 수 있었기 때문입니다.

첫 답사지인 비시디아 안디옥에 도착해 보니 '폐허'라는 단어가 떠올랐습니다. 로마의 은퇴 군인들이 이곳에 로마를 꼭 닮은 도시를 세웠다는데 도시의 흔적이라고는 그저 길 양켠에 모아 둔 건물 파편들뿐이었습니다. 과연 베테랑들답게 당시 황제였던 아우구스투스에 대한 충성심을 담아 웅장하게 지었다는 신전에도 무릎 높이 정도의 기둥만 서너 개 덜렁 남아 있더군요. 인간이 건설한 제국의 흥망이 이런 것이구나 하는 생각과 함께 "헛되고 헛되며 헛되고 헛되니 모든 것이 헛되도다"던 솔로몬의 깨달음이 가슴에 저며 왔습니다.

유스티아누스 황제 때 지어진 바울 기념교회에는 반원의 벽만 남아있었습니다. 첫 번째 선교여행 중 소아시아에 상륙한 바울이 처음으로 복음을 전한 도시가 바로 이곳입니다. 말씀을 선포한 회당이 있던 자리 위에 기념교회를 세웠다고 합니다. 가이드를 맡은 선교사님의 설명을 들으며 2000여 년 전 바로 이 자리에서 생명을 걸고 예수 그리스도를 전했을 바울을 떠올려 보았습니다. 특별히 치열한 소명감으로 이글거리던 두 눈동자를. 분노한 안디옥의 유대교인들이 100마일이나 떨어진 도시까지 쫓아와 던진 돌에 맞고도 결코 식을 줄 모르는 열정을 담고 타오르던 그 눈동자를.

다음에 도착한 도시는 라오디게아 였습니다. 제법 많은 흔적을 소유하고 있는 도시였습니다. 여전히 화려한 두 개의 큰 기둥이 남아 있는 신전 쪽에는 턱시도와 웨딩 드레스를 차려입은 커플이 포즈를 취하고 있었습니다. 하얀 대리석 기둥들이 몰려있는 도시 중심을 벗어나 10여 분 정도를 바쁘게 걸어가니 물보급소라는 곳에 도착할 수 있었습니다. 건축 기술이 발달한 로마 제국은 물을 끼고 도시를 건설하지 않아도 되었습니다. 물은 수로를 만들어 끌어오면 그만이었습니다. 이 도시도 수로를 통해 6.5km나 떨어진 히에라볼리라는 지역의 온천수를 끌어다가 사용했습니다. 수로를 통해 도착한 물은 이 물보급소에서 각 가정으로 공급되었다고 하니 당시의 기술이 놀랍기만 합니다. 그런데 수질이 문제였습니다. 긴 거리를 수로를 통해 이동하는 중 뜨거운 물은 식어서 미지근해집니다. 게다가 석회질 농도도 높았습니다. 실제로 노출된 배수관을 들여다보니 흰색의 석회질이 눌어붙어 반쯤은 막혀 있었습니다. 이처럼 석회질 높고 미지근한 물을 그대로 마실 순 없어서 차게 식히거나 끓여서 마셨다고 합니다.

문득 이 지역 교회에 보내신 주님 편지의 한 구절이 떠올랐습니다. "네가 이같이 미지근하여 뜨겁지도 아니하고 차지도 아니하니 내 입에서 너를 토하여 버리리라." 라오디게아 교회의 성도들은 편지에 담겨 있는 주님의 뜻을 절대 놓칠 수 없었을 겁니다. 하지만 2000여 년의 시간이 흐른 지금 슬프게도 이 도시엔 교회가 존재하지 않습니다. 깨달음이 실천으로 연결되지 않았기 때문입니다. 도시가 공급하는 세상적인 쾌락-2개의 연극 공연장, 투전판, 풍요로운 경제적 환경 등-에 물들어 이도 저도 아닌 미지근한 신앙에서 끝내 벗어나지 못했던 겁니다. 이 때문인지 라오디게아에선 그 흔한 기념교회도 볼 수 없었습니다.

여장을 푼 호텔 식당에서 '아리랑'을 들을 수 있었습니다. 현지인이 기타를 퉁겨 우리 민요를 맛갈스럽게 연주하고 있었습니다. 이어서 '사랑해'…. 나른한 향수(鄕愁)가 몰려왔습니다.

:
:

거룩한 땅에서 여섯

:
:

햇살 좋은 늦가을 아침 커튼을 열어 젖히니 눈부신 빛이 틈도 없이 침입해 좁은 거실을 금새 꽉 채웁니다. 강한 빛에 나도 모르게 얼굴을 찡그리다가 터키에서 찍은 사진들이 생각났습니다. 그때는 몰랐는데 집에 돌아와 다시 살펴보니 렌즈를 향해 지은 표정들에 희비가 동시에 담겨(?) 있더군요. 입매는 웃음을 담고 눈매는 살짝 찌푸러진 그런 모습. 그곳의 강렬한 햇살 탓이었습니다.

주일인 10월 14일은 5개의 기념교회를 방문하느라 바쁘게 보냈습니다. 아침 7시 호텔에서 출발 10여 분 정도 버스로 이동하고 다시 발품을 팔아 20여 분쯤 언덕길을 오르니 사도 빌립의 무덤과 기념교회에 도착할 수 있었습니다. 이 기념교회도 유스티니아누스 황제에 의해 지어졌다고 합니다. 곳곳에 기념교회를 세운 그가 누군지 궁금해졌습니다.

가이드의 설명과 책자를 기초해서 그의 삶을 추적하는 중 테오도르라는 인물을 만나게 되었습니다. 황제의 아내였습니다. 그런데 그녀의 삶이 참 드라마틱했습니다. 테오도르는 천민 계급 출신이었습니다. 경기장의 동물 조련사로 일해 생계를 책임지던 아버지를 어린 나이에 잃은 그녀는 몸을 팔아 먹을 것을 구해야 할 정도로 소망 없는 삶을 살았습니다. 그 밑바닥에서 예수님을 만나게 됩니다. 그 후 그녀의 삶은 철저히 변했습니다. 가난해도 정직하게 번 돈으로 살았고 없는 살림을 나누어 불쌍한 이웃들을 돌보았습니다. 그러자 하나님께서 그녀를 높이셨습니다. 청년 유스티니아누스가 그녀를 보게 된 겁니다. 첫눈에 반한 그는, 천민과의 결혼을 금한 로마법을 바꾸어서까지 테오도르와 결혼하게 됩니다. 테오도르는 남편의 황제권을 사용해 하나님께서 기뻐하실 일들을 펼쳐 갔고, 그중 하나가 바로 초대 교회의 흔적을 기념교회로 재건하는 일이었습니다. 이날 우리가 방문한 기념교회들 중 사데 교회를 제외한 나머지 네 곳-빌립, 빌라델비아(성 요한), 두아디라, 버가모-도 그렇게 해서 탄생되있다고 합니다. 주님을 향한 뜨거운 신앙은 반드시 아름다운 열매를 낳는다는 결론에 닿았습니다.

사데 교회터에서 주일 예배를 드렸습니다. 예배 중 조금 전에 본 산꼭대기의 요새가 자꾸 떠올랐습니다. 깎아지른 듯 험한 절벽으로 둘러싸인 난공불락의 요새, 하지만 누구도 이 절벽을 올라올 수 없다는 교만이 방심을 낳고 결국 적군의 기습 앞에 속수무책으로 패한 부끄

러운 역사를 담고 있는 그곳. 동시에 이 지역 교회에 주신 주님의 말씀
도 생각났습니다. "…일깨지 않으면 내가 도둑같이 이르리니…" 예배
를 인도하던 목사님이 이 터키 땅의 복음화를 위해 함께 기도하자고
했습니다. 부서져 가는 교회터만 남아 있고 예배자들은 다 사라져 버
린 이 땅을 위해 "천년의 긴 잠에서 깨어나게 하소서" 부르짖어 기도하
는데 마음이 아팠습니다. 곁의 아내가 눈물을 닦아 내고 있었습니다.

빌라델비아 교회를 기념해서 세운 성 요한 교회에는 기둥 3개만 달
랑 남아 있었고, 두아디라 기념교회에선 다 부서진 잔해만 볼 수 있
었고, 버가모 기념교회에는 붉은 벽돌로 쌓은 벽만 세월을 견디며 무
심히 서 있을 뿐이었습니다. 간간히 들이닥치는 순례자만이 예배자일
뿐인 그 교회터들 위에 점점 비어 가는 미국 교회의 건물들이 오버랩
되면서 가슴이 서늘해지더군요.

빌라델비아의 기념교회를 나서는데 가이드가 바게트 빵을 나누어 주
었습니다. 막 구워냈는지 손에서는 따뜻했고 입에 넣으니 고소한 맛이
일품이었습니다. 껍질의 바삭거림과 속살의 부드러움을 만끽하며 먹는
동안 가이드의 설명이 귀에 들어왔습니다. "이곳에 올 때마다 꼭 저 가
게에 들러 빵을 삽니다. 주인이 한국전 참전 용사이시거든요." 이름도
생소한 나라를 구하겠다고 만오천 명 가까운 청년들이 한반도로 달려
왔고 그중 1,002명의 생명이 그 땅에서 스러지고 말았습니다. 그들의
피 위에서 대한민국은 피어나고…. 터키는 형제의 나라임이 분명합니다.

거룩한 땅에서 일곱

아침 식사를 마치자 호텔 출발 시간까지 40분 정도가 남았습니다. 저와 아내는 지체하지 않고 해변으로 향했습니다. 어제 밤 룸 베란다에서 냄새로만 경험한 에게 해를 오감으로 체험해 보려는 욕심 때문이었습니다. 해안을 따라 불빛 하나 없는 곳이라 밤에 베란다에서 내다 본 바깥 풍경은 하늘과 바다가 구분 없이 혼재하는 그저 까만 공간일 뿐이었습니다. 아쉽더군요. 그래서 바다를 향한 30여 분의 짧막한 여행을 급히 떠난 겁니다. 그 끝이 계단으로 이루어진 호텔 앞 포장도로를 2~3분 내려가니 바로 바다였습니다. 수면은 잔잔하고 물빛은 투명했습니다. 대부분이 육지에 포위된 바다는 그래서 호수처럼 느껴지더군요. 터키에서의 마지막 날은 이렇게 에게 해변 산책으로 시작되었습니다.

터키에서 밟게 될 마지막 성지 에베소는 관광객들로 인산인해를 이루고 있었습니다. 다른 곳에 비해 유적들이 아주 잘 보존되어있기 때문인 것 같았습니다. 관청, 신전, 공중 목욕탕, 가정집, 상점, 원형 경기장, 도서관 등 건물 대부분이 골격을 그대로 유지하고 있었고 도시 전체를 잇고 있는 도로도 거의 원형 그대로였습니다.

에베소는 사도 바울이 3차 선교여행 때 교회를 세운 곳입니다. 2년 동안 두란노 서원이라는 장소에서 날마다 복음을 전한 결과 에베소가 속한 아시아 지역의 유대인과 헬라인들이 모두 주의 말씀을 들었다고 성경은 기록하고 있습니다. 우리 교회 이름이 '두란노'라 에베소에 도착하기 전부터 두란노 서원을 직접 볼 수 있다는 기대감에 가슴이 설레었습니다.

여러 유적지를 거쳐 셀수스 도서관 앞에 도착했을 때 기대감은 극에 달했습니다. 이 층 구조의 도서관은 다른 건물들보다 보존 상태가 훨씬 좋았습니다. 인쇄술이 발명되기 전이라 책이 아주 귀했던 당시 무려 일만이천여 권의 장서를 보관했다는 설명을 듣는 순간 '사도 바울이 대단한 장소에서 복음을 전했네' 하는 생각에 자부심이 머리를 들었습니다. 그런데 이어지는 설명에 이번엔 의구심이 머리를 들었습니다. "이 도서관은 이 지역 행정관이었던 셀수스를 기념하기 위해 그 아들이 주후 114년경에 지은 건물입니다." 주후 114년이면 바울이 순교하고도 50년 정도가 훌쩍 지난 시기였습니다. "여기를 다녀간 많은 사람들이 이 도서관을 두란노 서원이라고 소개하는 경우가 많은데 그건 분명히 잘못된 정보입니다." 실망스런 마음으로 가이드에게 물었습니다. "그렇다면 진짜 두란노 서원은 어디 있나요?", "우리가 상점가를 지나쳐 왔잖아요. 두란노 서원은 그 수많은 상점 중 하나였을 거라고 역사학자들은 추정하고 있습니다. 그러니까 정확한 장소는 모르는 셈이지요."

그런데 그 대답 속에서 하나님의 능력과 바울의 헌신을 동시에 발견할 수 있었습니다. 해변을 내려다 보며 휴식을 취할 수 있는 대중 목욕탕, 2만 5천 명을 한꺼번에 수용할 수 있는 원형 극장, 배를 타고 건너온 온갖 진기한 상품들이 넘쳐나는 시장통, 도시 요지 마다에 세워져 있는 신전들…. 쾌락을 부추기는 세속적인 것들과 정신을 미혹하는 우상들로 가득한 도시의 한 귀퉁이에서 한 사람의 헌신을 불씨 삼아 전파되기 시작한 복음이 에베소 도시 전체를 사르고 그 불길이 아시아 지역 전체로 번져 가는 장면이 생생하게 그려지면서 가슴이 감동으로 터질 것 같았습니다. 하나님께서 바울이라는 그릇을 사용해서 상상을 뛰어넘는 큰 역사를 일으키신 겁니다. 저 상점가 어딘가에 있었을 두란노 서원이 더 소중하게 느껴졌습니다.

저녁 7시쯤 터키를 떠난 배가 그리스 영인 히오스 섬에 도착했습니다. 그 섬의 유일한 한인 가족이 운영하는 식당에서 오랜만에 한식을 먹을 수 있었습니다. 딱 일주일 만이었습니다. 우리 일행을 그리스 본토까지 데려다 줄 페리에 올라 객실 침대에 몸을 눕히자 피곤이 몰려왔습니다. 바다를 헤쳐 가는 여객선의 조용한 흔들림이 요람을 흔드는 엄마의 손길처럼 느껴지고…

거룩한 땅에서 여덟

메모장을 분실하고 말았습니다. 아테네의 유적지까지 다 돌아본 후 버스에다 그냥 두고 내린 겁니다. 이 사실을 조금만 더 일찍 알았다면 가이드와의 연락을 통해 찾을 수도 있었을텐데…. 평생 자료로 남기기 위해 애쓰던 순간들이 아프게 떠올랐습니다. 어느 것 하나 놓치지 않으려고 가이드 곁을 거의 지키다시피 했고 형편없는 수준이지만 글로 표현하기 힘든 것들은 그림을 그려 넣는 등 정성을 다했는데…. 참 아쉽더군요. 밤새 준비한 설교 노트를 PC의 버튼 하나 잘못 눌러 싹 날려 버린 심정이었습니다. 연수 내내 애쓰던 모습을 지켜보신 분들 모두가 노트 분실 소식에 저만큼이나 안타까워하셨습니다. 그나마 절 위로해 준 것은 교회 홈 페이지에 거의 매일 기록해 둔 기행 편지였습니다. 물론 그 내용이 스케치 수준이었지만 기억을 펌프질할 때 필요한 마중물 역할 정도는 가능했거든요. 파김치가 된 몸을 움직여 투자한 한 시간 정도의 시간이 엄청난 가치를 창출해 낸 셈입니다.

페리에서 내리자마자 시작된 마지막 날 일정은 강행군 그 자체였습니다. 어딜 가나 구할 수 있는(?) 커피가 큰 도움이 돼 주었습니다. 터키에선 아침식사 때 외엔 커피를 볼 수 없었거든요. 아, 그래서 터키에선 버스로 이동할 때마다 많은 시간 졸았나 봅니다. 카페인 금단 현상으로.☺

먼저 고린도. 도시의 유적들은 거의 대부분 무너져 있었습니다. 그래도 사정이 나아 보이는 아폴론 신전도 7개의 커다란 기둥만 덩그러니 남아 있어, 시카고 자연사 박물관의 공룡 뼈 앞에 섰을 때의 기분이 들었습니다. 무상함. 유적지를 내려다보고 있는 시지프 산이 이렇게 말하고 있는 듯했습니다. "결국엔 무너질 것들을 자꾸 쌓아 올리는 인간들아, 고린도의 유적 앞에서 깨달으라. 너희의 유한함을."

비마라고 불리우는 법정에 서자 2000여 년 전 이곳에서 있었던 한 소송 사건이 눈앞에 잡힐듯 생생합니다. 일 년 반 동안 복음을 증거해 온 바울을 더는 두고 볼 수 없었던 유대인들은 무서운 기세로 사도를 끌고와 총독 앞에서 고소합니다. 이 소동 속에서 바울을 꼭 감싸고 계신 분이 보이는군요. 다름 아닌 "두려워하지 말며 침묵하지 말고 말하라"고 바울을 격려해 주셨던 주님이십니다. 결국 유대인들의 송사는 무산되고 말았습니다. 주님 때문에. 지금도 주님은 복음을 전하는 성도들 곁에 함께 계십니다.

고대 아테네 도시는 그리스 로마 신들의 무덤이라 불러도 될 정도로 뼈대만 남은 신전들로 가득했습니다. 제우스 신전, 파르테논 신전, 에렉테이온 신전, 디오니소스 신전, 나이키 신전…. 마침 파르테논 신전은 영화를 찍는 배우들과 스탭들의 움직임으로 어수선했습니다. 종교에서 신화로 전락한 신들의 무덤은 그저 돈벌이의 도구로 이용되고 있었습니다.

야외 법정으로 사용되던 아레오바고 광장은 신전들을 잔뜩 이고 있는 아크로폴리스 언덕 바로 밑에 자리하고 있었습니다. 법정의 차가움과 신전의 위압감이 교차하는 그곳에서 바울은 한 치의 흔들림도 없이 복음을 전했습니다. 그때 심겨진 복음의 씨는 자라나 지금의 그리스 정교로 발전하게 되었고, 그리스인들은 이 역사적 사건을 기념하기 위해 당시의 정황과 바울의 설교 내용이 담긴 성경말씀(사도행전 17:16~34)을 동판에 새겨 광장 벽에 붙여 놓았습니다.

마지막 밤을 보낼 호텔에 도착해 보니 고대 아테네 유적지가 바로 코 앞이었습니다. 아쉬운 마음에 아내와 함께 다시 아레오바고 광장을 향해 비탈길을 오르기 시작했습니다. 아레오바고 광장에 설치된 계단을 밟고 꼭대기에 오르니 젊은이들로 가득했습니다. 곳곳에서 담배연기가 피어오르고 여기저기에 빈 맥주 깡통들이 뒹굴고 있었습니다. 경제난에 허덕이는 그리스의 한 단면을 보는 것 같아 씁쓸하더군요. 멋진 야경을 뒤로 하고 슬그머니 내려오고 말았습니다.

거룩한 땅에서 마지막

　　　　마지막 날 아테네 공항에 앉아 노트북 PC를 열어 보니 인터넷 연결 상태가 아주 좋았습니다. 문득 히오스 섬에서 그리스 본토까지를 연결하는 페리 안에서 고생했던 순간이 떠올랐습니다.

　일간지에 보낼 글을 이메일로 전송하는 과정이 얼마나 힘들었는지 모릅니다. PC에 인터넷 접속이 가능하다는 시그널이 떠서 전송 버튼을 누르면 한참있다가 전송에 실패했다는 메시지와 함께 인터넷 접속 불가 시그널이 뜨는 겁니다. 선실이 지하층에 위치해서 그런가 싶어 윗층으로 올라가 사무실 바로 앞에서 시도해 봐도 결과는 마찬가지였습니다. 십여 차례를 시도하다가 결국엔 포기하고 주위를 둘러보았습니다(그 후 천신만고 끝에 다행히 글은 보낼 수 있었습니다. 결과를 궁금해하실 분들이 있을까봐⋯.)

　큰 라운지처럼 설계된 공간은 두 사람 또는 한 사람이 앉을 수 있는 소파들로 가득했습니다. 6시간 정도면 목적지에 도착하는데 굳이 비싼 선실에 묵을 필요 없다고 판단한 실용주의자들이 소파들을 점령군처럼 차지하고 있었습니다. 자정이 가까운 시간이라 군상들의 자태가 다양했습니다. 서로에게 기대어 자는 사람들, 긴 다리를 불편하게 늘어뜨리고 뒤척이며 잠을 청해 보는 사람들, 벽에 걸어놓은 TV에 시선을 고정시킨 사람들, 조곤조곤 밤새울 기세로 대화를 나누는 사람들…. 낯선 땅에 선 나그네의 눈에는 이 어수선한 풍경도 낭만적이었습니다. 제각기 다른 프로그램을 쏟아 내고 있는 TV를 살펴보니 대부분이 미국에서 제작한 드라마였습니다. 신앙의 뿌리를 찾아 미국을 떠나 이곳을 여행하고 있는 나 자신과 미국 문화가 낳은 상품에 몰입해 그 달콤함을 즐기고 있는 이곳 사람들. 참 묘한 기분을 자아내는 '대비'였습니다.

　시카고로 떠나는 비행기가 기다리고 있는 이스탄불 공항은 날 영적 순례의 공간에서 단번에 현실 세계로 밀쳐 냈습니다. 외국인들에 대한 출국 검사의 강도가 입국 때와는 달리 심했던 겁니다. 굼벵이 걸음으로 느릿하게 줄어드는 줄에 서서 검사 순서를 기다리기만 두 번. 게이트로 들어가기 직전엔 거의 모든 탑승객들이 검시관들 앞에서 손가방을 열어야 했습니다. 정확한 이유는 알 수 없었고 그저 최근 국경에서 일어난 시리아와의 긴장 관계 때문일거라는 막연한 추측만 해 볼 뿐이었습니다. 아무튼 이리저리 쓸려 다니고 가방을 열었다 닫았다 하는 북새통에 "아, 이젠 교회의 모태를 떠나 다시 사역의 현장으로 들어가는구나" 하는 생각이 퍼뜩 들었습니다.

오헤어 공항에 도착해 둘러보니 떠날 때 보았던 그대로의 풍경이 눈에 들어왔습니다. 여전히 비행기는 꼬리에 꼬리를 물며 뜨고 내렸고, 시카고가 목적지인 사람들은 웅성웅성 한곳에 모여 있다가 도착한 차를 타고 하나둘 사라져 갔습니다. 손님을 기다리는 택시와 택시를 필요로 하는 사람들이 적당한 줄과 소음을 만들고 있는 택시 승강장도 다를 바 없었습니다. 그런데 그 여전한 풍경 속에 서 있는 내 자신과 내가 소유한 것들은 달라져 있었습니다. 노트북 PC에는 성지 기행문이 담겨 있고, 디카에는 10일 전엔 없던 풍경들이 저장되어 있고, 제 가슴에는 감동의 기억들이 심겨 있습니다. 10일 전과 후를 다르게 만들어 놓은 이들이 앞으로의 내 삶을 어떻게 바꾸어 놓을까 궁금해졌습니다.

성지 연수에서 돌아와 이 주일쯤 지난 후, 연수팀이 제작해서 보내온 DVD를 PC에 넣으며 쿵쾅거리는 심장 소리를 들을 수 있었습니다. 열린 화면을 통해 성령님, 사도, 헌신, 순종, 도전, 진리, 연합, 교회, 감사… 묵직한 단어들이 쏟아져 나와 향기처럼 영혼으로 스며들었습니다.

시간

카이로스의 축복

해가 뜨고 지기를 반복하더니 어느새 2011년이라는 시간도 과거라는 레이블이 붙은 박제로 분류되고 말았습니다. 어제와 다름없는 모습으로 힘차게 떠오른 아침 해가 이젠 새해라는 의미를 담고 빛을 발하고 있네요.

묵은 해를 보낼 때마다 늘 하는 일이 있습니다. 강물처럼 흘러간 크로노스의 시간 위에 뚜렷한 자취로 남아 있는 카이로스의 순간들을 헤아려 보는 작업입니다.

살인죄를 저지르고 도망자 신세가 된 모세는 광야에서 40년을 보냅니다. 아침에 일어나 밥 먹고, 장인의 양들을 이끌고 나가 풀을 먹이고, 땅거미가 질 무렵이면 양들과 함께 집으로 돌아옵니다. 오늘이 어제와 비슷하고 내일도 오늘과 비슷할 그런 삶들, 주변의 이웃들과 견주어도 크게 다를 것이 없는 지극히 평범한 시간들…. 광야에서 보

191

낸 모세의 40년은 늘 그 자리를 지키며 변함없이 흘러가는 강과 꼭 닮은 모습이었습니다. 크로노스의 시간입니다.

그러던 어느날 불타는 떨기나무를 사이에 두고 하나님을 만나게 됩니다. 신을 벗고 서야 했던 그 거룩함의 순간, 앞으로 자신이 감당해야 할 소명을 하나님으로부터 직접 듣던 떨림의 순간, 지팡이가 뱀이되고 멀쩡한 손이 나병환자의 것이 되었다가 다시 정상이 되는 표적과 기사를 바로 눈앞에서 지켜보던 놀람의 순간…. 카이로스의 순간입니다.

이처럼 하나님께선 자연 법칙에 따라 평범하게 흘러가고 있는 크로노스의 시간에 개입하셔서 자신의 성품이 반영된 카이로스의 순간을 창출하실 때가 있는 겁니다.

모세를 통해 이스라엘 백성을 가나안 땅 앞까지 인도하신 40년의 세월, 독생자 예수님을 보내셔서 구원의 문을 여신 30여 년의 세월, 이 둘은 카이로스의 대표적인 사례입니다. 그러니까 카이로스는 축복의 순간입니다.

결산해 보니, 크로노스를 배경 삼아 2011년을 멋지게 장식하고 있는 카이로스의 순간들을 많이 발견할 수 있었습니다. 결산하는 동안 제 가슴은 하나님을 향한 감사함으로 터질 것만 같았습니다.

육체의 질병에서 해방된 성도님들, 오랫동안 기도해 온 식구들 또는 친구들이 예배의 자리에 나온 모습을 보고 기뻐하는 성도님들, 하나님의 말씀대로 변화되어 가는 자신 또는 가족들의 삶을 보며 감사하는 성도님들, 톱니바퀴가 맞아 돌아가듯이 채워진 사역의 자리들, 불가능해 보이던 사역들이 순조롭게 이뤄지던 순간들, 초기 불협화음을 낳던 사역들이 오히려 하나 됨을 이루며 마무리되던 순간들…. 기쁨과 감사 그리고 감동 없이는 떠올릴 수 없는 카이로스의 장면들입니다.

앨범을 넘기듯 카이로스의 순간들을 떠올리는 중 한 가지 공통점을 발견했습니다. 기도입니다. 본인의 믿음의 기도와 교회의 중보 기도가 하나님의 손길을 크로노스 안으로 초대하는 통로가 되었던 겁니다.

2012년은 작은 시험과 함께 열렸습니다. 이 시험을 주신 하나님께 감사를 드립니다. 이 작은 시험이 성도님 모두를 기도와 금식의 자리로 이끌었기 때문입니다. 한마음으로 드린 기도를 통해 하나님이 창출하시는 카이로스의 순간을 경험하며 새해를 시작하게 될 것을 믿기 때문입니다.

2012년 임진년이 이 글을 읽으시는 모든 분들께도 카이로스의 순간으로 가득한 축복의 해가 되길 축원드립니다.

Happy New Year!!!

마지막 선물

:

　　좋은신 하나님께선 천국을 소망하며 평생 이 땅에서 여
행자로 사신 K 집사님에게 마지막으로 소중한 선물을 주셨습니다.
11월 9일 월요일 오후 2시쯤 집사님의 상태가 아주 나빠지셨습니다.
전 기도하면서 집사님께 말씀드렸어요. "집사님, 마지막 소망을 하나
님께 드리세요. 믿음으로 드리시면 하나님께서 들어주실 겁니다." 그
리고 조금 있다가 물었습니다. "소망을 드리셨어요? 믿음으로 드리셨
어요?" 제 손에 집사님의 악력이 강하게 느껴졌습니다. 말씀을 못하
시는 상황이라 그 소망이 무언지 알 수는 없지만 그 소망을 이루어 달
라고 집사님의 손을 잡고 주님께 간절히 기도 드렸습니다. "예수님의
이름으로 기도합니다"라고 기도를 끝냈을 때 다시 집사님이 제 손을
강하게 잡아주셨습니다. 위기 상황에서 드린 기도라 정말 간절하게
드렸다는 믿음이 제게 전해져 왔습니다. 어리석게도 전 그 기도가 "살

려달라"는 기도이길 바랬습니다.

기도를 마친 후 몇 분이 지나기도 전에 혈압은 가장 높을 때도 45 수준으로 떨어지고(70은 되어야 함), 위기를 느낀 의사들이 몰려들어 왔습니다. 심폐 소생 시술을 할 것인지를 물었습니다. 하지만 심폐 소생을 해도 몇 십 분에서 약 한 시간 정도밖에는 효과가 없을 거라고 말했습니다. 그 말을 들으신 집사님의 눈이 불안정했습니다. 아직은 아니라는 사인이 권사님께 전해졌고 바로 심폐 소생을 시도했습니다. 그때부터 놀라운 일이 벌어지기 시작했습니다.

가슴을 몇 번 압박하는 아주 단순하고 간단한 시술을 통해 집사님의 혈압은 다시 정상으로 돌아왔습니다. 그 후 집사님의 믿음을 다시 학인하고 싶어졌습니다. 혹시 이 땅 떠나는 것이 두려우셔서 그렇게 불안해하셨나 하는 마음이 들었기 때문입니다. 그래서 집사님의 손을 잡고 물었습니다. "집사님은 참 복된 분이세요. 주님을 믿으시니 이제 가시는 곳도 분명히 천국이잖아요. 집사님 지금 천국으로 가고 계심을 믿으시죠? 예수 그리스도를 구주로 믿고 계신 것 분명하지요? 믿으시면 제 손을 꼭 잡아주세요." 집사님은 제 손을 꽉 잡아 아멘 해 주셨습니다. 전 그때서야 집사님이 주님께 드린 마지막 소망이 "살려달라"는 것이 아니었음을 깨닫게 되었습니다. 주님께 감사 드린 후 집사님의 마지막 소망을 꼭 이루어 달라고 다시 기도 드렸습니다.

놀랍게도 집사님의 혈압 수치는 두 시간이 넘도록 70대를 유지했습니다. 기적 같은 일이었습니다. 혈압이 정상 수치로 돌아온 이후 집사님은 힘만 나시면 눈을 떠 주위를 둘러 보셨습니다. 누군가를 찾고 계셨습니다. 오후 4시 50분경 드디어 딸 리사가 공항에 도착했다는 연락을 받았습니다. 그러나 러시아워 시간이었습니다. 다시 기도했습니다. 평소 같으면 오헤어 공항에서 병원까지 약 2시간 정도는 걸리는데, 리사와 케빈은 통화 후 50분쯤 지나자 벌써 병실 문을 열고 들어섰습니다. 두번째 기적이었습니다.

리사가 아빠의 손을 잡고 눈물 흘리며 사랑한다고 고백했을 때, 집사님은 의식 있는 눈길로 리사와 사위 케빈의 눈을 마주 보시고는 힘들게 입술을 움직이셨습니다. 그리고 조금 있다가 이내 의식을 놓으셨습니다. 그 후 약 한 시간 삼십 분쯤 후에 아주 평안안 얼굴로 하나님 품에 안기셨습니다.

그 전 과정을 보면서 드디어 깨달았습니다. 집사님의 마지막 기도 내용을… 병상을 끝까지 지킨 아내와 아들 피터는 보았으니 딸과 사위를 보고 갈 수 있도록 해 달라고 기도하신 겁니다. 딸 리사와 눈인사라도 나눔으로 딸이 편하게 날 보낼 수 있도록 해 달라고 기도하셨음을 깨달은 겁니다. 하나님께선 그 믿음의 기도를 기적을 통해 응답해 주신 겁니다. 이 기적은 집사님께서 이 땅에서 채집하신 마지막이자 가장 소중한 추억이 되었을 겁니다. 입술로 리사에게 남긴 마지막 말을 짐작해 봅니다. "리사야 사랑한다. 주님 감사합니다."

응답

봄기운 가득하던 날 C 성도님의 사업장을 방문했습니다. 외삼촌의 갑작스런 소천 때문에 심방 일정이 일주일 늦춰졌던터라 대화는 자연스레 장례예배와 관련된 이야기로 시작되었습니다.

"소식을 듣고 급히 비행기 표를 알아보았지만 하루 전이어서인지 값이 터무니없이 비싸더군요. 난처한 마음을 안고 한국에 전화해서 어머니께 의논 드렸더니 '무리해서 꼭 갈 필요는 없다'며 위로해 주셨어요.

다음 날 아침 기도하며 하나님의 뜻을 다시 묻는데 참 이상한 일을 경험했어요. 외삼촌의 목소리를 들은 거예요. "그래 장례예배에 꼭 참석하지 않아도 난 괜찮아. 그런데 천국 가는 길에 네 축하를 받았으면 좋겠구나." 마음을 통해 들려 온 그 음성은 분명히 외삼촌의 것이었어요.

깜짝 놀란 저는 PC를 켜고는 다시 비행기 표를 알아보기 시작했어요. 잠시 후 전 어제 값의 반 정도에 불과한 티켓을 구할 수 있었고, 그 덕에 그날 오후 바로 출발할 수 있었어요.

제게 일어난 이 신비로운 일들을 외삼촌의 가족들과 나누고 있는데 갑자기 사촌 여동생이 눈물을 쏟기 시작하는 거예요. 그리곤 돌발 상황에 당황해하는 식구들에게 놀라운 얘기를 들려 주었어요. "전 아빠를 보내면서 한 가지 기도제목을 가지고 하나님께 간절히 기도했어요. 아빠가 천국에 가신 것을 확실히 알게 해 달라고. 그런데 언니 얘기를 들으면서 주님께서 제 기도에 응답해 주신 걸 깨달은 거예요. 전 지금 슬퍼서 우는 것이 아니라 너무 감사해서 울고 있는 거예요."

이번 여행은 살아 계신 하나님을 직접 체험할 수 있었던 은혜로 가득한 여정이었어요."

아름다운 간증을 듣는 중 '하나님께서 우리의 기도를 들어주시는 방법이 참 신비롭다'는 생각이 들었습니다. 만약 성도님의 사촌이 아빠의 음성을 직접 들었다면 어땠을까요? 자신의 간절한 기도가 만들어 낸 환상이 아닐까 하며 고민하지 않았을까요? 의심할 여지가 없는 가장 확실한 방법을 통해 기도를 들어주신 하나님의 배려와 사랑이 신비롭기만한 겁니다.

기드온은 자신에게 주어진 하나님의 소명을 반신반의하고 있었습니다. 자기같이 약해 빠진 사람에게 민족을 구해 내라니 하나님의 소명은 번지수가 잘못되어도 한참 잘못된 것으로만 여겨졌던 겁니다.

기드온은 하나님께 기도 드렸습니다. 그런데 그의 기도 내용이 참 엉뚱합니다. "하나님께서 절 부르신 게 확실하다면 제 기도를 들어주세요. 제가 땅에 양털 뭉치를 둘테니 땅은 마르고 양털 뭉치에만 물기가 있게 해 주세요" 하나님께선 그렇게 해 주셨습니다. 기드온은 어린 아이처럼 다시 하나님을 보챘습니다. "하나님 이번에는 땅에만 물기가 있고 양털 뭉치는 보송보송 마른 상태로 있게 해 주세요" 하나님은 그 기도도 들어주셨습니다. 이제 기드온은 더 이상 하나님의 소명을 의심할 수 없게 되었습니다. 확신을 가지고 전쟁터에 나간 기드온은 단 300명의 군사를 가지고도 13만 5천 명이나 되는 적의 대군을 물리칠 수 있었습니다.

하나님은 자녀들의 기도를 매우 귀중하게 여기십니다. 예수님은 하나님의 그런 마음을 이렇게 표현하셨습니다. "내 이름으로 무엇이든지 내게 구하면 내가 시행하리라…", "너희가 무엇이든지 아버지께 구하는 것을 내 이름으로 주시리라." 특별히 '무엇이든지'라는 단어가 큰 소망과 기쁨을 줍니다.

기도는 우리를 향한 절대자의 사랑을 확인할 수 있는 가장 확실한 길입니다.

아름다운 흔적

지난 월요일 아침 교단 목사님들과 임원회의를 하는 중 전화 한 통을 받았습니다. P 집사님이었습니다. "목사님, 장모님이 시카고 시간으로 오늘 새벽 소천하셨답니다⋯", "P 권사님은 어떠세요?" 거의 반사적으로 되물었습니다. 엄마의 임종을 지키지 못한 딸의 마음이 염려되었던 겁니다. "괜찮아요. 평온합니다." 묻는 자의 마음을 배려한 형식적인 대답이 아니었습니다. P 집사님의 음성은 '진짜 괜찮다'는 진심을 담고 있었습니다.

추도예배 날짜는 수요일 저녁으로 정해졌습니다. 목자들을 통해 비상연락망을 가동한 후, 말씀 준비를 시작했습니다. 기도하는 중 성령 하나님께서 마가복음 12장 26~27절 말씀을 생각나게 하셨습니다. 하나님께서 모세에게 들려주신 "나는 아브라함의 하나님이요 이삭의 하나님이요 야곱의 하나님"이라는 말씀을 통해 부활이 분명히 있음을 가르쳐 주고 계신 주님의 음성을 담고 있습니다. 말씀을 준비하는 내내 마음이 이상할 정도로 평강했습니다. "마지막 모습이 아기처럼 평안했다고 합니다…", "소천하시기 며칠 전 자녀들 하나하나를 위해 기도하셨답니다." 전화 통화할 때 P 집사님으로부터 들은 임종에 대한 조각 정보들이 예상치 못한 힘을 발휘하고 있었습니다.

10분 전쯤 P 집사님 댁 앞에 도착했습니다. 드라이브웨이와 집 근처 도로가 이미 도착한 차량들로 넘쳐 났습니다. 집을 둘러싼 차량을 통해 성도들의 사랑을 보며 현관문을 들어섰습니다.

예배를 마친 후 유가족들에게 고인에 대한 추억을 들려 달라고 부탁 드렸습니다.

P 권사님. "한국의 언니 오빠들이 전해 준 엄마의 임종 소식을 듣고 하나님께 감사와 영광을 돌렸어요. 마지막 모습이 그렇게 편안하셨다는 거예요. 마치 잠든 아기의 모습과도 같았답니다. 더 놀라운 건 임종하시기 전날에 있었던 일이었답니다. 갑자기 일어나신 엄마가 눈을 감고 뭔가 중얼거리시길래 올케가 가만히 들어 보았데요. 기도였답니다. 자녀 하나하나의 이름을 불러 가며 축복 기도를 하시더래요. 그래서 한국에서 치른 장례예배가 식구들의 기쁨 속에서 마치 축제처럼 진행되었다고 해요. 하나님께 너무 감사합니다."

P 집사님. "결혼을 승락받기 위해 장인어른 댁을 찾아갔던 날이 생각납니다. 장인어른은 눈에 흙이 들어가도 이 결혼은 안 된다고 호통을 치셨어요. 믿지 않는 가정에 딸을 보낼 수 없다는 뜻이셨습니다. 그때 장모님은

201

아무 말씀 없이 제 얼굴만 쓰다듬어 주셨어요. 그 따뜻한 손길이 지금도 생각납니다. 장모님의 진실된 기도도 생각이 납니다. 처가를 방문해서 식사할 때면 장모님이 기도하셨는데, 그 기도가 참 길었습니다. 식구 한 사람 한 사람을 위해 축복하며 기도하시느라 그랬습니다. 그때는 참 지루하게 느껴졌던 기도가 지금은 장모님의 사랑으로 기억됩니다. 그리고 장모님의 기도가 결국은 절 지금의 모습으로 바꾸어 놓았습니다."

미국에서의 추도예배도 기쁨과 감사로 가득한 천국 환송 축제로 마쳤습니다.

집으로 돌아오는 차 안에서 성경의 인물들에게 그들의 삶에 적합해 보이는 비문을 붙여 보았습니다. '아브라함: 끝까지 믿다', '요셉: 하나님의 섭리를 깨닫고 즐기다', '다윗: 목자인 하나님 뒤를 항상 따르다', '사울: 겸손으로 흥했다가 교만으로 망하다', '다니엘: 사자굴 앞에서도 기도하다', '욥: 고통 속에서 정금 같은 믿음을 얻다', '바울: 복음의 빚을 갚다 가다', '바나바: 모두에게 위로를 베풀다' 작업에 열을 올리다가 문득 이런 생각을 해 보았습니다. '하나님 품에 안기기 전 내 마지막 모습은 어떨까? 나를 위한 추도예배 때, 우리 아이들은 날 어떤 모습으로 기억할까?'

자손들에게 아름다운 신앙의 추억을 남기고 깊고 평안한 잠에 취한 아기의 표정으로 하나님 품에 안긴 고인이 부러워졌습니다.

여행하는 사람들

4월 15일 주일은 교단 목회자 모임이 있는 날이었습니다. 함께 저녁 식사를 마치고 경건회를 드리러 막 올라가는 참에 전화벨이 울렸습니다. L 집사님이었습니다. 할머님이 위독하셔서 임종예배를 드렸으면 한다는 내용이었습니다. 시각을 다투는 위급 상황은 아니니 모임 후에 오셔도 될 것 같다고 하셨습니다.

그날 따라 특별한 안건이 없어서 교단 회의가 일찍 끝날 수 있었습니다. 루터란 병원 옆에 있는 성 마태 요양원에 도착하니 저녁 9시 정도였습니다. 침대로 가 보니 L 집사님의 외조모님 S 집사님이 단정한 모습으로 누워 계셨습니다. 의식만 없을 뿐 평안한 표정이었고 숨도 고르게 내쉬고 계셨습니다. 91세의 고령이심과 위독하시다는 말이 사실로 느껴지지 않을 정도였습니다. "임종예배를 드려도 되는 걸까?" 하는 생각이 들 정도로.

9시 10분쯤 예배를 드렸습니다. 히브리서 11장 16절의 말씀을 본문으로 택했습니다. 입을 집사님의 귀에 바짝 대고 말씀을 전했습니다.

"할머니는 하나님께 감사하셔야 합니다. 갈 본향이 있으니까요. 이 땅에 60억이 훨씬 넘는 인구가 있지만 갈 본향이 없어 정처 없이 살아가는 사람들이 40억이 넘습니다. 그런데 할머니는 하나님께서 계신 천국, 그 본향에 갈 수 있으니 얼마나 감사한 일이예요. 지금 가시는 본향이 얼마나 좋은 곳인지 아세요? 그곳은 눈물도 없고 질병도 없는 곳이예요. 또 얼마나 아름다운지…. 이 지구상의 보석을 총동원해도 그 아름다움을 표현할 수 없을 정도예요. 뭐니 뭐니 해도 하나님이 계신 곳이라 가장 좋은 곳입니다. 할머니도 하나님이 보고 싶으실 겁니다. 이제 잠시 후면 그분을 만나게 되는 거예요. 그러니 본향으로 가는 길은 신나는 길입니다. 절대로 두려운 길이 아닙니다."

말씀을 전하는데 제 영혼이 뜨거워졌습니다. 성령님께서 이 생명의 말씀을 집사님이 들을 수 있도록 일하고 계심을 확신할 수 있었습니다.

예배를 마치고, 가족들과 S 집사님에 대한 이런저런 추억담을 나누다가 9시 50분쯤 병실에서 나왔습니다. 떠나기 전 다시 침대로 가 보니 집사님의 얼굴이 처음보다 더 편안한 표정이었습니다. 마치 아기가 사랑하는 엄마 품에서 쌔근쌔근 잠들어 있는 모습이었습니다. 떠나기 전 심장박동 수치를 들었습니다. 50/40, 깜짝 놀랐습니다. 임종이

멀지 않았음을 나타내는 수치였습니다. S 집사님의 외적 상태와 전혀 어울리지 않는 수치였습니다. 다시 하나님의 은혜라는 확신이 들었습니다. 본향을 향해 기쁨의 발걸음을 옮겨 놓으시는 집사님이 마음속에 그려졌습니다.

다음 날 아침, 전화를 드려 보니 임종예배를 드린 지 약 4시간 만에 달콤한 잠에 빠져들듯이 그렇게 평안하게 소천하셨다는 소식을 들을 수 있었습니다.

믿음의 성도들은 이 땅의 여행자들입니다. 하나님께서 계신 본향, 즉 천국에 영원한 주소지를 두고 잠시 이 땅을 살아가고 있기 때문입니다. 그래서 여행자들은 이 땅을 떠날 때 두려워하거나 아쉬워하지 않습니다. 이 세상에 대한 집착이 없기 때문입니다. 이곳 삶의 마감은 아름다운 본향에서의 영원한 삶의 시작을 의미하기 때문입니다. 그래서 S 집사님의 소천 과정도 이렇듯 평안했던 겁니다.

천국은 분명히 있습니다.

마지막 하루

지난 화요일 오전 9시 30분 우리 모두가 사랑한 O 집사
님이 하나님 품에 안겼습니다. 천국 환송 예배를 준비하던 중 아내에
게 조사(弔詞)를 맡겼습니다. O 집사님이 천국으로 가기 전날인 월요
일 전부를 함께 보낸 아내가 집사님의 마지막 모습을 기억하며 나누
는 것이 의미 있을 것 같다는 판단에서 였습니다. 아내는 집사님의 마
지막 모습을 이렇게 기억했습니다.

"(…전략…) 집사님 천국 가시기 전날 집사님과 하루 종일 함께 있을
수 있는 은혜를 누릴 수 있었습니다. 집사님이 어떻게 하나님 품에 안
겼는지 같이 나누고 싶어요.

지난주 목사님께서 로마서 5장의 말씀을 전하셨고, 집사님은 구원
의 확신을 가지고 크게 아멘으로 화답하셨습니다.

23일 월요일 아침에 저는 시편 100편을 계속해서 읽어 드렸습니다.

3번을 반복해서 읽어 드렸는데 "벌써 다 읽으셨어요? 또 읽어 주세요" 하시는거예요. 한 번은 집사님의 이름을 넣어 읽어 드렸어요.

"여호와가 O 집사의 하나님이신 줄 너는 알지어다. 하나님은 O 집사를 지으신 자시요, O 집사는 하나님의 것이며, 하나님의 백성이며, 하나님의 기르시는 양이로다. 감사함으로 그 문에 들어가며 찬송함으로 그 궁정에 들어가서 그에게 감사하며 그 이름을 송축할지어다. 대저 여호와는 선하시니 그 인자하심이 영원하고 그 성실하심이 대대에 미치리로다. 집사님 이 말씀 꼭 붙잡고 계세요. 집사님은 이제 하나님께 감사하면서 하나님을 찬송하면서 하나님의 집에 들어가시는 거예요…", "아멘!" 하고 힘 있게 대답하신 후 집사님은 새록새록 잠에 빠져들었습니다. 저는 계속해서 찬송을 불렀어요.

잠에서 깨어나셨을 때 점심 식사를 함께 했습니다. 친정 엄마가 담궈 놓고 가신 물김치와 오이소박이 한 쪽을 드시면서도 자꾸 잠이 들었어요. 그렇게 식사를 끝낸 후 "집사님, 저도 자꾸 잠이 오네요. 나 커피 한 잔 마실께요." 했더니, "사모님, 냉커피 드세요" 하시곤 일어나 직접 냉커피를 타셨습니다. 함께 냉커피를 마신 후 잠시 걸었습니다.

걷고 나서 지치셨는지 한 시간 넘게 주무셨는데, 일어나시자마자 이렇게 말했어요. "숨이 가빠요. 숨쉬는 게 아까하고 달라요. 아무래도 거기(호스피스 병동) 가야 되나 봐요." 그래서 그곳에 연락하고 기다리는 동안 집사님이 원하는 찬송 94장을 불렀어요. "예수님은 누구신가 약한 자의 강함과 눈먼 자의 빛이시며 병든 자의 고침과 죽은 자의 부활되고 우리 생명 되시네." 집사님은 큰 소리로 "아멘! 아멘!" 하셨어요.

집사님은 계속 잠들었어요. 자다가 잠깐 깨어나 웃으시고, 정신 차려 봐요 하고 흔들면 다시 깨어 웃으시고, 또 잠들고, 잠깐 눈 뜨고 웃으시고…. 그렇게 웃는 모습이 아기처럼 예뻤어요. 집사님을 본 중에 가장 아름다운 모습이었어요.

C 권사님이 드레스 두 벌을 가져오셔서, 집사님을 깨워 "어떤 드레스 입을까요?" 물었습니다. 찬찬히 보시더니 "꽃무늬 드레스요" 하셔서 그 드레스를 입고 호스피스 병동에 갔습니다. 그곳에서도 의사가 질문하면 대답하시다가 잠들고, 흔들면 깨어나 살짝 웃다가 다시 잠드셨어요. 제가 본 마지막 모습이었어요.

다음 날 아침 9시 35분 병실에 도착했는데 간호사가 "5분 전에 떠났어요" 하더군요. 몇 번 거칠게 숨 쉬더니 잠드시더라고. 집사님은 그렇게 아름답게 깨끗하게 아기와 같은 모습으로 하나님 품에 안기셨습니다."

조사를 듣는 중, 월요일 밤 호스피스 병동에서 본 집사님의 웃음이 떠올랐습니다. "목사님, 저 조금 있으면 천국에 가요. 그러니 슬퍼하지 마세요." 말하듯 환하게 웃어 주시던 그 웃음이.

두 죽음
이야기

　　새벽 공기가 훈훈합니다. 기분 좋게 새벽길을 달리는데 차가 가볍게 흔들립니다. 처음엔 바퀴가 플랫된 것은 아닌지 잠깐 긴장했지만 계기판의 경고등은 잠잠합니다. 귀 기울여 보니 바람 소리가 드셉니다. 새벽 기도를 마치고 돌아오는데 어제와 사뭇 달라진 풍경이 눈에 들어옵니다. 1미터 이상 되는 높이의 공간에서 흰 눈을 찾아볼 수 없습니다. 주위 것들이 다시 흑백 사진 속 소품들로 돌아가고 만 겁니다. 그 소품들을 강하고 스산한 바람이 흔들어 대고 있었습니다. 갑작스레 변한 풍광은 주일 들었던 '죽음'에 관한 두 개의 다른 이야기를 떠올렸습니다.

　　새벽 성경공부 시간 한 집사님이 들려 주신 이야기입니다.

209

"출장을 다녀와 회사에 들어서는데 뭔가 허전한 기분이 들었습니다. 회사에 들어서는 사람들 모두를 환한 미소로 반갑게 맞아 주던 안내원이 보이지 않는 겁니다. 사무실에 들어섰을 때 궁금증이 풀렸습니다. 그동안 암으로 투병하고 있었는데 며칠 전에 죽었다는 겁니다. 일주일이라는 짧은 시간 동안에 가까이 있던 사람이 죽을 수도 있다는 사실이 충격적이었습니다. 하루 종일 제 마음이 무거웠습니다. 그녀에게 주어진 역할이긴 했지만 출장 다녀올 때마다 비용 정산해 주는 일이 감사해서 점심 식사라도 한 끼 대접하고 싶었는데…. 이젠 그럴 수 없게 되었다는 생각이 마음을 눌러 왔습니다. 이번 일을 겪으면서 주변의 가까운 사람들이 평소처럼 늘 그 자리에 그 모습으로 있을 거라는 생각이 얼마나 어리석고 순진한 것인지 새삼 깨닫게 되었습니다. 그래서 미루지 말고 사랑과 친절을 실천해야 한다는 교훈을 얻게 되었습니다."

늦은 오후 청년들이 모여 있는 방문을 열었습니다. 방은 성경말씀을 나누는 열기로 후끈거렸습니다. 창세기 중 아브라함의 아내 사라의 죽음을 기록한 부분을 다루고 있었습니다. 방의 영적 온도에 적응하고 있는데 한 청년이 이런 이야기를 꺼냈습니다. "제가 일하는 층은 거의 정해져 있어요. 그런데 어제는 다른 층을 맡게 되었습니다. 한참 일에 집중하고 있는데 천장에 붙은 스피커를 통해 의사를 찾는 다급한 목소리가 들려왔어요. 그런데 의사를 원하는 층이 평소 제가 일하던 충인 거예요. 궁금해서 알아보니 제가 돌보던 환자 중 한 분이 넘어져 머리를 크게 다쳤다는 겁니다. 환자의 이름을 듣는 순간 깜짝 놀라고 말았어요. 그 충에서는 가장 건강한 분이었거든요. 기도하며 간간이 들려오는 소식에 귀를 기울이며 일하던 중 슬픈 소식을 듣게 되었습니다. 상태가 너무 위중해서 더 큰 병원으로 옮겼는데 그곳에서 돌아가셨다는 겁니다. 몇몇 동료들이 이렇게 말했어요. 오늘도 그 충에서 일했으면 참 정신없었을 텐데 넌 참 운이 좋다구요. 그러나 전 슬펐어요. 그리고…. 어제만 해도 생기 넘치던 분이 불의의 사고로 졸지에 이 땅을 떠나는 모습을 대하면서 인생이 얼마나 약한 존재인지를 다시금 깨닫게 되었어요. 머리에만 머물러 있던 지식이 가슴에 와 닿는 순간을 경험한 겁니다."

　두 이야기를 반추하는 동안 아브라함이 떠올랐습니다. 아브라함은 사라의 시신을 안장할 장소를 사기 위해 그 땅의 원주민들과 대화합니다. 이때 아브라함은 이런 말을 합니다. "나는… 나그네요." 아브라함이 고향을 떠나 가나안 땅으로 이주해 온 지 벌써 62년이나 되었습니다. 그런데 그는 자신을 여전히 나그네라고 고백합니다. 아브라함의 이 짧막한 고백에는 더 깊은 뜻이 담겨 있습니다. 지금까지 지내 온 137년이라는 삶 전체를 정리해 보니 인생은 '나그네'의 삶이라는 겁니다. 사랑하는 아내가 떠났듯이 자신도 언젠가는 이곳에서 떠나게 될 존재라는 말이지요. 그래서 아브라함은 땅의 것에 집착하지

않습니다. 원주민이 비상식적으로 비싸게 부른 땅값을 말없이 치릅
니다. 이 땅을 떠날 때 아무 것도 가져갈 수 없는 나그네임을 알았기
때문입니다.

　죽음과 그 너머의 약속된 삶을 볼 수 있을 때 우리는 욕심을 내려
놓게 됩니다.

이 땅을
여행자로 살기

　　인생은 나그네 길이라고 이야기들 합니다. 그런 노랫말도 있습니다. 우리가 이 세상에 머무는 시간은 아무리 길게 잡아도 100년 정도 입니다. 우리 앞서 살다가 이 시간과 공간을 떠난 그 수많은 사람들을 생각하면 우리가 소유한 시간은 '순간'이라고밖에는 달리 이름 붙일 수가 없습니다. 그래서 누구나 인생은 나그네 길이라고 생각합니다. 그런데 나그네에도 두 부류가 있습니다. 돌아갈 집이 있는 여행자와 돌아갈 집이 없는 방랑자. 우리 믿는 사람들은 여행자입니다. 여행자의 특징은 뭘까요?

　　첫 번째 특징은 짐을 되도록이면 간단하게 꾸린다는 겁니다. 짐이 간단해야 여행길이 자유롭기 때문입니다. 여행을 떠나면서 부엌살림을 다 들고 가는 경우는 없습니다. 여행을 가면서 옷장의 옷을 다 싸

가는 경우도 없습니다. 여행에 꼭 필요한 것만 준비해서 떠나는 겁니다. 여행지가 최종 목적지가 아니기 때문입니다. 최종 목적지는 늘 다시 돌아올 집이기 때문입니다. 짐을 간단하게 하는 행동은 집을 출발할 때뿐이 아니라 여행 중에도 마찬가지입니다. 갖고 싶은 물건이 있어도 심사숙고해서 구입합니다. 꼭 필요하다고 생각되는 것만 사는 겁니다. 불필요한 짐은 여행길을 힘들게 만들기 때문입니다.

천국을 사모하고 그 본향을 향해 부지런히 발걸음을 옮기고 있는 영적 여행자, 성도들의 삶도 마찬가지입니다. 이 세상의 것들에 집착하거나 욕심을 부리지 않습니다. 집착하고 욕심을 내서 가져 봐야 본향인 천국으로 떠나는 날 몽땅 다 두고 가야 함을 잘 알기 때문입니다. 오히려 욕심을 내고 집착해서 얻은 것들 때문에 본향으로 가는 발걸음이 더 무거워질 수 있다는 사실을 너무나 잘 알기 때문입니다. 그래서 천국에 소망을 둔 믿음의 성도들은 아예 이 땅에서 자신의 소유는 없다고 믿고 살아갑니다. 바로 청지기 정신이라고 부르는 가치관입니다. 하나님이 맡겨 주신 것들을 그분의 뜻대로 사용하는 것을 기쁨으로 여기고 살아가는 겁니다. 그래서 천국 여행자들은 자신의 것들을 가지지 못한 자들과 나눕니다. 그렇게 함으로 세상을 '평균'케 하라신 하나님의 뜻을 실천해 가는 겁니다. 간단하고 단순한 삶을 추구하는 것, 바로 천국 여행자들의 첫 번째 특징입니다.

또한 여행자는 추억 거리를 되도록이면 많이 수집하려고 노력합니다. 여행의 경험이 있으니 잘 아실 겁니다. 아름답고 신기한 장면이나 풍광들을 만나면 그 모습을 오랫동안 기억하기 위해 사진기를 눌러 댑니다. 글 재주가 있는 분들은 자신의 감동을 수첩에 메모해 둡니다. 그림에 재능이 있는 분들은 간단하게 스케치를 해 두기도 합니다. 왜 그렇게 할까요? 오래도록 기억하는 것만이 목적일까요? 아닙니다. 나누기 위한 목적도 있습니다. 집에 돌아왔을 때 사랑하는 식구나 친구들 앞에서 수집품으로 가득한 보따리를 풀어 놓고, 자신의 가슴을 설레게 했던 그 순간들을 나누고 싶은 겁니다.

이 세상에서의 짧은 여정이 끝나면 본향으로 돌아가야 할 성도들도 마찬가지입니다. 우리가 돌아갈 본향에는 우리가 이 땅을 살아가면서 수집한 아름다운 이야기들을 듣고 싶어하시는 분이 계시기 때문입니다. 자신의 생명을 희생하심으로 우리에게 영원한 본향을 선물해 주신 예수님이 바로 그분이십니다. 물론 전지하신 주님께선 이미 다 알고 계시겠지만, 흥분하며 체험한 이야기들을 쏟아 놓는 우리의 입술을 보시며 주님은 흐뭇해하실 겁니다. 마치 전도 여행을 마치고 돌아와 재잘대는 제자들의 모습을 기분 좋게 바라보시던 그때처럼 말입니다.

가끔씩 멈춰 서서 삶을 되돌아보며 불필요한 짐은 없는지, 과연 의미 있는 수집품들을 지니고 있는지 점검해 보시기 바랍니다.

변화의 파도타기

가을 숲의 유인하는 힘은 너무 강력해서 저항불능입니다. 새벽예배를 마친 후 만날 분들을 만나 커피 한 잔 나누고, 뒤이어 병원을 찾아 성도님의 쾌차를 위해 기도한 후 차에 오르니 시간이 오전 10시를 막 지나고 있었습니다. 시카고 전체를 감싸고 있는 파란 하늘을 취해서 바라보다가 아내에게 말을 건넸습니다. "우리 잠시 숲에 들렀다 갈까? 갑자기 가을 숲이 궁금하네." 아내가 머리를 끄덕이는 모습을 보자마자 숲 쪽으로 내달렸습니다.

이런저런 이유로 일주일 동안 찾지 못한 숲엔 가을이 한창이었습니다. 산책로는 낙하한 가랑잎들에 이미 반쯤은 점령 당했고, 바람 불 때마다 후두둑 떨어지는 낙엽의 기세로 보아 나머지 반도 백기 들 날이 멀지 않아 보입니다. 그러다 보면 풍속(風速)에 따라 크레센도와 디크레센도를 반복하며 연주하던 숲의 대합창제도 올 시즌 공연을 마감하게 될 거고, 다음 시즌까지 자리를 비운 단원들의 자리는 머지 않아 흰 눈으로 채워지겠지요. 따스한 가을 햇살 속에서 시나브로 진행되는 숲의 변화는 여유롭기만 합니다. 졸다가 떨어졌는지 놀란 듯 달려가는 털복숭이 애벌레의 서두르는 모습이 어색해 보일 정도로.

변화라는 단어가 우체국과 관련한 칼럼 하나를 떠올리게 합니다. 칼럼에 따르면 만성적자에 시달리는 미우정국이 2015년까지 22만 명의 직원을 감축하고 수천 개의 우체국을 폐쇄해야 하는 위기에 처해 있다고 합니다. 인터넷의 발달로 인해 사람들이 편지를 쓰는 대신 이메일, 트위터, 페이스북 등의 소셜네트워크를 사용해서 안부를 주고받기 때문입니다. 저도 마지막으로 편지를 써 본 게 언제였는지 기억이 가물가물할 정도입니다. 이런 변화 속에서 필기도구를 꾹꾹 눌러 정성 들여 쓴 사연들, 그 사연에 딸려 들어간 손때, 눈물자국, 한숨, 웃음 소리 등 사람내음까지 담은 편지를 전해 주던 우편배달부의 숫자가 점점 줄어들고 있는 겁니다. 디지털화되어 가는 세상 속에서 아날로그적인 풍경 하나가 사라져 가는 모습이 못네 아쉽기만 합니다.

인터넷의 급속한 발전은 신앙에도 큰 영향을 끼치고 있습니다. 영적 생활에 투자되어야 할 시간이 잠식 당하고 있는 겁니다.

현대 사회를 남녀노소를 막론하고 인터넷에 푹 빠져 있는 사회라고 표현하면 과장일까요? 어떤 정보든 쉽사리 얻을 수 있고, 언제 어디서든 누구와도 소통할 수 있는 통로가 일년 내내 열려 있으며, 게다가 사용료도 비교적 저렴하니 너 나 할 것 없이 인터넷에 중독되어 가고 있는 겁니다. 가정에서 부모들이 인터넷 게임이나 소셜네트워크에 푹 빠져 있는 자녀들 때문에 고민하는 모습은 이젠 주변에서 흔히 볼 수 있는 풍경이 되고 말았습니다. 성인들 세계에도 인터넷으로 하루를 시작해서 인터넷으로 하루를 마무리하는 생활상이 점차 보편화되어 갑니다. 인간이 만들어 낸 것 앞에서 보내는 시간 때문에 우리를 만드신 창조주와 교제할 시간들이 점점 줄어들고 있는 겁니다.

물론 인터넷이 지니고 있는 순기능까지도 무시하고 싶진 않습니다. 하지만 성경에 투자한 한 시간과 인터넷에 투자한 한 시간이 낳는 가치는 비교가 안 됩니다.게다가 우리가 하루 중 사용할 수 있는 시간은 엄격히 정해져 있습니다. 시간을 내서 인터넷이라는 괴물에게 넋을 빼앗기지 않는 방법을 자녀들과 함께 앉아 진지하게 생각해 보시기 바랍니다.

급속한 변화의 파도 속에서 익사하느냐 아니면 지혜롭게 그 파도를 타고 즐기느냐는 '나'에게 달려 있습니다.

지금까지
동행하신 주님

       어떤 작품을 소개하는 글을 읽다가 '1995년'이라는 제작 년도를 보게 되었습니다. 그러자 제 머릿속으로 몇 개의 사건이 스쳐지나갔습니다. '뉴저지로 이사가던 해', '막내가 태어난 해' 그런데 이 연상 작용이 문득 낯설다는 느낌이 들었습니다. 그래서 낯섦의 이유를 곰곰이 생각하다가 이런 결론에 닿았습니다. 40대까지만 해도 '해'를 나타내는 숫자를 보고 아무런 감흥이 들지 않았는데, 50줄에 들어선 이후로는 아주 가끔씩 그 숫자들이 담고 있는 추억들을 떠올리던 기억이 났습니다. 추억들을 끄집어내 시간을 채워야하는 그런 나이에 도달하기까진 아직도 많이 남은 것 같은데… 그때를 위한 연습 단계에 들어선 건 아닌가 하는 생각이 들더군요. 기왕 시작된 '년도'를 통한 연상 작업, 좀 더 확장해 보기로 했습니다.

1980년. 역사학자들은 광주항쟁을 떠올릴 만한 해, 제겐 하나님의 초대를 받은 해로 기억합니다. 재수하던 중 갑자기 영혼으로 찾아온 글. 그 글을 노트에 옮겨 놓고 난 후 평소 깊이 생각하지 않던 단어들- '죄악', '기도', '평화', '하나님', '용서', '사랑', '보물'-앞에서 낯설어 하던 모습. 그 다음 해 스스로 찾아간 교회를 통해 그 글이 하나님께서 절 그분의 품으로 부르신 음성이었다는 걸 깨달았을 때 영혼을 꽉 채웠던 큰 기쁨과 깊은 감동.

1982년. 아내를 처음 만난 해 입니다. 우리 만남에 대한 아내의 해석. "대학에 오자마자 제 인생을 맡길 수 있는 종교를 찾아 나섰습니다. 결국 C.C.C.(대학기독교학생회)에 들어가게 되었고 바로 예수님을 만나게 되었습니다. 여름방학 때 거지 전도(베낭만 매고 농촌을 다니며 복음을 전하는 사역)를 통해 내가 만난 예수님을 열심히 전도했습니다. 그리고 개학하자마자 당신을 만나게 되었으니 우리 만남은 하나님의 선물입니다." 이 선물을 통해 또 다른 선물-민지, 민희, 신욱-을 받았습니다.

1985년. 대학원 진학에 실패하고 군대에 입대한 해입니다. 전혀 예상도 못한 일이었지만 시간이 지나면서 하나님의 뜻과 내 계획이 다를 수도 있다는 사실을 어렴풋이나마 깨닫게 해 준 사건입니다.

1991년. 예수님을 개인적으로 체험한 해입니다. 기업체에서의 삶이 따분하게 느껴지던 그해 가을, 주님께선 부흥 사경회를 통해 절 만나 주셨습니다. 강사로 초청된 목사님의 말씀이 얼마나 달던지… 사경회 기간 내내 저녁 6시면 칼퇴근하는 무모한 행동도 서슴지 않고 말씀에 빠져들다가 마지막 날 예수님을 만나 펑펑 눈물을 쏟던 그 장면은 지금도 잊을 수 없습니다. 그때부터 제 삶은 설명할 수 없는 신비한 항로로 접어들게 되었습니다. 미국 주재 기한을 다 채우지 못하고 퇴사한 선배 뒤를 이어 미국으로 갑자기 발령받은 일. 주재원 시절 신앙을 뜨겁게 하시고 목회의 마음을 갖게 하신 후 결국 그 자리로 부르신 일생일대의 사건. 그리고 신학교 입학.

2003년. 극적인 상황을 연출하셔서 사역의 자리를 열어 주신 해입니다. 신학교를 졸업하고 교회들을 보니 갈 자리가 없어 난감한 마음으로 8개월 동안 기도만 했습니다. 소식이 끊겼다가 8년 만에 연락을 주신 장로님을 통해 그분이 섬기시는 교회의 한국어 회중 부교역자로 청빙되어 4년 동안 목회 사역을 배우게 되었습니다. 기적이었습니다.

2008년 또 다른 기적을 통해 두란노 침례 교회 담임 목사로 세워주신 해 입니다. 부족하기 짝이 없는 종이지만 하나님의 영광을 위해 사역하다가 재처럼 전소된 후 주님을 만나면 좋겠다는 소망을 품고 사역에 임하고 있습니다.

주님 만난 후 모든 시간이 저와 동행하신 주님 발자국으로 가득합니다.

가족

아버지

　　나이 40을 넘겨 아버님과 어깨를 맞대고 시작한 새벽 산행. 뭔가 정체를 알 수 없는 어색함도 따라왔습니다. 물론 아버님과의 새벽 산행이 처음은 아니었습니다. 초등학교 시절 한 3년 정도 아버님을 따라 동네 앞산을 올랐던 기억이 있으니까요. 그때 제가 본 것은 아버님의 등이었습니다. 긴 보폭으로 앞서 가시는 '아버지'로부터 멀어질까봐 어둑한 새벽 산길을 종종 걸음치던 기억이 생생하게 떠올랐습니다. 중학교에 입학한 후 공부를 핑계 삼아 중단했으니 30년이나 묻어 두었던 기억입니다. 그런데 지금은 어깨를 맞대고 나란히 걷고 있는 겁니다. 그리고 그 어깨와 어깨 사이를 어색함이 채우고 있는 겁니다.

　　어색함의 이유를 짚어 보았습니다. 주범은 대화였습니다. 나란히 걷게 되자 대화가 필요해진 겁니다. 그런데 아버님과 주고받는 문장

225

들이 부자연스럽기만 했습니다. 마음 깊은 곳에서 숙성된 소재들이
아니라, 여기저기서 귀동냥한 사건 사고들을 입술만 울려 나누는 대
화… 차라리 대화 사이 잠깐잠깐의 침묵이 더 편하게 느껴질 정도였
습니다. 문득 '나이 40이 되도록 아버님과 깊은 대화를 나눠 본 적이
없었구나.' 하는 생각에 슬프기도 하고 죄송스런 마음도 들었습니다.

산행을 마치고 집으로 돌아오는데, 아버님의 발걸음이 곧바로 집
을 향하지 않았습니다. 가게들이 몰려 있는 곳으로 가시기에 '뭐 필
요한 물건을 사시려나 보다' 생각하며 뒤따랐습니다. 그런데 아버님
의 발걸음이 엉뚱한 장소에서 멈췄습니다. 전신주 앞이었습니다. 보안
등 하나를 달고 있는 전신주였습니다. 그 전신주에 다가가신 아버님
은 뒷부분에 위치한 스위치를 내려 등을 끄셨습니다. 그리곤 바로 발
길을 돌려 집으로 향하셨습니다. 제 호기심을 눈치채신 아버님이 입
을 여셨습니다. "해가 중천에 떠도 저 등이 켜져 있는 거야. 그래서 몇
달 전부터 내가 이 등을 끄고 있지. 5분 더 걸으니 건강에 좋고 전기
세 절약해서 나라 살림에 보탬도 되니 일석이조 아니냐." 그 다음 날
부터 아버님의 어깨와 제 어깨 사이를 샘내던 어색함은 깨끗이 사라
지고 말았습니다.

아버지 주일이면 떠올리게 되는 소중한 추억입니다. 9년 전 한국 방
문 중에 경험한 이 추억을 통해 '난 좋은 아들이며 좋은 아빠인가' 묻
곤 합니다. 올해는 영적 아버지와의 관계도 점검해 보았습니다.

영적 아버지이신 하나님과 어깨를 맞대고 대화하며 산책하는 방법은 여러 가지입니다. 성경을 펼쳐 읽고 묵상하는 순간, 하나님은 우리 곁으로 다가오셔서 '하나님이 누구이신지', '하나님이 우리를 얼마나 사랑하시는지', '우리가 이 땅에서 어떻게 살길 원하시는지' 사랑스런 음성으로 말씀해 주십니다. 대화 중 우리의 어깨를 다독이시거나 끌어안으시는 그분의 따스한 손길도 체험하게 됩니다. 기도도 좋은 대화의 방법입니다. 겸손하게 무릎 꿇을 때, 우리와 영적 산책을 시작하시는 하나님의 발소리를 듣게 됩니다. 처음엔 어색합니다. 하지만 시간이 지나면서 그 어색함은 자유함과 평화로움으로 바뀌게 됩니다. 반드시.

하나님과 어깨를 맞대고 대화하며 산책하는 즐거움이 저를 포함한 모두에게 있기를 소망합니다.

어머니

금요일 오후 밖에서 우편함 뚜껑을 열었다 닫는 소리가 들려왔습니다. 막내가 도착한 모양입니다. 집으로 들어선 막내의 손에 작은 소포가 들려 있었습니다. 보내는 사람이 무슨 garden으로 되어 있고 받는 사람은 아내였습니다. 소포를 지켜보던 저와 둘째 그리고 막내는 금새 이구동성으로 외쳤습니다. "아, Mother's day!" 클리블랜드에서 공부하는 첫째가 엄마에게 보낸 선물이었습니다. 우리 모두에게 깨우침을 준 소포는 거실 커피 테이블 위에서 '엄마의 손'을 기다렸습니다.

잠시 후, 둘째와 막내가 서둘러 집을 나서는 소리가 들렸습니다. "아빠, 우리 엄마 선물 사 올께." 한 마디 남겨 놓곤 바람과 같이 사라지고 말았습니다. 녀석들이 나간 후 설교 준비하던 손을 멈추고 한동안 어머님에 대한 추억에 빠져들었습니다. 정말 모처럼만의 일이었습니다.

어머님께 아들은 늘 어린 아이였습니다. 하나님의 부르심으로 신학 공부을 시작한 후에도 일 년에 두 차례 정도는 한국을 방문해야 했습니다. 렌즈를 수입하는 한 회사의 비즈니스 미팅을 돕기 위해서 였습니다. 그 회사는 제가 졸업할 때까지 학비 전부를 책임져 준 '엘리야의 까마귀'였습니다. 길어야 일주일 정도인 한국 방문 일정은 늘 분주했습니다. 회사의 미팅이 끝나면 곧바로 친구들과의 약속 장소로 향했습니다. 오랜만의 만남이라 밀린 이야기를 나누다 보면 항상 늦은 시간에야 파했습니다. 성남에 위치한 부모님 댁에 부지런히 도착해도 항상 자정을 넘긴 시각이었습니다. 부모님의 잠을 깨울까봐 고양이 걸음을 해 보지만 소용없었습니다. 아무리 늦은 시각이어도 영락없이 안방에서 어머님의 음성이 흘러나왔습니다. "이제 들어오니. 피곤하겠구나. 쉬거라." 다음날 아침, "어머님, 기다리지 않으셔도 되요. 벌써 40을 훌쩍 넘긴 아들인데 뭘 걱정하세요. 그냥 편히 주무세요. 그래야 저도 마음이 편해요" 하고 말씀 드려 보지만 소용없습니다. 어머님은 귀가한 아들의 인기척을 들으신 후에야 잠자리에 드실 수 있었습니다. 불과 얼마 전에야 그 기다림이 어머님의 사랑이었음을 깨닫게 되었습니다.

노후 소일 거리를 위해 장만하신 양평 텃밭에서 겪은 일도 자주 생각납니다. 한 번은 가을걷이에 맞춰 그곳을 방문한 적이 있었습니다. 얼마나 정성을 쏟으셨는지 밭에 심겨진 고추와 콩과 옥수수가 실한 열매를 주렁주렁 달고 있었습니다. 그날은 옥수수를 따는 날이었습니다. 큼지막한 자루에 옥수수를 잔뜩 담아 컨테이너로 만든 집 앞 마당까지 운반하는 것이 그날의 미션이었습니다. 옥수수 자루가 제법 무거웠습니다. 그래서 담는 것은 어머님의 몫, 운반은 아버님과 제 차지였습니다. 서너 자루를 옮긴 후 잠시 숨을 고르며 주위를 둘러보았습니다. 삼면이 산으로 둘러싸인 풍광은 한 폭의 동양화였습니다. 그 고요한 산수화를 마침 학 한 마리가 가로지르고 있었습니다. 어찌나 아름답던지 한참동안 넋 놓고 바라보았습니다. 그러다가 퍼뜩 하던 일이 생각나 돌아보니 저쪽에서 어머님이 오고 계셨습니다. 그런데 어머님의 머리에는 어머님만큼이나 커 보이는 옥수수 자루가 얹혀 있었습니다. 걸음을 옮겨 놓으실 때마다 당신의 가녀린 목이 걱정될 정도였습니다. 빨리 달려가 짐을 받아 들었습니다. 마지못해 짐을 넘겨 주신 어머님이 말씀하셨습니다. "안 무거워. 내가 나르는 동안 좀 더 쉬어." 당신보다 훨씬 힘 쎈 아들을 걱정하시는 것이 어머님의 사랑이심을 그때 알았습니다.

미국에 있다는 핑계를 들어 효도를 슬쩍 뒤로 미루어 둔 제 자신이 부끄럽기만 합니다. 마음으로 외쳐봅니다. "어머님 감사합니다. 그리고 사랑합니다."

특별한
사모 위로회

우리 침례교 협의회는 매년 사모 위로회 모임을 갖습니다. 목사님들의 목회에 사모님들의 눈물의 내조가 얼마나 큰 비중을 차지하는지는 누구나 잘 아는 사실입니다. 사모님들의 그 수고에 감사를 표하고 또한 그 힘든 삶을 위로하기 위해 이런 모임을 열어 온 겁니다.

올해는 좀 특별한 방법으로 사모님들을 위로하고픈 마음이 들었습니다. 만찬을 주문했습니다. 케잌와 선물도 마련했습니다. 식사 장소와 공연 장소를 아름답게 꾸몄습니다. 목사님들께 미리 부탁드려서 받아 놓은 '아내에게 드리는 편지'들도 수집해 두었습니다. 음악에 재능 있는 목사님들과 함께 사중창도 연습했습니다. 성악을 전공하신 목사님의 독창 순서도 마련했습니다. 그리고 제가 선택되어 사모님들께 드릴 시도 한 편 준비했습니다.

그날 낭송했던 제 아내를 소재로 한 자작시 입니다. 듣던 아내의 눈
이 촉촉해지던 모습을 평생 잊지 못할 겁니다.

당신께 드리는 문장 둘

"얘야 내가 널 필요로 한다"
하나님의 음성에 주저 없이 나설 수 있었던 건
환한 미소와 함께 건네 준 당신의 말 한 마디 때문입니다.
"저도 함께 그 길을 갈께요."

준비의 과정
그 험난한 고갯길을 오르면서도
견딜 수 있었던 건
여전히 미소지으며 건네 준 당신의 말 한마디 때문입니다.
"당신 곁에 제가 있음을 잊지 마세요."

때론 순탄한 길을 만나
건장한 동역자들에 둘러싸여
기세등등하게 달려갈 때도 있었습니다.

그때 당신은 저만치 떨어진 곳에서

날 위해 무릎 꿇고 기도했습니다.

"주님, 깨어 있게 해 주세요."

때론 모진 시련을 만나

고독을 곱씹으며

칠흑 같은 어둠을 벗어나고자 몸부림칠 때도 있었습니다.

그때 당신은 내 손을 꼭 쥐고

소망 가득한 표정으로 이렇게 말했습니다.

"함께 기도해요."

지금까지 걸어온 길을 되짚어 보니

이제야 또렷해집니다.

당신은 하나님께서 주신 지극히 소중한 선물임을.

이번엔 내가

진심과 미소로 포장한 문장 둘을 당신께 드립니다.

"당신과 함께 이 길을 가기에 행복합니다.

당신을 사랑합니다."

하나로 묶는 힘

겨울방학이 끝나면서 딸들이 집을 떠났습니다. 둘째는 이미 지난 금요일에 다운타운으로 내려갔고 큰딸은 지난 주일 클리블랜드로 출발했습니다. 집이 다시 텅 비었군요. 해가 거듭할수록 이별의 순간 섭섭함의 크기가 커져 가는 이유가 뭘까 생각하다가 그냥 미완의 답으로 남겨 둡니다. 그리곤 생각이 엉뚱하게도 두 딸의 다른 점에 꽂혀 갑니다.

지난달 22일 약간의 시간 차를 두고 도착한 딸들은 사뭇 다른 방식으로 저와 아내 그리고 막내에게 기쁨을 선물했습니다. 둘째는 도착하자마자 마켓으로 달려갔습니다. 가족들을 위해 구울 쿠키 재료를 사기 위해섭니다. 오븐이 뿜어 대는 향기가 절정에 이를 때쯤 집에 도착한 첫째는 예쁜 박스를 오픈해 독특한 모양과 색의 케이크들을 내보입니다. "오다가 친구들과 차이나타운에 들렀는데 보기에 좋아서

다 같이 먹으려고 사 왔어요." 둘의 행동은 달라도 그 결과는 같습니다. 식탁을 둘러앉은 온 가족의 행복.

집에서 시간을 보내는 방법도 다릅니다. 첫째의 방법은 SNS(Social Network Service)를 통한 친구들과의 끊임없는 대화와 피아노 연주입니다. 페이스북(Facebook)으로 연결되어 있는 친구만 1,000여 명이라니 소식 도착했음을 알리는 기계음이 늘 분주합니다. 공부와 친구 관리를 곧잘 해내는 녀석이 신기하기만 합니다. 첫째는 우리 집 피아노의 유일한 친굽니다. 그래서 건반 보호용 뚜껑은 첫째가 집에 와 있을 때만 열려 있습니다. 수시로 피아노 앞에 앉는 녀석 덕분에 집 안은 오랜만에 라이브 뮤직으로 채워지곤 합니다.

둘째는 주로 집안일을 하고 책을 읽으며 시간을 보냅니다. 둘째가 집에 있으면 부엌이 늘 청결하게 정돈되어 있고 식탁에는 다양한 방식으로 구워 낸 먹음직스런 쿠키들이 놓여 있습니다. 빨래는 잘 개켜져 있어야 할 장소에 놓여 있습니다. 그리고 둘째가 앉아 있던 자리 주변에는 늘 몇 권의 책들이 가지런히 쌓여 있습니다. 장르는 신앙 서적과 문학 서적의 범위를 벗어나지 않습니다. 책을 손에서 떼지 않는 녀석을 통해 학창 시절의 제 모습을 보곤 합니다. 저도 초등학교 때 '피로를 푸는 가장 좋은 방법'을 묻는 시험 문제에 서슴없이 '독서'라는 오답을 택할 정도로 책을 좋아했거든요(정답은 '수면').

한 부모로부터 난 아이들의 확연히 다른 모습들을 되짚어 보는 동

소소함 다섯
가족

안 하나님의 신묘막측한 창조 솜씨에 다시 한 번 놀라게 됩니다. 그런데 더 신비스러운 것은 각기 다른 개성을 지닌 가족 구성원들을 하나로 묶어 주는 사랑의 힘입니다. 떠나 있으면 보고 싶어지고 함께 있으면 기뻐하고 다투다가도 금방 화해하고 웃게 되고…. 사랑은 하나님께서 이 지상에 주신 선물 중 가장 소중한 선물이라는 생각이 듭니다.

한 가족의 구성원들도 이렇게 서로 다른데 교회를 이루고 있는 성도들은 어떻겠어요? 하지만 교회의 하모니도 문제될 것 전혀 없습니다. 이 땅에 세워진 최초의 교회, 예루살렘 교회가 완전한 연합의 모범을 보여 주고 있습니다. 성경은 하나를 이룬 성도들의 삶을 이렇게 기록하고 있습니다. "다 함께 있어 모든 물건을 서로 통용하고 또 재산과 소유를 팔아 각 사람의 필요에 따라 나눠 주고." 모든 인간이 꿈꾸는 유토피아가 실현된 모습입니다. 그 교회에 오신 성령님께서 믿음의 식구들을 사랑의 띠로 꽁꽁 묶어 주신 결과입니다.

새해 첫 주엔 늘 주님 안에서 소망을 품습니다. 이 땅의 모든 가정, 모든 교회, 그리고 지구촌 전체가 사랑으로 하나 되길 바라는 마음도 그중 하나입니다.

편지의 힘

선교사님 댁에서 정성껏 준비하신 식사를 마치고 향 짙은 과테말라산 커피를 마시며 대화를 나누다 보니 벌써 밤 11시였습니다. 마련해 주신 방으로 돌아와 가방의 짐을 정리하는데 낯선 메모지가 눈에 띄었습니다. 글씨체를 보니 큰딸이었습니다. 깨알같이 써 내려간 영어 문장들을 읽어내려가는 사이 마음이 뭉클해졌습니다. "Hi 아빠! 지금 과테말라로 가는 중이겠네요."로 시작되는 편지는 대략 이런 내용을 담고 있었습니다.

"하나님 뜻이라면 어떤 상황에서든지 겸손과 기쁨으로 그 뜻을 감당해 가는 아빠의 모습이 늘 자랑스러워요. 직장을 그만두고 목회의 길을 택하셨던 2000년이 생각나네요. 그 후 지금까지 아빠가 달려온 길을 돌아보세요. 아빠의 목회 사역을 통해 주님의 축복을 누린 사람들로 가득하잖아요? (이 부분에선 부끄러워지더군요.) 아빠는 분명

하나님의 심장을 지닌 사람이에요. 전 아빠를 위해 이렇게 기도하고 있어요. '하나님의 마음을 아빠에게 계속해서 알려 주시고, 그 뜻을 이루는 데 아빠를 계속해서 사용해 주세요.'

'추수할 것은 많되 일꾼이 적다'(마태복음 9:37)는 성경말씀이 생각나네요. 세상 많은 사람들은 다른 길로 갈 때 늘 하나님을 위해 밭의 일꾼이 되어 달려가는 아빠가 자랑스러워요. 아빠가 과테말라와 이 시카고에서 풍성한 수확을 거둘 수 있도록 도와 달라고 하나님께 기도할께요.

'하나님께서 우리를 위하신다면 누가 우리를 대적하리요'(로마서 8:31)라는 하나님 말씀을 잊지 마세요. 이 진리를 붙잡고 어떤 어려운 상황에서도 하나님의 이름으로 승리할 수 있길 기도할께요.

P 집사님(이번 선교에 함께 가심)을 위해서도 기도할께요. 두 분의 눈을 여셔서 하나님께서 과테말라의 추수를 위해 두란노를 어떻게 사용하고자 하시는지를 볼 수 있도록. 또한 과테말라의 일꾼들을 격려하고 또 그곳 일꾼들로부터 도전 받는 선교여행이 되길 기도합니다.

편히 다녀오세요. 사랑해요."

하트 그림으로 마무리된 편지 읽기를 끝내자 마음이 평화로움으로 가득해졌습니다. 하나님께서 큰딸을 통해 격려하고 계심을 확신할 수 있었습니다. 2000년 겨울, 신학교에서의 첫 학기가 수련회로 시작되었을 때도 짐가방엔 큰딸의 편지가 들어 있었습니다. 40의 나이와 버거운 언어 장벽으로 인해 무거웠던 마음이 그 편지 앞에서 봄볕에 눈 녹듯 녹아 내리던 기억이 지금도 생생합니다. 그때도 아빠의 결정이 자랑스럽다고 했었는데…. 자녀가 느끼는 '자랑'의 감정이 부모에겐 마술적 힘으로 작용한다는 사실을 그때 처음 알았습니다.

　바울이 자신의 아들처럼 사랑하는 디모데에게 칭찬과 격려를 담아 보낸 편지가 생각났습니다. 디모데는 그 편지를 닳도록 읽으며 자신에게 주어진 목회의 소명을 감당해 갔을 겁니다.

　사랑하는 사람들에게 사랑과 위로 그리고 칭찬을 담은 자필 편지를 쓴 지 제법되었군요. 이번 주엔 시간을 내어 사랑하는 아내와 자녀들에게 편지를 적어 보내야겠습니다.

큰딸의 노트

큰딸이 애틀란타로 떠나기 바로 전날은 짐과 전쟁을 치러야 했습니다. 클리블랜들에서 올 때 두 차에 나눠 싣고 온 짐을 한 차, 그것도 사람이 4명이나 타고 갈 차 한 대에 실어야 했기 때문입니다. "웬만한 짐은 다 놔두고 간다고 생각하고 짐정리하거라. 두세 번 생각해도 꼭 정말로 꼭 필요한 짐이라고 여겨지는 것들만 가져가야 할 거야." 대답은 "그래야죠." 했지만 큰딸의 얼굴은 편치 않았습니다. 거의 반나절을 짐과 싸운 끝에 큰딸이 함께 가기로 결정하고 거실에 쌓아 놓은 짐의 분량을 보니 숨이 턱 막혔습니다. 그래도 고민 고민한 결과를 존중하기 위해 밤 10시경부터 짐을 차에 싣기 시작했습니다. 앞뒤 좌석의 사이 공간에까지 짐을 구겨넣으며 최선을 다했지만 결국 몇 개의 짐은 포기해야 했습니다. 다음날 새벽 모두 일어나 기도한 후 나는 예배를 드리러 교회로, 아내와 아이들은 짐으로 가득한 차를 몰아 아틀란타로 각각 출발했습니다.

예배 후 돌아와 보니 거실과 큰딸 방 그리고 그라지와 연결된 서재가 막 피난 떠난 집처럼 난리였습니다. 마침 월요일이라 하루 만에 다 정리해야겠다는 생각에 팔을 걷어부치고 어지러운 짐 속으로 뛰어들었습니다. 정리는 버리는 것이다라는 평소 생각대로 웬만한 것들은 다 쓰레기 봉투에 가두어 버렸습니다. 쓸만하거나 내 판단으로 버릴 수 없는 것들은 다 모아서 지하실에 내려다 두었습니다. 그런 후 청소기를 돌리고 나니 집은 다시 큰딸이 오기 전 모습을 되찾았습니다.

정리하는 중 내 시선을 잡아끄는 것이 있었습니다. 검정색의 겉표지에 끈으로 전체를 묶어 둔 어른 손바닥보다 조금 작은 크기의 노트였습니다. 호기심에 끈을 풀고 들춰보니 노트는 깨알만한 글씨로 빼곡히 채워져 있었습니다. 워낙 작은데다 난독의 글씨체여서 온 신경을 집중해 읽어보았습니다. 성경을 읽고 묵상한 내용을 기록해 놓은 노트였습니다. 글씨들 사이에 손수 그린 그림도 있어서 살펴보니 그날 묵상한 부분이 에베소서 6장이었습니다. 사랑하는 자녀들이 영적 전투를 잘 감당하도록 마련해 주신 하나님의 전신갑주를 읽다가 그 내용을 그림으로 옮겨 본 모양입니다. 기록한 기간을 보니 2012년 12월부터 2014년 11월까지, 약 2년치의 묵상 내용이 담겨 있었습니다. 기간을 보니 병원 내 전 진료 부서를 돌면서 실습하던 때(로테이션이라고 부름)였고, 동시에 의사 고시를 준비하던 아주 바쁜 시기였습니다.

노트가 담고 있는 의미를 깨닫는 순간 짐 정리하는 동안 쌓였던 피로가 일시에 사라지고 말았습니다. 입에선 하나님을 향한 기도가 절로 나왔습니다. "하나님 정말 감사합니다. 큰딸이 그 바쁘고 어려운 시기에도 지치지 않고 기쁨으로 달려갈 수 있었던 비밀이 여기에 담겨 있었군요. 그 기간 녀석을 혼자 외롭게 놔두지 않으신 주님 너무나 감사합니다. 말씀을 통해 만나 주시고 주님의 지혜와 능력을 부어 주시고 흔들리지 않도록 붙잡아 주셨군요. 큰딸이 지금의 모습을 갖출 수 있게 된 것이 전적으로 주님의 은혜였음을 고백하며 찬송을 드립니다. 앞으로도 녀석이 참포도나무이신 주님께 꼭 붙어 있는 삶이 되길 바라며 기도드립니다." 기도 후 이 노트를 서랍 깊은 곳에 잘 보관해 두었습니다. 훗날 적절한 때 큰딸에게 선물하기 위해서.

정신없이 바쁘거나 정신이 혼미해질 정도로 어려운 때가 바로 스스로의 신앙을 테스트해 보기 참 좋은 때라는 생각이 들었습니다. 자신이 소유한 모든 것을 잃은 후에도 진심으로 하나님께 영광을 돌렸고, 또한 끝까지 하나님을 붙들었던 욥의 신앙이 두란노 식구들 모두의 것이 되길 기도합니다.

선입견

　　지난주 토요일 타 주에서 공부하고 있는 큰딸이 왔습니다. 주일 설교를 준비하면서도 이제나저제나 하며 기다리고 있었는데, 밤 12시가 다 되어서야 여행 가방 끌리는 소리와 함께 도착했습니다. 반가운 마음에 급히 문을 열어 보니 친구 둘도 함께 서 있었습니다. 봄 방학을 위해 계획한 LA 여행의 동행들이었습니다.

　　한 친구는 씩씩한 목소리와 시원시원한 태도를 지니고 있었습니다. 다른 한 친구는 목소리가 조용조용했고 몸동작도 다소곳했습니다. 집으로 오기 며칠 전 딸이 친구들의 국적을 미리 귀띔해 주었는데, 씩씩한 친구가 중국인이고 다소곳한 친구는 일본인일 거라는 생각이 들었습니다. "역시 민족마다 독특한 개성이 있나봐." 빙그레 웃으며 말하자, 아내도 저와 생각이 같은지 고개를 끄덕이며 따라 웃더군요. 문득 이런 궁금증이 뒤따랐습니다. '한국인은 다른 민족의 눈에 어떻게

243

비칠까? 씩씩함과 조용함의 중간쯤?'

다음 날 아침 교회로 가기 전 마지막 점검을 하고 있는데, 아내가 슬며시 다가와 말했습니다. "우리 판단이 틀렸어요. 시원시원한 아이가 일본인이래요." 우리 부부는 마주 보며 한바탕 웃음을 터뜨리고 말았습니다. 웃는 동안 선입견 때문에 실수했던 순간들이 꼬리를 물고 떠올랐습니다.

많은 경우 선입견은 진실을 가리고 맙니다. 성경에도 선입견 때문에 실수하거나 실수할 뻔했던 인물들이 많이 등장합니다.

소년 다윗이 적국의 거인 장수 골리앗과 싸우겠다고 나섰을 때 여러 사람이 실수했습니다. 다윗의 형들은 그의 행동을 교만과 완악함으로 몰아붙였습니다. 자기 이름을 드러내려는 공명심 정도로 해석한 겁니다. 사울 왕은 "너는 소년이요 그(골리앗)는 어려서부터 용사임"을 들어 다윗을 강력하게 말렸습니다. 그러나 결과는 소년 다윗의 승리였습니다.

빌립이 자신의 절친인 나다나엘에게 나사렛 출신의 예수님 얘길 전했을 때 친구의 반응은 냉랭했습니다. "나사렛에서 무슨 선한 것이 날 수 있느냐?"고 반문하며 들은 척도 하지 않았습니다. 로마 군대가 주둔하고 있는 어수선한 마을, 주민들의 도덕 수준이 형편없는 마을이라는 평판이 그의 마음에 '나사렛에서 무슨…'이라는 선입견을 만들어 냈던 겁니다. 예수님께서 직접 나다나엘을 만나 주시지 않았다면 그는 12제자 가운데 끼지 못할 수도 있었습니다.

사울이라는 인물은 다메섹에 있는 교회와 성도들을 무력으로 무너뜨리기 위해 길을 떠났다가 예수님을 만나게 됩니다. 그 만남을 통해 사울의 삶은 180도로 변하고 말았습니다. 복음을 전하는 자가 된 겁니다. 그 후 사울은 예루살렘으로 갔습니다. 초대 교회 지도자들을 만나 자신의 회심을 공식적으로 인정받고 싶었던 겁니다. 그래야 복음 사역을 효과적으로 펼칠 수 있다는 현명한 판단 때문이었습니다. 그러나 지도자들은 사울을 피해 다녔습니다. 그들의 가슴속에 깊이 새겨져 있는 '사울은 교회를 핍박하는 자'라는 선입견 때문이었습니다. 이때 바나바라는 인물이 나서서 지도자들에게 사울을 소개합니다. 선입견을 넘어선 바나바의 용기 있는 행동은 사울(바울)이 주님의 소명, 즉 '이방인 복음화'를 마음껏 펼칠 수 있도록 만들어 주었습니다.

예수님은 죄인들, 창기들, 세리들, 그리고 병자들에 대한 사회적 선입견에서 자유로우신 분이었습니다. 주님은 주저 없이 그들 속에 들어가 사랑을 부어 주셨고, 그분의 진실된 사랑을 통해 그들은 치유와 회복을 경험할 수 있었습니다.

진실을 가리는 선입견, 이젠 다 내려 놓읍시다.

둘째에게서 배우다

지난 목요일 저녁 한산한 시간을 택해 둘째 아이의 짐을
싸 가지고 다시 다운타운으로 내려갔습니다. 대학을 졸업했으니 다시
는 다운타운에 내려가지 않을 것으로 생각했는데… 함께 집에서 지낼
줄 알았는데… 다시 다운타운에 아파트를 얻은 겁니다.

아파트가 메인 도로에서 약간 벗어나 있었습니다. 짐을 내리는데,
불량한 차림의 청년 셋이 우리가 있는 곳을 힐끔거렸습니다. 직장과
아파트 사이를 버스로 오가야 하는데, 버스 정류장에서 아파트까지
의 거리가 제법 돼 보였습니다. "루즈벨트 길에서 가까운 곳에 아파트
를 얻지 그랬어." 주변을 둘러보던 아내가 말했습니다. 제 생각을 그
대로 대변한 질문이었습니다. 아내나 저나 딸이 치안이 불안해 보이
는 지역에 사는 것이 못마땅했던 겁니다. "거기는 비싸. 여기도 괜찮
아, 엄마. 걱정하지 말아요."

대학을 졸업하고 둘째가 돌아왔을 때, 몇 주 동안은 좋았습니다. 오랫동안 떨어져 살던 녀석이 집 안을 돌아다니는 발소리도 듣기 좋았고, 자기 방 또는 거실에서 모처럼 게으름 피우는 모습도 보기 좋았습니다. 그런데 몇 주가 지난 후, 딸 아이가 던진 선언 때문에 집 안에 바람이 일기 시작했습니다. "대학 4년 동안 섬기던 교회로 돌아가 대학생 양육을 위한 라이프 그룹 리더로 헌신하기로 결정했어요." 아빠 교회를 섬기느냐 아니면 학교 때 섬기던 교회로 돌아가느냐를 놓고 기도하는 것 같았는데, 결국 그렇게 결정한 겁니다. 그래서 기도원에도 다녀온 모양이었습니다. 아내와 제가 번갈아 가며 이런 방법 저런 방법으로 설득해 보았지만, 딸은 자기 결정에 대해 확고했습니다.

그리고 이 주일쯤 전 다운타운에 친구들과 아파트를 얻겠다고 말했습니다. "교회 라이프 그룹의 리더들은 학생들과 교제하는 시간을 많이 만들어야 해요. 자주 만나 함께 성경을 읽고 나누고, 학생들이 갖고 있는 기도의 제목들을 나누고 같이 기도하고, 또 내 삶을 통해 신앙의 모범을 직접 보여 주고… 이러면서 학생들의 신앙 성장을 돕는 거예요. 그러니까 그들이 있는 근처로 가서 아파트를 얻어야 해요." 아직 일할 곳도 찾지 못했는데 무작정 내려가면 어떡하냐는 엄마의 걱정 어린 질문도 문제가 되지 않았습니다. "그런 건 걱정 안 해요. 하나님의 뜻을 이루기 위해 내려가는 것이니, 제 생활은 하나님께서 직접 책임져 주실 거라고 믿어요." 이 대답을 듣자마자 아내와 제 마음은 이상하리만치 평안해졌습니다. '너희는 먼저 그의 나라와 그의 의를 구하라 그리하면 이 모든 것(먹을 것과 입을 것 등 생활에 필요한 것들)을 너희에게 더하시리라'(마태복음 6:33)는 말씀을 그대로 믿는 딸 앞에서 오히려 부끄러움도 느꼈습니다. 동시에 딸의 믿음이 대견했습니다.

하나님께서 딸의 믿음에 당장 응답해 주셨습니다. 딸이 아파트를 계약하고 난 후 채 며칠이 되지 않아서 일자리를 허락해 주신 겁니다. 이 놀라운 사건을 대하면서 하나님께서 딸의 결정을 기뻐하신다는 믿음을 갖게 되었습니다.

이제 둘째를 위해 기도할 때마다 주님께 이렇게 부탁드립니다. "주님, 딸의 헌신을 통해 많은 대학생들이 주님을 만나고 또 주님의 제자로 성장해 갈 수 있도록 도와주세요. 헌신의 결과 생겨난 풍성한 열매를 통해 딸이 참기쁨을 누리길 원합니다. 그래도 딸이 사는 지역을 생각할 때마다 마음이 불편합니다. 그러니 주님의 천사들을 동원해서 둘째의 출입을 눈동자와 같이 지켜 주세요. 아멘."

딸에게서 목사 아빠가 한 수 배웁니다.

단순하게
그래서 행복하게

두 주 전쯤 둘째 소식이 궁금해져서 아내에게 전화를 넣어 보라고 부탁했습니다. "당신이 직접 해 보세요. 당신이 전화해 주면 더 좋아할거예요." 아내의 대답을 듣고 곰곰이 생각해 보니 지금까지 딸들에게 직접 전화한 횟수가 가물에 콩 나는 수준이었더군요. 그것도 기차역에 도착하는 시간을 묻는 따위의 사소한 통화가 대부분이었습니다. 문득 큰딸이 아내에게 했다는 말이 떠올랐습니다. "내가 제일 좋아하는 가족은 엄마, 그 다음은 할머니…." 아이들에게 자상한 아빠는 못 되어 준 모양입니다.

"아빠?" 하는 둘째의 목소리가 들려왔을 때 내 입에서 나온 말은 지극히 간단했습니다. "직장 다니기 힘들지 않니?" 그런데 둘째가 들려준 이야기는 기도제목이었습니다.

"잘 지내. 그렇게 힘들지 않아. 그런데 기도할 일이 생겼어. 이 직장에 오기 전 여러 곳에 잡(job)을 지원했었는데 어제 그중 한 군데서 연락이 왔어. 그곳도 하는 일은 비슷한데, 돌보아야 할 아이들의 나이가 더 많아. 대학원을 준비할 때 카운셀링을 해 주신 분에게 물었는데 여기보다는 그곳이 더 공부에 도움이 될 거라고 하네. 원장님도 아주 좋은 분이래. 조건만 보면 당장이라도 가고 싶은데…. 내가 이곳에 들어올 때 원장님이 한 말이 자꾸 생각이 나. '최근 일하시는 분들이 자주 바뀌는 바람에 아이들이 정서적으로 불안해하는 것 같아요.' 그래서 기도 중이예요. 아빠도 기도해 주세요."

선택해야 할 두 개의 길 앞에서 하나님의 뜻을 먼저 묻는 태도가 기특했습니다. 지금의 직장에 오기 전 둘째가 내린 결단의 스토리가 생각났습니다. 물론(?) 아내에게 전해 들은 이야기입니다.

둘째는 대학 졸업 후 약 일 년 동안 역대 최고 청년 실업율의 희생자로 지내야 했습니다. 그래도 꾸준하게 파트타임 일을 찾아 스스로 재정을 해결하며 교회를 섬기고 선교도 다녀오는 모습이 대견했습니다. 마지막 파트타임 일은 월남 식당에서 계산대를 맡아 보는 것이었습니다. 어느 날 엄마에게 이런 말을 했다고 합니다.

"나 이 일을 그만 두어야 할 것 같아. 주인이 금전등록기를 통해 영수증 발행하는 것을 하지 못하게 해. 그냥 종이에다가 손으로 써서 주라고 하네. 정부에 세금 내는 것을 줄이려고 그렇게 한다는 걸 최근

에야 알았어. 아무리 경제적으로 힘든 때라고 하지만 그래선 안 되잖아. 친구처럼 가깝게 지내던 사이라 조언을 해 봤지만 소용이 없었어. 하나님께 정직하지 못한 행동을 더 이상 보여 드리고 싶지 않아. 그래서 그만 두려고 해."

그 일을 그만두면 당장 생활비가 궁색해질 형편이었지만 둘째의 결심은 단호했습니다. 그 후 몇 차례 금전적 도움을 주려 했지만 돌아오는 대답은 늘 같았습니다. "하나님이 해결해 주실 거야. 하나님 중심으로 결단한 일이잖아." 일주일쯤 후 지금 일하는 곳에 풀타임으로 고용되었습니다.

하나님의 뜻대로 살려고 노력하는 사람들은 종종 답답해 보입니다. 타협하지 않는 삶이란 세상 기준으로 보면 고지식한 삶이기 때문입니다. 그래서 소외 당하기 쉬운 삶이기도 하구요. 그런데 놀라운 것은 이 단순한 삶 뒤에 진정한 행복이 있다는 겁니다. 누구도 빼앗아 갈 수 없는 평강이 있다는 겁니다. 당신의 뜻대로 살아가는 자녀들을 항상 보호하고 인도하시는 사랑의 하나님 때문입니다.

:

솔직함의 힘

:

　　제 책상 한편에는 평범하지 않은 모양의 메모지 집게가 있습니다. 쉽게 넘어지지 않도록 제법 무게가 나가는 밑동은 지구본 모양이고 그 중간 부분에 심겨진 중지 길이의 가녀린 금속 막대는 그 끝부분이 하늘로 향한 집게로 되어 있습니다. 이 집게 부분에 메모지를 물려 두는 거죠. 지구본에 새겨진 'imb(International Mission Board)'라는 문구가 교단 선교위원회에서 만든 알림용 선물임을 또렷하게 말해 주고 있습니다.

　전 이 집게에 목회자 편지에 사용할 소재들을 모아 둡니다. 은혜롭고 교훈이 되는 소재들을 읽거나 듣거나 볼 때마다 메모지에 핵심 단어를 몇 자 적어 집게에 집어 두는 겁니다. 요란스레 둔필승총을 들먹이지 않더라도 요즘은 뭘 자꾸 잊어버리는 통에 이 메모지 집게가 큰 도움이됩니다. 들여다보니 오늘은 메모지가 달랑 한 장 물려 있네요.

'민희'와 '거짓 없는 삶'이라는 두 문구만 담긴. 추리하듯 기억을 더듬어 보니 약 두 달 전에 있었던 작은 사건이 금방 떠올랐습니다.

클리블랜드의 큰딸이 잠깐 다녀간 적이 있습니다. 집에 늘 있는 가족들이야 보는 것이 일도 아니었지만 다운타운의 둘째(민희)는 직장 때문에 만나기가 쉽지 않았습니다. 직장에 미리 통보하지 않고 빠질 수 있는 방법은 병가를 신청하는 것뿐이었습니다. 아내를 통해 들어 보니 언니를 만나고 싶은 마음에 결국 거짓 병가를 내기로 한 모양입니다.

약속된 날 동생을 만나고 돌아온 큰딸이 이런 이야기를 들려주었습니다. "함께 점심 식사를 하는 중 민희가 이렇게 말하는거예요. '언니, 내가 불편해서 안 되겠어. 지금이라도 솔직하게 말해야겠어. 아프지도 않은데 아프다고 말하고 쉬는 건 옳은 일이 아니잖아.' 그러더니 스마트폰을 사용해서 이메일을 적어 회사로 보내더라구요. '거짓말한 것 미안합니다. 회사에서 어떤 벌칙을 주더라도 다 받겠습니다'라는 말과 함께요. 식사를 마치고 나올 때쯤 회사에서 답이 왔는데 이렇게 쓰여 있었어요. '갑작스레 사정이 생기면 회사에서 정해 둔 불이익을 피하기 위해 아무렇지도 않게 병가를 사용하곤 하는데… 이렇게 정직하게 말해 줘서 오히려 고맙네요. 당신의 이메일을 받고 솔직히 많이 감동했습니다. 아무 걱정하지 말고 언니와 좋은 시간 보내고 오세요.' 엄마 아빠, 민희가 대견하지 않아요?"

이 사건이 마음에 적잖은 울림을 주었던 모양입니다. 메모지 집게에 남겨둔 걸 보니.

엘리사의 시종 게하시는 주인이 마음에 들지 않았습니다. 엘리사의 도움으로 문둥병에서 자유롭게 된 나아만 장군이 주는 선물을 왜 거절하는지 알 수가 없었습니다. 게하시는 주인 몰래 자기 나라로 돌아가는 나아만 일행을 쫓아갔습니다. 그리곤 "우리 주인께서 말씀하시기를…" 이렇게 주인의 이름을 거짓으로 팔아 은 두 달란트와 옷 두 벌을 취하고 말았습니다. 그러나 게하시는 선지자 엘리사의 눈을 속일 순 없었습니다. 결국 그는 자신의 거짓된 행동 때문에 문둥병자가 되고 말았습니다.

우리는 스스로의 기준으로 애교 섞인 거짓, 이유 있는 거짓, 부담 없는 거짓 등을 정해 멀쩡히 말하고 행동할 때가 있습니다. 그러나 기억해야 합니다. 거짓 금지는 아홉 번째 계명이며, 계시록은 거짓말하는 자는 천국에 들어갈 수 없다고 선포하고 있음을.

미트Meet?

지난 목요일 저녁 교회 근처에서 회의를 하고 있는데 셀폰 벨이 울렸습니다. 양해를 구하고 받아 보니 아내였습니다. "신욱이가 학교에 없어요."

이야기인즉슨, 평소 때처럼 레슬링 훈련이 끝나는 시간에 맞추어 막내를 픽업 갔는데 40여 분이 지나도록 나타나질 않더라는 겁니다. 그래서 건물 안으로 들어가 학생들의 도움을 받아 레슬링 연습장에 들어가 보았지만 아무도 없더랍니다. 그렇게 정신없이 한 시간 반 정도를 보내고 난 후, 혹시 아빠에게 연락했을지도 모른다는 생각에 전화했던 겁니다.

친구 차를 얻어 탔을지도 모르니 집에 가 보라고 했습니다. 만약 집에도 없으면 코치 전화번호를 알려 달라고 했습니다.

은근히 걱정이 되었습니다. '체급을 유지해야 한다고 음식을 지나

소소함 다섯
가족

255

치게 삼가더니 훈련 중 기진맥진해서 쓰러진 것은 아닐까? 그래서 코치 등에 업혀 병원으로 실려간 건 아닐까? 아니면, 기진해서 샤워장에 쓰러져 있는 걸 아무도 못 보고 그냥 방치한 건 아닐까?' 별별 생각이 다 들었습니다.

집에서도 막내를 발견하지 못한 아내는 부리나케 전화를 했고, 전 아내가 전해 준 번호를 눌러 코치에게 메시지를 남겨 두었습니다. 그러나 그 후 한 시간여가 지나도록 아무런 소식이 없었습니다.

미팅이 다 끝나고 집에 거의 도착할 때가 되어서야 전화벨이 울렸습니다. 귀로 흘러드는 아내의 목소리가 아까보다 훨씬 차분했습니다. "신욱이한테 연락왔어요. 오늘 다른 학교에서 시합이 있었다네요."

11시쯤 학교에서 막내를 태우고 돌아오는 길에 물었습니다. "왜 엄마한테 시합있는 걸 미리 말 안 했어? 많이 걱정했잖아." 그런데 돌아온 대답이 싱거웠습니다. "학교가기 전 엄마한테 말했는데, 오늘 미트(Meet) 있다고?" 그러니까 'Meet(경기)'라는 단어가 지니고 있는 의미를 이해하지 못해서('Meet'에 그런 뜻이 있는 줄은 저도 몰랐습니다) 일어난 해프닝이었던 겁니다.

유대의 종교지도자들은 예수님께서 안식일에 병자들을 고치시는 행위를 못마땅하게 여겼습니다. 그들이 이해하고 있는 안식일이란 일할 수 없는 날이었기 때문입니다. 하나님께서 안식일엔 일을 쉬고 하나님만을 기억하라고 하셨으니, 아주 틀린 생각도 아닙니다. 의심하고 판단하는 그들을 향해 예수님은 이렇게 말씀하셨습니다. "나는 안식일의 주인이다." 안식일을 만들고 지키라고 명령하신 분이 바로 예수님 자신이심을 분명히 가르쳐 주신 겁니다. '예수님=하나님'이라는 심오한 등식이 이 말씀 속에 담겨 있습니다. 그러니 주인(하나님)이 선을 이루기 위해 하시는 일에 인간이 자신의 잣대를 들이댈 수 없는 겁니다. 그러나 불행하게도 종교지도자들은 주님의 말씀을 이해하지 못했습니다. 그 결과 주님을 십자가에 못박고 말았던 겁니다.

예수님께선 자신을 잡으러 온 군졸과 하속들에게 "나를 찾거든 이 사람들(제자들)이 가는 것을 허락하라"고 부탁하셨습니다. 훗날 복음 전파 사역을 위해 제자들을 아끼시는 주님의 마음이 담겨 있습니다. 그러나 베드로는 주님의 말씀을 이해하지 못했습니다. 그냥 자기 생각에 취해 주님을 따라갔습니다. 그 결과 베드로는 주님을 모른다고 3번이나 부인하는 비겁자로 추락하고 말았습니다.

우리도 얼마든지 이런 종류의 실수를 저지를 수 있습니다. 실수를 줄이는 가장 좋은 방법은 성경을 읽고 깊이 묵상하는 겁니다. 묵상을 통해 그분의 말씀을 분명히 깨닫는 사람이 지혜로운 삶을 살아갈 수 있습니다.

:
:

책을 고르며

:
:

여름방학이 시작되던 날 막내는 이런저런 계획을 세웠습니다. 그중 하나를 저와 나누었습니다. "아빠, 이번 방학 동안에 책 15권을 읽을거야. 분야는 고전, 신앙, 한국어 그리고 기타로 정했어. 아빠가 고전과 신앙과 한국어 분야의 책 좀 골라 주세요. 그리고 이 목표를 달성하면 아빠는 나한테 상을 줘야해." 한국말과 영어를 섞어서 한 말을 종합해 보면 대략 이런 내용이었습니다. 물론(?) 아빠가 준비할 상은 금일봉이었습니다. 아들이 책을 읽는다는 말에 이 제안을 그 자리에서 수락하고 말았습니다. 제 기억으론 막내가 스스로 책을 읽겠다고 계획을 세운 건 이번이 처음이었거든요.

책을 고르기 위해 책꽂이를 뒤지는 내내 마음이 흐뭇했습니다. 평소 PC 앞에서 많은 시간을 보내는 아들에 대한 걱정이 컸거든요. 생각 없이 자판을 두드려 게임하고, 그 진실성이 검증되지 않은 수많은 정보들을 클릭클릭 대충 훑어보고, 창을 여럿 열어 동시 작업을 즐기고, 따뜻한 정이 차단된 기계적 환경에서 친구들과 짤막하게 대화하고…. 그러다 보면 사색, 논리, 집중, 분석과 같은 사고 능력이 점점 퇴화할텐데 하는 염려가 마음속에 자리 잡고 있었던 겁니다. 우연히 읽은 막내의 글들과 과목별 성적에서 아날로그적 사고 능력의 부족 현상이 실제로 드러나기도 했구요. 그런데 스스로 책을 읽겠다니 얼마나 기쁘던지.

몇 가지 기준을 세웠습니다. 영적 성장에 도움이 되는 책, 책읽기도 게임처럼 즐거운 취미가 될 수 있음을 증명해 줄 수 있는 책, 글의 힘을 느낄 수 있는 책을 고르기로 한 겁니다. 막내 자신이 고를 '기타 분야'를 제외하면 딱 10권을 선택할 수 있었습니다. 그런데 그 10권을 고르기가 쉽지 않았습니다. '반드시', '꼭' 읽었으면 하는 책만 해도 줄잡아 20권이 훌쩍 넘었거든요. 욕심을 꾹꾹 누르고 9권만 추려 냈습니다(고전의 분량이 방대해서 1권을 줄임).

고전으로는 『까라마조프의 형제들』(대가의 문장력 앞에서 감동하고, 거친 가족사 속에서 반짝반짝 빛나는 알료사의 신앙을 발견하길 바라며), 『레미제라블』(용서가 지닌 변화의 힘과 정죄가 낳는 비극적 결과를 깨닫길 바라며), 『도리안 그레이의 초상』(죄의 심각성을 깊이 생각하길 바라며) 3권을 골랐습니다. 신앙 서적으로는 *No Longer a Slumdog*(인도의 천민계층에 복음이 전해지는 과정을 보며 선교의 마음 갖길 바라며), *In His Step*('주님이라면 어떻게 하셨을까'라는 질문이 삶을 이끌어 가는 나침반으로 자리 잡길 바라며), *The Call* (하나님께서 내게 주신 소명은 무얼까 깊이 생각해 보길 바라며), 『빌리 그래함 전기』(하나님을 위해 헌신한 삶을 통해 영적 도전을 받기 바라며) 4권을 골랐습니다. 한국어 서적으로는 두 권의 책(이어령 선생님이 초등학생들의 사고능력 향상을 위해 쓰신 책과 아들이 읽고 싶다고 해서 정한 제가 쓴 묵상집)을 택했습니다.

책을 고르는 중 고전에 눈을 뜨게 된 중학교 2학년 여름방학이 생각났습니다. 감탄할 수밖에 없는 표현들, 몰입을 낳는 추진력, 모든 문장들을 빈틈없이 엮고 있는 논리, 사색을 유도하는 사고의 깊이…. 새로운 책을 열 때마다 시작되는 황홀한 여행에 푹 빠져 보냈던 그 여름방학의 기억이 지금도 생생합니다.

고른 책들을 품에 안고 아들 방으로 걸어가며 주님께 기도 드렸습니다. "아들이 이 책들만큼은 꼭 읽게 해 주세요. 이번 독서를 통해 좋은 책 읽는 습관이 생기게 해 주세요. 좋은 책을 고를 수 있는 안목도 생기길 원합니다. 오래전 제가 경험했던 그 감동적 체험이 아들에게도 있기를 바랍니다."

좋은 책은 읽는 사람을 숙성케 합니다.

막내의 교통사고

　　월요일 교단 임원 목사님들과의 회의가 끝난 시간이 2시 정도. 집으로 달려가 필요한 서류를 챙겨 견인차 회사에 도착하니 오후 3시쯤이었습니다. 접수 창구에서 요청 서류를 작성한 후 차를 모아 둔 곳으로 가 보았습니다. 뒷 범퍼가 찌그러진채 트렁크가 열려 있는 차, 운전석 옆 부분이 형편없이 망가진 차… 마치 차들의 중환자실에 온 것 같았습니다. 부서진 정도로 말하면 우리 차도 만만치 않았습니다. 찌그러지고 깨진 앞 범퍼는 땅에 질질 끌려 있었고, 심하게 밀려서 구부러진 후드는 엔진 내부를 드러내 놓고 있었습니다. 운전석 문을 열고 안을 들여다보니 바람 빠진 에어백 둘이 늘어져 있었고, 바닥에는 컵 하나가 어리둥절한 모습으로 뒹굴고 있었습니다. 운전석에 앉아 중요하다고 생각되는 물건들을 주섬주섬 챙기는 동안 입에서 "주님 감사합니다" 하는 고백이 반복해서 흘러나왔습니다.

지난주 토요일 저녁이었습니다. 막 식사를 하려는데 아내의 휴대 전화벨이 울렸습니다. "엄마, 미안해. 나 차 사고 났어. 깜빡 졸았나 봐." 막내의 목소리가 제 귀에도 들렸습니다. 다행히 목소리는 차분했습니다. "몸은 다친 데 없니… 거기가 어디니… 엄마 아빠, 금방 갈테니 걱정하지 말아라." 몸은 괜찮다는 말에 가슴을 쓸어내리며 급히 집을 나섰습니다. 머리와 가슴은 기도로 가득했습니다.

울프와 던디가 만나는 곳에서 서쪽을 바라보니 저만치에 경찰차 경광등이 요란하게 빛을 내고 있었습니다. 근처에 차를 대자마자 아내는 급히 사고 현장으로 달려갔습니다. 나도 막 나가려는데 한국계로 보이는 경찰이 다가와 말했습니다. "내리지 마세요. 당신 아들은 무사합니다. 아들과 함께 윌링 경찰서로 가서 기다리면 됩니다." 사고 현장에 몰려 있는 경찰차 3대와 소방차 한 대가 눈에 들어왔습니다. "이거 생각보다 큰 사고인가 보네." 이런 생각이 들자 가슴이 더 쿵쾅거리기 시작했습니다. 저만치 경광등 사이에 풀 죽은 모습으로 서 있는 막내의 몸 상태가 걱정되었습니다. 주님께 더 간절히 기도했습니다.

마침내 아내와 막내가 왔습니다. 다행히 막내는 멀쩡했습니다. 에어백이 터졌다는데 얼굴도 깨끗했습니다. 지근거리에 있는 경찰서로 가는 동안 막내 대신 아내가 자초지종을 설명해 주었습니다. "어제 선교 모임에서 Lock-in을 하고, 다시 교회 찬양팀과 모여 연습하고, 그 후 함께 저녁을 먹고… 그래서 피곤한 몸으로 운전하다가 잠깐 졸았던 모양이예요. 성당 앞 교통 정리를 위해 길 중앙에 세워둔 경찰차 뒤를 들이 받았어요. 차는 엉망으로 망가지고 말았구요. 그래도 몸은 하나도 다치지 않았으니… 지켜 주신 하나님께 얼마나 감사한지…."

'졸았다'는 말에 화가 났습니다. "졸음 운전이 얼마나 무서운 건지 알아? 살인 행위나 다름없는거야!" 몸을 움추리고 고개를 푹 숙이는 녀석을 보고 '아차' 하는 생각이 들었습니다.

집에 돌아와 먹는 둥 마는 둥 식사를 끝내고 설교를 마무리 하고 나니 어느새 깊은 새벽. 침실로 가기 전 막내 방에 들렀습니다. 긴장이 풀려 깊은 잠에 빠진 녀석의 얼굴을 안쓰러운 마음으로 내려다보는데 문득 이런 생각이 들었습니다. '만약 경찰차가 없는 곳에서 졸았다면, 그래서 차가 중앙선을 곧바로 넘었다면 어떻게 되었을까? 그랬다면 막내가 자기 침대에서 이처럼 평안하게 자는 모습을 볼 수 있었을까?' 순식간에 가슴을 지나 목으로 치밀어 오르는 감정의 덩어리를 주체할 수 없었습니다. 손을 막내의 머리에 얹고 기도했습니다. "주님, 막내를 지켜 주셔서 정말 감사합니다."

주님을 알면 범사에 스며 있는 감사가 보입니다.

막내와 바둑을 두다

"아빠, 찾았어. 아이패드 앱을 뒤져 보니까 바둑 프로그램을 무료로 주더라구." 지난 화요일 밤 중보기도에서 돌아오니 막내가 의기양양하고 희희락락한 얼굴로 절 맞아 주었습니다. 바둑을 배우고 싶다고 한 지가 벌써 여러 달 되었습니다. 그동안 바둑판이 없다는 핑계로 차일피일 미루어 왔는데 이젠 어쩔 수 없었습니다.

막내가 아이패드를 통해 펼쳐 놓은 바둑판이 그럴듯해 보였습니다. 사이버 바둑판을 중심으로 마주 앉자마자 한 마디 했습니다. "가르쳐주긴 하는데 바둑에 빠지면 안 된다. 지금 주니어라는 사실을 잊어선 안 돼." 시험만 끝나면 맞수인 친구를 집으로 초대하거나 그 집에 가서 하루 종일 바둑을 둘 정도로 푹 빠져 있던 학창 시절이 기억났기 때문입니다. 그렇게 다짐을 해 둔 후, 기초 지식부터 가르쳐 주었습니다. 제 실력 자체가 어깨너머로 배운 동네 바둑 6, 7급 수준, 게

다가 바둑돌을 놓은 지 한참이라(한 20년쯤) 체계적으로 가르친다는 것 자체가 불가능했고…. 그래서 '여기를 화점이라고 한다', '귀에서 집을 내는 것이 효율적이다', '초반부에 집의 기초를 만드는 과정을 포석이라고 한다', '반드시 두 집이 나야 죽지 않는다', '초보 때는 끊어지는 걸 주의해라' 등등 몇 가지를 말해 주고 나니 금새 밑천이 다 떨어지고 말았습니다.

막내가 조르는 통에 바로 실전에 들어갔습니다. 25개의 흑돌을 먼저 요소요소에 놓도록 하고 시작했습니다. 인터넷을 통해 간간히 연구해 왔는지 막내의 착점이 아주 엉터리는 아니었습니다. 그 후 현재까지 네 판을 두었는데, 마지막 판에선 대패하고 말았습니다. 그래서 치수를 13점으로 낮추어 주었습니다.

바둑을 가르치는 내내 흐뭇했습니다. 막내는 바둑판을 응시하고 저는 막내의 그 진지한 눈빛을 바라보았습니다. 문득 어린 시절이 떠오르면서 이런 생각이 들었습니다. 아버지도 어린 아들에게 바둑을 가르치시면서 이런 기쁨을 느끼셨을까? 그래서 엄청난 실력 차이 때문에 재미없으셨을 텐데도 자꾸 아들을 바둑판 앞으로 불러내셨던 걸까?

사단과 치열하게 겨루는 영적 씨름이 바둑을 닮았다는 생각을 해봅니다. 바둑판은 우리의 영혼입니다. 바둑의 착점처럼 내 선택에 따라 스스로의 영혼을 지키거나 사단에게 내어 줄 수도 있는 한 치도 양보할 수 없는 전쟁을 치루고 있는 겁니다. 예를 들어 닥쳐 온 시험 앞에서 포기를 선택하는 순간 그 영혼은 사단이 퍼붓는 걱정과 두려움과 절망에 점령 당하고 마는 겁니다. 반대로 자신에게 큰 상처를 준 이웃을 용서하기로 결정하는 순간 그 영혼은 치유와 회복과 성숙의 기쁨으로 넘쳐 나게 됩니다. 그래서 예수님은 "늘 깨어있어라. 뱀같이 지혜로워라"고 가르쳐 주셨습니다.

민음의 성도들이 치루는 영적 씨름이 바둑과 크게 다른 점이 둘 있습니다. 가장 큰 차이점은 이미 승부가 정해져 있다는 사실입니다. 바둑은 마지막 돌이 판 위에 놓일 때까지 승부를 알 수 없습니다. 하지만 영적 씨름의 최후 승리는 언제나 성도들의 것입니다. 예수님께서 십자가 죽음을 통해 믿는 자들의 영원한 승리를 이미 확정해 놓으셨기 때문입니다. 또 다른 점은 훈수가 허락된다는 겁니다. 바둑에서 훈수란 어림도 없습니다. 훈수자는 뺨맞기 십상입니다. 그러나 영적 씨름에선 훈수가 적극 권장됩니다. 우리를 도우실 훈수자는 바로 성령님이십니다. 우리의 연약함과 사단의 영악함을 잘 아시는 예수님은 씨름의 룰을 바꾸시고, 우리를 도우실 성령님을 보내 주신 겁니다. 하나님의 사랑이 느껴지지 않습니까? 승부를 이미 정해 두셨고, 씨름의 과정도 하나님께서 직접 돕고 계시니 말입니다.

"바둑이 늘듯 막내의 영혼도 점점 더 성숙해지길 원합니다." 아빠의 기도입니다.

키 재 보기

며칠 전 새벽 여느 때처럼 욕실에서 머리를 말리는데 문
득 흰 벽에 그어진 작은 선들이 눈에 담겨 왔습니다. 이전 집 주인이
아이들의 성장을 확인하던 흔적이었습니다. 새삼스러운 발견도 아닌
데 그 작은 선들과 선 곁에 적어 놓은 희미한 숫자들(날짜를 명기한)
이 만들어 냈을 작은 소동이 마음에 그려지면서 빙그레 웃고 말았습
니다.

8년을 살면서 우리 아이들이 각각 사춘기와 유년기 시절을 보낸 이
전 집에도 그런 흔적이 있었습니다. 둘째 방에 걸려 있던 키만큼 긴
거울의 흰색 테두리가 우리 아이들의 성장사를 담고 있었습니다. 첫
째의 성장사를 담은 눈금엔 큰 변화가 없었고, 둘째와 막내의 눈금엔
큰 폭의 변화가 있었던 기억이 어렴풋하게 납니다.

키 재는 날이면 첫째와 둘째는 "또야" 하며 귀찮아 한 반면, 막내는

제일 먼저 달려와 벽에 몸을 바짝 대고 아빠의 손길을 기다렸습니다. 모든 것에 호기심을 가질 나이인 유년기를 지나고 있던 막내라 그랬을 겁니다. 아빠의 손에 들린 자가 자신의 머리에 닿고 거울 옆면에 눈금 긋는 소리가 들리면 막내의 눈은 기대감으로 반짝거렸습니다. 그런데 아빠가 "어, 이번엔 거의 안 자랐는데" 하고 말하는 날이면 막내는 다시 키 재는 자리로 쪼르르 달려가 자신의 몸을 최대한 곧추세우곤 "다시 해 봐" 말하곤 했습니다. 여전히 같은 결과에 시무룩해진 꼬마를 달래는 건 엄마 몫이었습니다. "걱정마. 몇 년만 있으면 신욱이가 우리 집에서 제일 클테니까." 엄마의 이 간단한 말이 마술처럼 꼬마의 입가에 웃음을 돌려놓았던 기억도 생생합니다. 그렇게 키에 집착하던 꼬마가 이젠 우리 집에서 두 번째로 큰 청소년으로 성장했으니 시간이 참 빠르다는 생각이 들었습니다.

벽의 작은 흔적으로 인해 시작된 갑작스런 시간 여행은 마음을 훈훈하게 덥혀 주었습니다. 설교단의 뒤편 작은 공간에 무릎을 꿇고 시간 여행을 영적 여행으로 바꾸려는 순간 마음 깊은 곳에서 이런 음성이 들려왔습니다. "네 영적 키의 성장 속도는 얼마나 되니? 자라고는 있니? 아니 영적 성장에 관심이 있기는 하니?" 그날 새벽 주님께서 들려주신 음성 위에서 시작된 기도와 묵상은 내 스스로의 영혼을 진지하게 짚어 보는 작업에 집중되었습니다. '자(measure)'라는 뜻을 지닌 성경말씀을 가지고 영혼의 깊이를 측량해 보았고, '나'를 내 자신보다 훨씬 더 잘 알고 계신 주님께 묻기도 했습니다. 주님께서 많은 깨달음을 주셨습니다. "외형적 결과의 크기가 내면의 깊이와 반드시 비례하는 것은 아니다…", "바쁜 일상은 나(주님)를 잃었다는 사실조차도 잊게 만든다…", "사람들과의 관계의 숲에서 길을 잃기 쉬우니, 항상 내(주님) 손을 꼭 잡거라…", "급할 것 없다. 내(주님) 속도에 맞추면 된다." 등등등. 깨달음 후 회개와 결단이 뒤따랐습니다. 참 좋은 시간이었습니다.

키가 자라듯 우리의 영혼도 자라야 합니다. 키는 자라는 기간이 정해져 있지만 영혼은 이 땅을 떠나는 순간까지 자라나야 합니다. 성경 말씀도 영적 성장을 강조하고 있습니다. 하나님을 아는 지식이 계속 자라야 하고, 믿음이 자라야 한다고 가르쳐 주십니다. 포도나무 가지가 본체에 붙어있을 때 성장해 열매를 맺듯이, 우리도 하나님 안에 있어야 그분이 자라게 하신다고 가르쳐 주십니다.

그날 새벽 주님께서 제게 주신 질문을 이 글을 읽는 여러분들께도 드려 봅니다. "영적 키의 성장 속도는 얼마나 되나요? 자라고는 있나요? 아니 영적 성장에 관심이 있기는 하나요?" 이 질문을 가지고 주님과 교제하는 여러분들을 그려 봅니다.

최고의 아버지 날

지난주 토요일 저녁 집에 들어가자마자 막내 신욱이와 맞닥뜨렸습니다. 자기가 가장 좋아하는 녹색의 폴로 셔츠를 말끔하게 차려입고는 현관 앞으로 옮겨 놓은 피아노 의자 앞에 앉아 있다가 집을 들어선 아내와 내게 이렇게 물었습니다. "Do you have a reservation(예약하셨나요?)?" 잠시 어리둥절하고 있을 때, "Please come here(이쪽으로 오세요)" 하며 막내가 식탁으로 인도했습니다. 식탁에는 불꽃을 당긴 작은 양초 7개가 앙증맞게 타오르고 있었고, 양초 주위를 8개의 초콜렛이 칼라풀(colorful)한 포장지에 담긴 채 놓여 있었습니다. 멋스럽게 장식된 식탁 위로 막내가 차림표를 내려놓았습니다. 하늘색지로 만든 차림표에는 고풍스런 필기체로 오늘의 저녁 식사 메뉴가 담겨 있었습니다. 풀코스 메뉴를 자랑하는 차림표 맨 위줄에 이렇게 쓰여 있었습니다.

'Special Father's Day Dinner Menu(아버지날 특별 저녁 식사 메뉴).', '아~하!' 그제서야 눈치를 챌 수 있었습니다. 곧이어 식탁 주위로 달려온 민지와 민희도 드레스를 입고 있었습니다. 그들이 부지런히 서브한 저녁 식사는 '뉴잉글랜드클램차우더스프(New England Clam Chowder Suop)'로 시작해 마늘빵을 곁들인 이탈리언 파스타를 거쳐 케잌과 커피로 끝이 났습니다. 음식을 담은 그릇도 훌륭했습니다(평소 아내가 애지중지해서 잘 사용하지 않던 그릇을 총동원함☺). 마지막 순서는 선물 증정이었습니다. 번쩍거리는 포장지를 뜯자 액수는 적지만 평소에 갖고 싶던 물건들이 쏟아져 나왔습니다. 초콜릿과 메모북. 녀석들이 연출한 최초의 아버지 날 저녁이었습니다. 음식 수준이 최고는 아니었지만 (예를 들어 메인 디쉬로 나온 닭고기는 나무토막 수준☺) 연출 전 과정에 담긴 아이들의 사랑과 정성이 제 마음 안에 따스한 감동의 불을 지폈습니다.

사랑의 융숭한 대접을 받으면서 하나님을 생각해 보았습니다. 나는 하나님을 어떻게 대접하고 있는가? '내'가 연약한 모습이었을 때, 아직 죄인 되었을 때에, 또한 하나님을 향해 적(敵)이었을 바로 그때, 가장 사랑하는 독생자 예수를 이 땅에 보내신 하나님. 그것도 모자라 그 사랑하는 아들을 십자가에서 죽게 만드신 하나님. 참으로 쓸 데 없어 보이는 '나'를 구원하기 위해 그 끔찍한 고통의 과정을 다 감내하신 하나님. 믿음으로 나서자 그동안 지은 모든 죄를 용서하시고 '나'를 자녀로 삼아 주신 하나님 아버지. 눈으로도 생각으로도 다 담을 수 없는 이 광대한 우주를 창조하고 운영하고 계신 하나님을 이젠 '아빠'라고 부를 수 있도록 허락해 주신 하나님. 구원 이후의 삶이 힘들까봐 성령님을 보내 주셔서 '나'를 돕게 하신 하나님 아버지. 이토록 큰 은혜를 부어 주신 하나님을 어떻게 대접하고 있는지 생각해 보며 참 죄송한 생각이 들었습니다.

하나님을 위해 매일 매일 'Father's Day(아버지 날)'를 연출합시다. 사도 바울이 도전한 것처럼 먹든지 마시든지 무엇을 하든지 하나님의 영광을 위해 살아간다면, 또한 주님께서 가르쳐 주신 말씀을 따라 세상에서 소금과 빛의 삶을 살아간다면, 그분의 사랑을 모르는 세상 사람들에게 최선을 다해 하나님을 소개하며 살아간다면, 이것이 하나님 아버지께 드리는 가장 최고의 선물이 될 겁니다.

사랑도 마음 위에 행위가 더해질 때 진실된 사랑이 된다는 사실을 잊지 말아야 합니다.

두 계절이
드잡이하던
날

소
소
함
다
섯
가족

지난 목요일 성경 통독을 마칠 즈음 비가 내리기 시작했습니다. 한국 절기상으로야 입춘과 우수(雨水)를 훌쩍 넘긴 때라 이상할 일이 없지만, 동장군이 적어도 4월까지는 위세를 부리는 시카고인지라 2월 비는 어째 낯이 설더군요.

아니나 다를까 약 한 시간쯤 후 집을 나서는데 비가 점차 진눈깨비로 바뀌더니 급기야 함박눈이 되어 펑펑 쏟아지기 시작했습니다. 푸근한 날씨 탓인지 물기를 잔뜩 머금은 함박눈은 그 굵기가 성인 손가락 한 마디만 할 정도였습니다. 그 큰 지름으로 추락해 아스팔트와 차창에 부딪히는 소리는 또 얼마나 크던지, 어느 시인의 '여인의 옷 벗는 소리'라는 표현이 무색할 정도였습니다. 물론 올겨울 처음 보는 함

273

박눈의 자태는 고혹 그 자체였습니다. 길가에 차를 세워둔 채 넋 놓고 하염없이 감상하고플 정도로.

이렇게 겨울과 봄의 드잡이가 한창일 때 아내와 전 병원을 향하고 있었습니다. 심방이 아닌 병원 방문은 그야말로 약 13년 만이었습니다.

'157/103, 151/100, 161/107, 167/113….' 큰딸이 온라인으로 주문해서 보내 준 혈압측정기를 손목에 걸고 얻은 수치들 입니다. 하루 세 번 이틀을 측정한 후 아내는 당장 병원에 예약했습니다. 처음엔 아내의 결정에 100% 동의할 수 없었습니다. '평소 고혈압으로 인한 자각증상도 없었는데 이상하잖아. 측정기가 잘못되었거나, 아니면 일시적인 증상일 수도 있어'라며 대수롭지 않게 생각했기 때문입니다.

그리고 일단 약을 먹기 시작하면 평생 먹어야만 한다는 사실도 마음에 걸렸습니다. 학창 시절 결핵약을 몇 년간 복용할 때의 불편한 기억 때문이었습니다. 그래서 예약 당일까지도 맘을 못 정하고 있었습니다.

그런데…. 성경 통독에 참석한 한 성도님이 제 혈압 수치를 듣더니 심각한 표정으로 이렇게 말했습니다. "제 수치는 150을 조금 넘긴 수준이었어요. 그런데 의사가 '조금만 더 방치했으면 쓰러질 수도 있었어요'라고 말하더군요. 목사님, 빨리 가 보셔야 합니다." 더는 다른 생각할 여지가 없었습니다.

"혈압이 '140/100'이네요. 평소에도 혈압이 높으셨나요?" 간호사의 질문에 "사실 혈압 때문에 왔습니다"라고 대답하면서도 속으론 '정말 그 수치라면 괜찮네요'라고 말하고 있었습니다. 뒤이어 들어온 의사의 측정치는 더 좋았습니다. '135/98.' 그리고 진찰 결과는 더 좋았습니다. "약을 드실 필요는 없습니다. 단 밑의 수치가 좀 높은데, 음식 조절하며 지켜보도록 하죠." 약식 측정기는 정확하지 않을 수도 있다는 코멘트도 덧붙여 주셨습니다.

병원을 빠져나오면서 아내가 물었습니다. "걱정했어요?" 병원에 올 때와 나갈 때의 제 표정과 발걸음에 야-악-간 변화가 있었나 봅니다 (☺). "그냥. 약 안 먹어도 된다니까 기분이 좋네." 대답하는 중 이런 생각이 들었습니다. '아무렇지 않다고 생각했는데 나도 모르게 '믿음'과 '불안'이 서로 드잡이했던 모양이군.'

문득 큰 병환 중에 있는 우리 성도님들이 생각났습니다. 투병 중 하루에도 수없이 감당해야 할 '불안'과 '믿음'의 그 피곤한 줄다리기가 생생한 아픔으로 가슴에 담겨 왔습니다. 주님께 '그분들을 위해 더 깊고 더 뜨겁게 기도하겠습니다'라고 다짐했습니다.

창밖 풍경이 눈에 들어왔습니다. 눈은 다시 비로 바뀌어 있었습니다. 라디오에선 밤부터 아침까지 눈폭풍이 있을 거라는 예보를 흘리고 있었습니다. 주말을 지나면서 봄기온을 되찾을 거라는 예보와 함께. 변화무쌍한 날씨는 오히려 변함이 없으신 하나님을 생각나게 했

습니다. 늘 정하신 대로 우주를 운영하시는 하나님의 손길을. 현기증

나도록 변화가 심한 이 땅에 서 있는 믿음의 성도들을 단단히 붙들고

계신 그분의 변함없는 손길을.

생애 최고의
선물

침대에서 눈 뜨자마자 귀를 기울여 보니 밤새 드세게 불어 대던 바람은 잠잠해졌습니다. 커튼을 열고 보니 잔디밭에만 눈 내린 흔적이 살짝 남아있더군요. 며칠째 계속되던 폭설 예보와는 달리 극미한 적설량에 가슴을 쓸어내렸습니다. 그래도 참 오랜만에 보는 시카고 겨울 풍경이 정겹습니다. 그리고… 이제야 성탄절을 맞는 기분이 납니다. 평생 사계절이 있는 곳에서 성탄절을 보낸 까닭인가 봅니다. 살짝 들뜬 마음으로 창밖을 보다가 나도 모르게 시간 여행에 빠져들고 말았습니다.

초등학교 2학년. 아버님 사업이 어려워져 온 가족이 백부님 댁에 얹혀살던 시절입니다. 어려서 가난이 뭔지는 잘 몰랐지만 단칸방 생활이 좀 불편하게 느껴지던 때였습니다. 박제된 기억으로 남은 그 특별한 날 난 기분 좋게 집을 나섰습니다. 겨울방학 바로 전날이었기 때문입니다. 그때 막내 고모님이 조용히 부르셨습니다. "학교 갔다와서 내 방에 들어가 봐." 더 이상 말씀은 없고 빙그레 웃기만 하셨습니다. 호기심이 발동했지만 그때뿐이었습니다. 학교에서 돌아오자마자 책가방을 던져 놓고는 밖에 나가 실컷 놀다가 어둑어둑해져서야 집에 돌아왔으니까요. 집에 들어서는데 할머님이 물으셨습니다. "고모방엔 가 보았니?" 그제서야 아침 일이 떠올랐습니다.

고모님 방은 늘 생경했습니다. 방 한편에 놓인 침대 때문이었습니다. 60년대의 침대는 그랬습니다. 그 낯선 침대 위에 낯선 꾸러미 하나가 달랑 놓여 있더군요. 다가가 보니 예쁜 포장지를 두른 꾸러미 중앙에 큰 글씨로 '사랑하는 정원(아명/兒名)이에게'라고 적혀 있었습니다. 두근거리는 마음으로 포장지를 뜯어 보니 '임금님의 우체국'이라는 제목의 동화책이 얼굴을 드러냈습니다. 반짝거리는 표지가 무척 고급스럽게 느껴졌습니다. 기뻐서 터질 것 같은 마음으로 그 매끈한 표지를 손바닥으로 여러번 문질러 보았습니다. 촉감을 통해 이게 꿈이 아님을 확인이라도 하려는듯. 더러워지거나 구겨질까 두려워 표지 끝을 손가락 끝으로 눌러 천천히 넘겨 보니 카드 한 장이 눈에 들어왔습니다. '책 벌레 조카에게 고모가 주는 크리스마스 선물이다. 열심히 공부해서 훌륭한 사람이 되길 바란다.' 40년 전의 일이라 단어 하나까지 기억할 순 없지만 대략 이런 내용이 적혀 있었습니다. 성탄절이 뭔지도 모르던 어린 가슴이 뭉클거렸던 기억이 납니다.

생전 처음 받은 성탄절 선물과 카드였기 때문일까요. 이맘때쯤이면 단골 메뉴처럼 떠올리게 되는 추억이지만 결코 물리지 않는 이유가…? 하지만 최고의 선물은 따로 있습니다.

2000여 년 전 구유라는 전혀 생경한 환경 속에서 한 아이가 태어났습니다. 아이의 탄생을 둘러싸고 발생한 일들도 낯선 것들이었습니다. 아이가 잉태될 즈음 천사를 봤다는 부모들, 천군과 천사의 메시지를 듣고 아이를 보러 왔다는 목자들, 왕의 탄생을 알리는 별을 보고 동방 먼 나라에서 달려왔다는 박사들…. 하나님의 선물인 아기 예수는 그렇게 이 땅에 오셨습니다. 베일에 싸여 있던 하나님의 선물은 30년 후 서서히 그 비밀스러움을 드러내기 시작했습니다. 성인 예수의 말씀과 표적을 통해 포장지 안을 엿본 사람들은 이분이 바로 메시야일지도 모른다는 기대감을 갖기 시작합니다. 선물을 싸고 있던 포장지가 완전히 벗겨진 장소는 바로 십자가였습니다. 우리의 죄를 대신해서 맞고 찢기고 죽임을 당하시자 그때서야 사람들은 선물의 의미를 깨닫게 된 겁니다. 우리를 죄와 사망에서 구해 내기 위해 하나님께서 보내주신 인류 역사상 최고의 선물이라는 사실을.

내게도 예수님은 생애 최고의 선물입니다.

Merry Christmas!!!

만남

부르심,
그 감동의 순간

        지난 주일 저녁엔 후배 C 전도사의 목사 안수식에 참석했습니다.

거의 모든 주일이 그렇듯이, 그 주일도 예배를 통해 제 안에 임재하신 주님으로 인해 제 영혼은 기쁨, 감사, 그리고 감동으로 넘쳐 나고 있었습니다. 몸 상태는 좀 달랐습니다. 그날도 설교 준비 하느라 2시간 남짓 붙인 눈과 출발 직전까지 계속된 사역으로 온몸은 마치 물 먹은 솜처럼 무거웠거든요.

안수식이 있는 교회가 예상 밖으로 멀었습니다. 주로 하이웨이를 달려 1시간 이상을 갔으니 말입니다. 그래도 마음은 기뻤습니다. 주님의 일꾼이 새롭게 탄생하는 자리엔 언제나 감동이 있기 때문입니다. 한 일꾼을 기름 붓기까지 이끌어 오신 하나님의 신비한 손길을 구체적으로 체험할 수 있는 자리이기 때문입니다.

　도착해 보니 식이 한창 진행 중이었습니다. C 전도사께서 섬기던 미국 교회 목사님이 권면의 말씀을 전하고 있었습니다. 그 후 몇 차례의 순서가 더 진행되고…. 같은 교단에 속하신 L 목사님의 축가 순서가 되었습니다.

　찬양이 시작되자마자 제 영혼은 감동으로 떨리기 시작했습니다. 지쳐 의자에 푹 꺼져 있던 몸이 되살아나 그 안의 모든 세포들이 흥분으로 거칠게 숨 쉬기 시작했습니다. 'Since I started for the Kingdom(하나님 나라를 향해 발걸음을 뗀 후)'을 제목으로 한 찬양의 가사 한 절 한 절이 마음으로 흘러들어 둥지를 틀었습니다.

　'하나님 나라를 향해 발걸음을 뗀 후/그분이 내 삶을 인도하신 후/나의 영혼을 예수님께 드린 후/그분을 섬기면 섬길수록 그분을 향한 달콤한 사랑 더 깊어져 가네(1절 번역)'

　찬양 속에 깊이 빠져들다가 L 목사님의 눈가에 맺힌 습기를 보았습니다. '습기'의 분명한 의미는 강한 전염력으로 참석한 모든 성도들의 영혼 안에 스며들었습니다. 제 영혼의 잔도 주님을 향한 감사와 사랑으로 흘러넘치기 시작했습니다. 5분 남짓의 찬양이 이토록 큰 힘으로 다가온 경험은 참 오랜만이었습니다.

　예식이 다 끝난 후, L 목사님을 만찬 자리에서 다시 만날 수 있었습니다. 찬양을 통해 누린 은혜를 나누던 중 이런 말씀을 하셨습니다. "젊을 때 세상 음악을 부를 때는 세종문화회관 무대 위에서도 떨지 않았는데, 주님을 만난 이후 그분을 찬양할 때면 장소에 상관없이 늘 떨리는 마음을 진정하기 어렵습니다. 주님을 향한 경외감 때문입니다. 특히 이 찬양을 할 때면 주님께서 절 목회의 자리로 불러 주신 은혜의 순간이 떠올라 가슴이 벅찹니다." 다시 목사님의 눈가가 습해졌습니다.

집으로 돌아오던 중 문득 10여 년 전 주님께서 절 목회의 길로 불러 주신 장면이 떠올랐습니다.

주님의 부르심을 확인하기 위해 3일을 금식하며 기도하던 모습, 마지막 날 찬송가 380장을 통해 분명한 응답을 주신 주님, 생전 처음 대하는 찬송을 더듬더듬 부르며 감사함 때문에 눈물 흘리던 순간…. 이 모든 장면과 그 장면들에 배여 있던 감정들이 마치 지금 막 체험하는 것처럼 생생했습니다.

"내 마음 주께 드리니 곧 받아 주소서 나 다시 방황하지 않으려 주 의지합니다/내 뜻과 정성 모두어 다 주께 드리고 주 위해 봉사하다가 그 나라 가리라" (찬송 380장 1, 4절)

삶의 현장에서 힘들 때마다 떠올리게 되는 하나님 말씀과 소중한 기억들이 있는데, 이 분명한 부르심의 장면도 그중 하나입니다.

주님께서 보잘 것 없고 연약하기만한 우리를 불러 주신 장면은 그 누구에게나 소중한 법입니다.

향이 짙은 삶이 그립다

신문을 보다가 낯익은 얼굴을 발견했습니다. 한국 사회학계의 큰 학자이신 H 교수님의 사진이었습니다. 고희를 바라보는 연령임에도 불구하고 청년의 모습이었습니다. 학문을 향한 꺼지지 않은 열정 때문일까요? '중민사회이론연구재단'을 창립한다는 내용의 기사가 사진 옆에 실려 있었습니다. '…중민 재단은 H 교수가 1980년대부터 주창해 온 '중민 이론'을 배경으로…중민이란 생활수준이 중류에 속하면서 합리적 개혁을 선호하는 참여지향적 집단을 가리킨다.' 어떻게 보면 별 내용 아니어서 그냥 지나치기 쉬운 기사를 열심히 읽던 중 대학 때 기억이 문득 떠올랐습니다.

H 교수님의 '현대사회학이론'(정확한 이름인지는 솔직히 가물가물합니다) 강의 첫날이었습니다. "이번 학기에는 최근 사회학계의 흐름을 주도하고 있는 두 개의 이론을 비판적인 시각에서 다루고 서로를

연결할 수 있는 고리를 찾아보는 방향으로 강의를 진행하려고 합니다. 상당히 규모가 크고 그래서 힘든 프로젝트가 되겠지만 최선을 다하려고 합니다. 이 강의가 끝나면 연구한 강의 노트를 정리해서 책으로 출간할 계획입니다." 이렇게 시작된 강의는 마지막 시간까지 그야말로 흥미진진했습니다. 누구도 감당해 내기 어려운 주제를 가지고 고민하고 연구하며 도전해 가는 한 학자의 치열한 열정을 학기 내내 체험할 수 있다는 사실만으로도 행복했습니다. 박사 학위 논문을 강의 노트로 삼아 몇 십 년째 마르고 닳도록 가르치는 교수들도 제법 있었던 그 시절, H 교수님의 신선한 강의는 청년들의 지적 심장에 충격을 주어 쿵쾅거리며 뛰게 만들었습니다. '후에 교수가 된다면 이분을 닮아야지' 다짐하던 기억이 납니다.

벌써 30년이 다 되어 가는 그 좋은 기억이 H 교수님의 사진과 기사 앞에 저를 묶어 두었던 것같습니다. 여느 사람들에겐 아무런 흥미거리도 못될 그런 기사 거리 앞에.

한 가지 기억은 비슷한 류의 기억을 물고 오는가 봅니다. 또 한 분이 그리워졌습니다. 참된 목회자의 상을 제 가슴에 깊이 심어 주신 A 목사님입니다.

목사님을 떠올릴 때면 그분의 얼굴에 늘 머물러 있던 해맑은 웃음이 가장 먼저 생각납니다. 언제 어디서든 또 누구를 만나든 그 웃음은 늘 그 자리를 지키고 있었습니다. 목사님의 삶이 빚어낸 미소였습니다. 욕심이 없고 어린아이같이 순수하며 단순하고 사랑이 많은 목사님의 삶이 그 미소 안에 고스란히 담겨 있었습니다. 소아마비로 불편한 육신, 목회의 힘든 사역들, 그 어떤 어려움도 결코 그분의 미소에 그늘을 만들 수 없었습니다. 그래서인지 목사님의 미소에는 특별한 힘이 있었습니다. 함께 있는 사람 모두를 편안하게 만들어 주는 신비한 힘이. 미소의 영향력 때문일 겁니다. 목사님의 교회가 건강한 가정에서 맛볼 수 있는 사랑과 평안으로 늘 가득할 수 있었던 것은. 1년 반 경험했던 그 교회의 분위기는 사도행전에 등장하는 초대 교회의 모습과 함께 지금도 제 가슴에 이상으로 자리 잡고 있습니다.

목사 안수 받을 때 꼭 모시고 싶었는데, 안타깝게도 안수식이 있기 3개월 전에 소천하셨다는 소식을 들었습니다. 벌써 5년 전 일이지만 지금도 가끔씩 그분이 그리워질 때가 있습니다. 특히 '내가 지금 바른 목회의 길을 가고 있는 걸까?' 하는 의문이 피어오를 때마다 그리움은 더 진해집니다.

짙은 향을 풍기며 삶을 살아 낸 좋은 분들에 대한 기억들을 더듬다가, '나는 누군가에게 어떤 모습으로 기억되고 있을까?' 하고 생각해 보았습니다. 그러다가 질문이 잘못되었다는 생각이 들어 얼른 이렇게 바꾸어 보았습니다. '하나님께서 지금까지의 내 삶을 어떻게 평가하고 계실까?' 지금부터라도 그리스도의 향기를 물씬 풍기며 천국을 향해 기쁨의 발걸음을 옮겨 놓는 여행자가 되고 싶은 마음 간절합니다.

관계 회복의 미학

"목사님, 월요일 저녁 식사에 초대하고 싶습니다." K 집
사님이 어머님께서 한국으로 돌아가시기 전 교인 몇 분과 식사를 나
누고 싶으셨던 것 같습니다.

따뜻한 분위기 속에서 식사와 대화가 이어졌습니다. 한 분이 어머
님께 여쭈었습니다. "아드님과 3개월을 지내시는 동안 행복하셨나봐
요. 얼굴에 살이 오르셨어요."

고령으로 몸이 불편하신 권사님께서 토막토막 주신 대답들을 종합
해 보면 이런 내용이었습니다. "33살에 남편을 먼저 떠나보내고 혼자
5남매를 키우는 동안 장남인 K 집사 대하기가 제일 어려웠어요. 그
런데 3개월 함께 지내는 동안 아들이 잘해줘서 좋았어요. 3개월 동
안 아들이 손수 매 끼니 국을 끓여 주었어요. 교회 성가대에서 섬기
는 모습도 보기 좋구요." 미소로 가득한 권사님의 얼굴이 환하게 빛

289

이 났습니다.

어머님의 짧막한 대답들 틈새를 사용해서 해 주신 K 집사님의 말씀도 기억에 남았습니다. "한국에 있을 때 어머님과만 이렇게 오랜 시간을 보내 본 적이 없습니다. 직장 또는 사업차 해외에 나가 있는 날들이 많았고, 한국에 있을 때도 바쁘다는 핑계로 어머님 뵐 시간이 많지 않았어요. 이번에 보낸 3개월이 지금까지 어머님과 보냈던 시간을 다 합친 것보다 훨씬 많을 겁니다. 매끼 국을 끓여 드리고, 발톱을 깎아 드리고, 대화하고, 수련회 때는 발도 씻겨 드리고… 앞으로 이런 기회가 또 없을 걸 생각하니…" 말씀하시는 동안 어느새 K 집사님의 눈시울이 붉어졌습니다.

오랜 세월 두 분 사이를 가로막아 왔다던 '어려움'과 '서먹함'은 전혀 느낄 수 없었습니다. 며느님 S 집사님은 이 소중한 3개월을 사진첩으로 만들어 어머님께 선물할 거라며 환하게 웃었습니다.

따뜻하고 감동적인 저녁 시간을 보내면서 '관계의 미학'을 생각해 보았습니다. 특히 '관계의 회복을 이루는 데 꼭 필요한 요소는 뭘까?'에 대한 답을 두 분 모자의 대화 속에서 찾을 수 있었습니다. 그건 다름 아닌 관계, 시간, 그리고 나눔입니다.

분명한 관계가 회복의 출발점입니다. 부모와 자녀, 형제자매, 부부, 친구 등 이렇게 분명한 관계가 빠른 회복의 기초가 되는 겁니다. 예수님께서도 제자들과의 관계를 여러 가지 비유와 표현을 통해 강조하셨습니다. 포도나무와 가지, 목자와 양, 선생과 제자, 주인과 종 등. 수난의 과정에서 주님을 떠났던 제자들이 다시 돌아올 수 있었던 것은 이미 단단하게 다져진 주님과의 분명한 관계 때문이었습니다.

회복에 필수적인 두 번째 요소는 시간입니다. K 집사님은 3개월 동안 자는 시간을 제외하고는 거의 모든 시간을 어머님과 함께 보내셨습니다. 교회 모임에 참석할 때마다 늘 어머님을 동반한 모습이 아름다웠습니다. 주님도 제자들과 3년 동안 함께 먹고 함께 자고 함께 움직이셨습니다. 부활하신 후에도 이 땅을 떠나시기 전 40일 동안을 제자들과 함께 시간을 보내셨습니다. 이 함께함 속에서 제자들은 주님께 다시 돌아올 수 있었습니다.

마지막 요소는 나눔입니다. K 집사님은 어머님을 최고의 정성으로 봉양하셨습니다. 초대 교회의 성도들은 자신의 소유를 형제들과 함께 나누었습니다. 네 것 내 것의 구분이 없을 정도였습니다. 이 나눔 속에서 자유자와 종, 유대인과 이방인 사이의 벽, 당시 사회에선 결코 무너질 수 없는 철벽이 무너지는 기적이 일어났습니다.

주변에서 금이 가고 깨어진 관계들을 많이 보게 됩니다. 그리고 사람 사이의 관계 회복이란 불가능해 보입니다. 그러나 하나님은 분명한 길을 보여 주셨습니다. 처음엔 어렵겠지만 인내하며 그 길대로 따라가다 보면 어느새 손을 맞잡고 함께 웃고 있는 '우리'를 보게 될 겁니다.

캐나다 손님

디어필드 메트라 역으로 차를 몰았습니다. 마침 기차가 플랫폼에 막 도착하고 있었습니다. 사람들이 내려오는 계단을 바라보고 있는데 전화벨이 울렸습니다. "목사님 죄송해요. 한 정거장을 지나치고 말았어요." 아내와 전 잠시 당황했습니다. 다음 역은 한 번도 가본 적 없는 곳이었습니다. 게다가 시계를 보니 예배 시간이 얼마 남질 않았습니다. 구글에서 역 주소를 찾아 GPS에 넣고는 기계음이 안내하는 대로 차를 달렸습니다. 역에 도착해 보니 아무도 없었습니다. 둘러보니 근처에 맥도널드가 보였습니다. 혹시나 하는 마음으로 그곳에 가보니 모자를 거꾸로 눌러쓰고 빨간 짐 가방을 끌며 주차장을 서성거리고 있는 청년이 보였습니다. 다가가서 "혹시 C 자매님?" 하고 물었습니다. 우리를 본 자매님의 얼굴이 안도의 웃음으로 환해졌습니다. 캐나다에서 온 손님과의 첫 만남은 그렇게 극적이었습니다.

7월 말 도착한 전자메일을 열어 보니 이런 내용이 적혀 있었습니다. "안녕하세요. 매번 회사 메일로 원고 요청드렸던 일요신문 디자이너 C입니다… 이렇게 개인 메일을 드리게 된 건 다름이 아니라, 제가 회사를 그만두고 한국으로 귀국하게 되었는데 귀국 전 홀로 미주 여행을 계획 중에 있습니다… 시카고에 4박 5일 머물게 됐는데… 목사님 교회에서 예배를 드려도 될까요? … 그리고 주변에 민박 숙소도 살짝 쿵 여쭤 봅니다."

반갑기도하고 기특하다는 생각도 들었습니다. 글을 요청할 때마다 바로 전주 기고문 편집 내용을 메일과 함께 보내 주던 자매님이었습니다. 산뜻한 편집 때문에 매번 흡족했는데 그 당사자를 만난다는 생각에 마음이 설레었습니다. 또한 귀국하기 전 혼자 미국 전역을 여행해 보고 싶다는 도전적인 포부가 기특하게 여겨졌습니다. 꿈을 이루는 데 조금이나마 도움을 주고 싶다는 생각이 들었습니다. 그래서 아내와 시카고를 방문할 손님 얘기를 나눴습니다. "지하실에 꾸며 놓은 방이나 애들 방 중 하나를 드리면 되겠네요." 지하실 방은 친구 K 교수가 이곳에 올 때마다 사용하는 곳입니다. 아내도 이 대찬 청년을 보고 싶었던 모양입니다.

예배 후 특별한 일정들 때문에 친교 시간에 캐나다 손님과 자리를 함께 할 수 없었습니다. 자매님이 앉은 테이블을 지나칠 때마다 보니 함께 한 성도님들과 자연스럽게 대화를 나누고 있었습니다. 마음이 놓이더군요.

"…대학교 수업 한 학기를 남겨 두고 새로운 경험을 하고 싶은 생각에 캐나다로 왔어요. 일 년 반 동안 좋은 시간이었어요… 시카고엔 아무도 아는 사람이 없어서 걱정했는데 이렇게 배려해 주셔서 감사합니다." 저녁 때 대화를 나눠 보니 예의 바르고 믿음 좋은 청년이었습니다. 대학 때 절친이었던 Y 교수가 가르치고 있는 학과의 학생이라는 사실 때문에 더 반가웠습니다.

이른 아침 메트라를 타고 나가 하루 종일 시카고 다운타운을 구경하고 밤 늦은 시간에 귀가하는 바쁜 일정으로 이틀을 보낸 자매님은 4일 째 되는 날 새벽 시애틀로 떠났습니다. "Y 교수님께 보여 드리려구요." 그래서 공항 티켓팅 창구 앞에서 자매님과 함께 포즈를 취했습니다. 돌아와 방을 정리하던 아내가 초콜렛과 에디오피아산 커피와 감사 카드를 발견했습니다. "…별 것 아닌 인연의 끈임에도 불편을 감수하시고 누군지도 모르는 외인을 받아들여 주신 두 분의 섬김과 호의에 큰 은혜 입었습니다… 두란노로부터 받은 사랑과 섬김을 내내 잊지 못할 것 같습니다…" 매 단어마다에 정성이 담긴 글이 작은 감동을 주더군요. "…우리 식구 모두가 자매님의 방문을 즐겼습니다… 나머지 여행도 기쁨과 경이로 넘치는 여행 되길 바랍니다." 카톡으로 답을 해 주었습니다.

믿음의 여행자를 대접하는 일은 즐거운 일입니다.

어떤 찬양

다음 주 수요일이면 LA로 근무지를 옮겨야 하는 C 집사님과 점심 식사를 같이 했습니다. 약 2년 전쯤 LA에서 이곳으로 발령 받아 오셨는데 다시 되돌아가는 겁니다. 그동안 함께 했던 일 년 반 정도의 시간을 뒤돌아보며 대화를 나누는 내내 마음이 서운했습니다. "지난 주일 예배 때 우리 가족이 특송할 수 있는 기회를 주셔서 감사합니다. 갑작스런 부탁이었는데…. 그날 한 자매님으로부터 칭찬도 들었어요. '집사님, 그동안 왜 그 좋은 목소리를 감추고 계셨어요' 하기에 기분 좋게 웃었습니다."

아들의 피아노 반주에 맞춰 아내와 함께 찬양드리던 집사님의 진지한 표정이 떠올랐습니다. 항상 들고 있어 몸의 일부처럼 된 기타를 내려 놓고 마이크 하나 달랑 들고 선 모양새가 약간 어색해 보였습니다. 집사님은 천생 기타리스트라는 생각이 들더군요. 지그시 눈을 감

295

고 가사 한 절 한 절에 정성과 의미를 담아 쏟아 내는 찬양이 참 은 혜로웠습니다. 집사님의 눈가를 스치우는 가벼운 떨림을 얼핏 볼 수 있었습니다. 동시에 억누르고 있는 감정의 산과 골을 공감할 수 있었습니다.

"나는 너의 하나님 두려워 말아라 나는 너의 하나님 놀라지 말아라 나는 선한 목자니 널 인도하리라 나는 아바 아버지 널 품에 안으리 때 론 이해할 수 없는 많은 일들이 네게 닥쳐와도 때론 감당할 수 없는 어려움들이 너를 둘러 덮어도 두려워 말아라 놀라지 말아라 나는 너 의 하나님이라 나는 너의 선한 목자라" 어디서 들어본 찬양이었습니다. 예배 후에 물으니 바로 '그 찬양'이었습니다.

약 한 달 전 맥다방에서 일대일 성경공부할 때였습니다. 그날 공부 는 하나님의 도우심으로 예수님의 부모가 헤롯을 피해 애굽으로 피 해 가는 장면을 다루고 있었습니다. 늘 그렇듯이 공부는 우리를 관 찰의 단계에서 해석의 단계로 그리고 끝으로 적용 단계로 이끌어 갔 습니다. 교재는 우리들에게 이렇게 물었습니다. "감당하기 어려운 일 을 만났을 때 하나님의 도우심으로 극복한 경험이 있나요?" 혼잣말 하듯 "적용 부분은 늘 어렵단말야…"라는 말을 던져 놓고는 잠시 생 각에 빠져 있던 집사님의 두 눈이 갑자기 빛났습니다. "아, 그 일이 생 각나네요. 나 혼자 힘으론 도저히 어떻게 할 수 없는 큰 일을 만난 적 이 있었습니다. 끙끙 앓다시피하며 기도하고 있는데 갑자기 제 입에서 찬양이 쏟아져 나왔어요. 찬양 중에 말로는 결코 표현할 수 없는 평강이 임했구요. 그 후 해결 불가능해 보이던 일이 순적하게 풀려 가기 시작했습니다. 기적을 체험한 거죠", "어떤 찬양이었는데요? 여기서 몇 소절만 불러 주시겠어요." 반쯤만 기대하고 부탁드렸는데…. 집사님의 입술에서 찬양이 흐르기 시작했습니다. "나는 너의 하나님 두려워 말아라…" 한 소절이 다 끝나기도 전에 집사님의 눈가엔 눈물이 그렁그렁했습니다. 다시 찾아온 은혜는 감정의 덩어리가 되어 집사님을 목메게 했습니다.

그날 저녁 카카오톡엔 집사님이 사진으로 찍어 보낸 악보가 들어 있었습니다. 집사님 가족이 지난 주일 하나님께 드린 바로 '그 찬양' 입니다.

"좋은 교회, 좋은 성도님들, 좋은 목사님을 만나 시카고에서 지낸 시간들이 참 행복했습니다."

집사님, 우리도 기타를 안고 그 큰 키를 굽히고 찬양에 몰두하던 집사님을 잊지 못할 겁니다.

:

하룻길 여행 중
만난 사람들

:

지난 화요일 친구 K와 하루를 보낼 수 있다는 생각에 마음이 들떴습니다. 미국에 있다 보니 친구의 방문이 참 뜸합니다. 그렇다고 가까이 사는 친구도 없어서 오랜만에 친구가 찾아오면 이처럼 기쁩니다. '멀리서 친한 벗이 찾아오면 이 또한 즐겁지 아니한가(有朋自遠訪來不亦樂好)'라는 옛 성현의 말이 참 맞다는 생각이 듭니다. 차를 타고 다니며 흉금을 털어 놓은 K와의 대화도 유쾌했고 하룻길 여행 중 만난 사람들과의 교제도 기분 좋았습니다. 친구와의 사적인 대화를 적을 순 없고…. 벗과 동행 중 있었던 첫 만남들을 기록해두고 싶군요.

첫 목적지는 이민 서류를 다루는 북쪽의 작은 사무실이었습니다. 오전 7시 50분쯤 도착해 보니 멕시코인 둘이 아직 닫혀 있는 문 앞에서 기다리고 있었습니다. 그들 뒤에 섰는데 누군가가 인사말을 건네 왔습니다. "안녕하세요." 한국말이었습니다. 반가움 반 호기심 반으로 돌아보니 여자분이었습니다. 간단히 서로를 소개하는 사이 사무실 문이 열려 대화는 중단되고 말았습니다. 일은 금새 끝났습니다. K가 영주권을 잃어버려 제법 시간이 지체될 줄 알았는데…. 사무실을 나서는데 여자분도 일이 끝났는지 문 쪽으로 오고 계셨습니다. 이번엔 K가 먼저 말을 건넸습니다. "시간 있으시면 커피 한 잔 하시죠?" 친구가 목회하는 교회를 소개하려는 배려 때문에 나온 행동이었음을 나중에야 알 수 있었습니다. 그런데 대화를 해 보니 K와 여자분은 공통점이 많았습니다. 자매님의 남편이 유학 와서 공부하는 중 알게 된 인물 대부분을 K도 알고 있었던 겁니다. 인물 맞추기가 소강상태에 접어들었을 때 여자분의 신앙을 물었습니다. 신학을 공부하다가 불가지론자로 돌아선 한 인물과 그의 저서를 언급하며 자신의 입장도 같다고 대답하셨습니다. 아픈 마음으로 성경말씀을 나누다가 교회 주소와 홈 페이지 등 정보를 드렸습니다. 헤어지면서 간곡히 말씀 드렸습니다. "가족과 함께 꼭 한 번 교회를 방문해 주세요. 충분한 시간을 갖고 복음을 나누고 싶군요." K를 통해 자매님을 알게 하신 하나님께 감사드렸습니다. 동시에 온 가족이 주님을 만나고 믿을 수 있도록 기도 드렸습니다.

다음 행선지는 밀워키 대학이었습니다. 위스콘신 주립 대학 중 한 분교인 그곳에 K가 만나고자 하는 교수님이 계셨습니다. 길게 기른 흰머리가 깊고 그윽한 눈매와 잘 어울리는 L 교수님은 첫눈에도 학자셨습니다. 같은 학과의 동료 교수님들과 함께 식사하는 자리에서 흥미로운 이야기를 들려주셨습니다.

"목사님 앞에 앉은 젊은 교수님은 대학교 학부 때 제가 가르쳤던 제자입니다. 이 친구가 이 자리에 오기까진 우여곡절이 제법 많았습니다. 전 이 친구에게서 좋은 학자가 될 자질을 보았습니다. 그런데 이 친구 아버님의 생각은 달랐습니다. 기업체에 취직해서 평범한 삶을 살아가길 원하셨죠. 이 친구에 대한 확신이 있었기에 K 군의 아버지를 만났습니다. 그분의 고집을 꺾는 데 2시간이나 걸렸습니다. 이 친구가 유학 나올 때도 고비가 있었습니다. 여자 친구가 결혼 결정을 못한다는 겁니다. 그래서 또 제가 나서야 했습니다. '이 친구는 학자로 크게 대성할 재목이다. 그러니 결혼을 허락하든지 아니면 깨끗이 포기하든지 해서 이 친구 앞길을 막지 않길 바란다.' 그날 저녁 K 군에게서 전화가 왔습니다. 여자 친구가 결혼을 허락했다더군요."

문득 '스승'이라는 단어가 떠올랐습니다. 잠재되어 있는 재능을 발견하고 그 웅지를 펼 수 있도록 최선을 다해 도와주시는 모습이 참 감동적이었습니다. 직접 택하신 열두 제자들을 끝까지 사랑하시고 세워가신 주님의 삶이 오버랩되어 더 그랬던 것 같습니다.

돌아오는 길에 친구가 말했습니다. "선배님이 많이 변하셨네. 야망이 사라지셨어." 그 순간 L 교수님의 말이 떠올랐습니다. "이곳에 와서 신앙 생활 열심히 하고 있습니다. 이제 꿈이 있다면 신학을 공부해서 교회 안에서 성경을 잘 가르치는 겁니다." 선배님의 새로운 꿈을 위해 잠시 기도했습니다.

특별한 사랑

운전하는 동안 기분이 좋았습니다. 목적지가 특별했기 때문입니다. 꼭 한 번 그것도 빠른 시일 내에 들러 보고 싶은 곳이었는데…. 벌써 한 달이 넘고 말았습니다. 주차장에 들어서니 건물 구조가 독특했습니다. 서로 붙어 있는 것 같은데 건물마다 밖으로 난 출입구를 하나씩 갖고 있었습니다. 각각의 출입구 옆 벽면에는 자기 고유의 명패와 우편함이 달려 있고요. 그러니까 600평 규모의 작은 독립 건물들은 서로 몸만 붙이고 있을 뿐이었습니다. 각 건물의 이름들을 일일이 확인해 가다가 드디어 반가운 이름을 찾아냈습니다. '느티나무 도서관.'

문을 열고 들어서니 도서관 대표인 박 집사님이 놀라움과 반가움이 뒤섞인 표정으로 맞아 주셨습니다. "그렇지 않아도 이제나저제나 목사님을 기다리고 있었습니다", "교회 가까운 곳에 도서관이 생겼다는 소식 듣고 반가운 마음에 당장이라도 달려오고 싶었는데…. 이렇게 늦게야 찾게 되었네요.”

도서관 중앙에 놓인 대형 탁자에 앉자마자 자원봉사자로 보이는 한 분이 따뜻한 차 한 잔을, 박 집사님은 달콤한 초콜릿을 내오셨습니다. 그 사이 잠깐 눈으로 도서관을 둘러보았습니다. 중앙 탁자를 중심으로 한쪽에는 벽과 수직으로 세워둔 책꽂이가 9개 정도 놓여 있었고, 반대편에는 벽에 붙여 세워둔 책꽂이가 3개 정도 놓여 있었습니다. 매 서가는 거의 빈 자리가 없을 정도로 책으로 가득했습니다. 그리고 입구 옆에는 도서 출납을 담당하는 자원봉사자용 책상이 놓여 있었고요. 한눈에 들어오는 아담한 공간을 책들이 뿜어 대는 향기가 천장까지 채운 채 찰랑거리고 있었습니다.

“샴버그 도서관으로부터 갑자기 한국 도서 전시 규모를 줄여야겠다는 통보를 받았어요. 8천 권이 넘는 규모를 1,500권으로 줄여 달라고 하는데 가슴이 답답하더라고요. 그래서 사비를 들여 전시할 수 없는 책 전량을 도서관으로부터 사들여 제 집 창고에 쌓아 두었습니다. 그 후 도서관 자리를 찾는 데 우여곡절이 많았습니다. 그러던 중 아주 다행스럽게 이 장소를 찾을 수 있었지요. 도서관 운영비 대부분을 스스로 부담해야 하는 어려움이 있지만, 그래도 이 일이 즐겁습니다. 또 돕는 손길들을 만날 때마다 힘을 얻습니다. 도서 출납을 담당하겠다는 자원봉사자들만 해도 요일 별로 꽉 찼어요. 책을 빌리러 왔다가 한 식구처럼 된 분들도 많고요."

말씀을 이어 가는 집사님의 얼굴이 행복감으로 빛을 발했습니다. 한국 도서를 향한 특별한 사랑 때문이라는 확신이 들었습니다. 도서관을 가득 채운 이 특별한 사랑의 기운은 이곳에 들어서는 사람들 모두를 전염시키고 있는 듯 했습니다. 서가 구석구석을 닦고 있는 자원봉사자 두 분의 얼굴에는 '이곳에서 일하는 것이 너무 좋습니다'라고 쓰여 있었고, 바이러스 때문에 망가진 도서관리용 컴퓨터가 걱정되어 찾아온 한 회원의 얼굴에는 '여긴 내 집입니다'라는 생각이 아주 분명히 새겨져 있었습니다. 그날이 첫 방문인 저도 행복에 겨워 마음속으로 '저도 식구가 되고 싶네요'라고 흥얼거렸을 정도입니다. 도서관 문을 나서는 제 손엔 책 3권과 '느티나무'를 소개하는 포스터가 들려 있었습니다.

집사님의 특별한 사랑이 그분의 것을 닮았다는 생각이 들었습니다. 2000여 년 전 골고다 언덕에서 역사상 가장 특별한 사랑을 실현하신 그분을. 창조주 하나님께서 피조물이 되어 이 땅에 오신 것, 천한 인간들에게 수모와 멸시를 당하신 것, 인간을 만드신 하나님께서 그 인간들을 구하기 위해 십자가에서 당신의 생명을 내어 주신 것…. 세계사의 분기점이 될 정도로 엄청난 이 사건의 뒤에는 인간을 향한 하나님의 특별하신 사랑이 존재합니다. 당신과 나 그리고 전 인류가 누리길 원하시는 그분의 특별한 사랑이.

나침반을
들어야 할 때

　　지난 주일 모든 저녁 일정을 취소하고 한국에서 방문한 친구와 식당으로 향했습니다. 옛 성현의 말대로 유붕자원방래불역열호, 즉 먼 곳에서 친구가 찾아 주니 정말 마음이 유쾌하더군요. 월남 국수를 시켜 두고 사춘기 소녀들처럼 많은 대화(물론 그 내용은 묵직한)를 나누었습니다.

　　친구는 자기 분야에서 성공의 탑을 쌓아 가고 있었습니다. 한국의 유수 대학에서 연구하고 가르치기 시작한 이후 약 10년간 국내외 유명 학술지에 100여 편의 논문이 실렸고, 그 결과 여러 학회로부터 자주 주제 발표자로 초대를 받는다고 합니다. "지금도 학생(수험생)처럼 공부한다"는 친구의 말에서 현재의 위치가 노력의 결실이라는 답을 쉽게 도출해 낼 수 있었습니다.

그런데 대화하는 내내 친구의 얼굴이 밝질 않았습니다. 대화가 겉껍질을 뚫고 속으로 막 진입했을 때 친구는 한숨과 함께 이런 말을 꺼내 놓았습니다.

"사실 이번 미국 방문의 진짜 목적은 학회가 아니었어. 나를 돌아보기 위한 여행이라고 하면 정확할꺼야. 어느 날 쉼 없이 달리던 걸음을 멈추고 나와 내 주변을 둘러보니 많은 것이 바뀌어 있더군. 아내도 바뀌고, 아이들도 바뀌고… 내 전부를 투자하며 달려온 10년의 가치에 회의가 들기 시작했어. 업적을 종용하는 학교 분위기, 그 참을 수 없는 긴장을 풀어 버리려고 찾았던 쾌락의 자리들… 성공의 그늘에 적당히 가려져 있던 영적 짐들도 내 어깨를 사정없이 눌러 대기 시작했어. 견디기 힘들더군. 그래서 학회를 핑계 삼아 이곳에 온 거야. 내 삶을 깊이 들여다보기 위해.

첫날 너와 네 아내의 얼굴에 가득한 평안함을 보면서 내가 무언가를 잃어버리고 살아왔다는 생각이 들었어. 학회를 마치고, 공부하던 시절 알고 지내던 한 지인의 집을 방문했는데 그곳에서도 비슷한 느낌을 받았어. 10년 전이나 지금이나 변함없이 작은 세탁소를 운영하며 근근이 살아가고 있지만 마냥 행복해하는 부부를 보면서, 그들에겐 있지만 내 삶에선 발견할 수 없는 그 무엇이 있음을 좀 더 확실히 느끼게 된 거야. 오늘 아침 시카고로 떠나오기 전 그 부부가 다니는 미국 교회 예배에 함께 참석했어. 그날 예배의 주제가 '회복'이었어. 예수님과의 만남을 통해 자신의 삶이 변화된 성도들 예닐곱 명이 짧게 간증하는 순서가 있었어. 그들의 간증을 들으면서 난 드디어 확실히 깨달을 수 있었어. 내가 지금까지 잃어버렸던 것이 무엇이었는지를. 그건 바로 예수님과의 관계였어. 시카고를 향해 차를 몰아오는 동안 주님께 가슴 벅찬 감사를 드렸어. 일주일의 여정을 그분이 미리 빈틈없이 짜 놓으셨음을 그제서야 깨달았기 때문이야.

이제 돌아가면 이번 여행에서 깨닫게 된 것들을 실천할거야. 물론 삶에 이끼처럼 두텁게 내려 앉은 습관들을 깨는 작업이라 혁명을 하는 것처럼 힘들겠지. 그래도 나와 내 가정을 위해 최선을 다해 노력할 거야."

친구의 가슴에 막 피어난 '회복'을 유지하는 데 필요한 몇 가지 신앙적 조언을 해 주는 동안, 제 영혼이 기쁨으로 차올랐습니다. 친구를 사랑하시는 하나님의 임재하심을 느낄 수 있었기 때문입니다. 친구의 손에서 시계를 빼앗아 잠시 곁으로 치워 두고, 그의 손에 나침반을 쥐어주신 하나님의 따스한 손길을 강하게 체험할 수 있었기 때문입니다.

자신의 가슴에 '회복'이라는 단어를 심고 집으로 돌아간 친구는 영적으로도 성공하리라 확신합니다.

친구와 대화하면서 하나님이 인간에게 선물로 주신 나침반(성경)이 얼마나 중요한지를 새삼 깨달을 수 있었습니다.

사랑은 계속
자라나야 합니다

⋮
⋮

위암 수술 후 키모 치료를 받고 있는 L 성도님을 심방
했습니다. 함께 나눈 대화 중 아직도 생생하게 가슴에 남아 있는 이
야기들입니다.

"제가 서울에서 묶고 있던 집(수술을 한국에서 하심) 근처에도 좋은
산책로가 참 많았어요. '누우면 죽고 걸으면 산다'는 책을 읽고 난 후
부턴 여력만 있으면 걷고자 노력했어요. 7마일쯤 되는 긴 산책로를 몇
시간에 걸쳐 끝까지 걸은 적도 몇 번이나 되요. 어느 날 산책을 마치
고 분수대가 있는 예술의 전당 앞 광장에 들어서자, 마치 날 기다렸다
는 듯이 막 분수쇼가 시작되었어요. 지친 몸을 근처 벤치에 누이고 바
라보았어요. 흐르는 음악에 맞춰 찬란한 색채를 입은 물기둥들이 춤
추는 모습은 언제 보아도 장관이었어요. 갑자기 얼마 전 남편과 함께

저 장면을 보던 때가 떠올라 마음이 울컥했어요. 남편이 너무 보고 싶어져서 눈물을 글썽이고 있는데… 저 앞쪽에 앉은 한 사람이 정물화처럼 제 눈에 담겨 왔어요. 초로에 접어들었다 싶은 여자였어요. 혼자 앉아 하염없이 분수를 바라보는 여인의 옆구리와 어깨가 시려 보였어요. 현란한 분수쇼 안에서 무언가, 아니 누군가를 찾고 있는 것처럼 보였어요. 그날 저녁, 여인과 전 그렇게 앉고 누워서 아름답고 생기에 넘치는 분수쇼를 그리움의 시선으로 바라보았어요. 한 시간 동안이나.

"지난 월요일, 남편과 함께 집 근처에서 독립기념일 불꽃놀이를 구경했어요. 전 남편의 손을 꼭 잡고 행복에 겨워 밤하늘을 수놓는 불꽃들을 바라보았어요. 문득 이런 생각이 들었어요. '앞으로 몇 번이나 이렇게 남편의 손을 잡고 독립기념일을 맞을 수 있을까?' 갑자기 가슴 한편이 아려 왔어요. 동시에 남편과 함께 서 있는 지금이 얼마나 소중하게 느껴지던지. "저기쯤에 친구들이 모여 있을 텐데… 다 같이 모여서 이 시간을 즐기자고 했는데.' 제 마음을 아는지 모르는지…. 수많은 인파 속에서 발돋움으로 친구들을 찾고 있는 남편의 그런 모습까지도 소중하기만 했어요.

"몸이 아프고 나서부턴 평소에 그냥 지나치던 것들이 더 소중하고 한결 사랑스럽게 느껴지네요."

'뭐 그런 약한 소리를 하세요. 하나님께서 성도님의 기도와 교회 식구들의 중보기도를 듣고 응답해 주실 텐데요' 하고 말하려다가, 문득 제 마음 깊은 곳에서 들려오는 소리 때문에 침묵하고 말았습니다. '넌 뭐 이 땅에서 천년 만년 사니. 이 땅 위 모든 인간은 누구나 예외 없이 정해진 시간을 살고 있는 거야. 온 식구가 한 상에 둘러앉아 식사 할 수 있는 기회가 얼마나 되겠니? 그런데 왜 넌 네 사랑하는 식구들을 L 성도님처럼 소중히 여기질 않니?' 이 날카로운 질문 앞에서 제 자신이 한없이 부끄러워지기 시작했습니다. 아내, 하나님께서 선물로 주신 세 아이들, 그리고 우리 성도님들… 그들을 향한 내 사랑의 크기와 식구들을 향한 L 성도님의 것을 가감 없이 재 본 결과가 너무 초라했던 겁니다. 아가페의 사랑에 근접해 있을 성도님의 것과 비교도 할 수 없었던 겁니다.

십자가에 달려 돌아가시기 바로 전날 밤, 주님께선 제자들에게 새 계명을 주셨습니다. "내가 너희를 사랑한 것처럼 너희도 서로 사랑하라"(요 13:34) '내가 너희를 사랑한 것처럼'이라는 표현을 통해 주님은 우리가 실천해야 할 사랑의 질(quality)를 아주 분명히 정의해 주셨습니다. 그래요, 그것은 바로 아가페의 사랑, 즉 무조건적인 사랑입니다.

새 계명을 가슴에 품고 주변에 있는 사람들을 둘러보시기 바랍니다. 부모님, 남편 또는 아내, 자녀들, 그리고 이웃들을…. 지금 여러분의 가슴에 담겨 온 사랑의 수위를 가장 밑바닥으로 보는 겸손함이 있다면, 주님의 사랑에 근접해 갈 수 있는 가능성을 지닌 복된 사람입니다.

거인을
만나다

밤 9시 25분. 비행기에서 보는 과테말라 시의 야경은 시카고의 것과 사뭇 달랐습니다. 까만 도화지 위에 노란색 점들을 빽빽하게 찍어 놓은 것같은 시카고의 야경과는 다르게 과테말라 시의 것은 아무렇게나 구겨져서 높낮이가 생긴 도화지 위에 흩뿌려진 점들을 내려다보는 기분이 들었습니다. 그만큼 산과 구릉이 흔한 도시였습니다.

선교사님 댁에 도착해 가방을 열어 돋보기 100여 개와 모자 50여 개를 꺼냈습니다. 선교 단체와 개인으로부터 기증받은 물건이었습니다. "공항에서 힘드셨겠어요. 이 정도 양이면 검색대에서 아주 까다롭게 굴었을 텐데", "아뇨. 검사 없이 그냥 통과해서 나왔는데요?", "그~래요? 이상한 일이네요. 이 나라는 까다로운 검색으로 유명한 곳

311

인데…" 과테말라에서의 선교는 이렇게 하나님 은혜 가운데 시작되었습니다.

다음 날 '주님은 길'이라는 이름의 교회를 방문했습니다. 이 교회를 담임하고 있는 사울 목사님은 영적 거인이었습니다. 선교사님의 통역을 통해 들은 간증입니다.

"전 카톨릭 가정에서 태어났습니다. 평범하던 제 인생은 13살 때 아버지가 돌아가심으로 급변했습니다. 식구들 생계를 위해 13살 어린 나이에 직업전선에 뛰어들어야만 했죠. 직장에서 어른들과 어울리는 동안 술과 마약에 빠져들기 시작했고 결국 중독되고 말았습니다. 깨어날 때마다 벗어나 보려고 안간힘을 썼지만 늘 그 자리였어요. 그렇게 7년을 보낸 20살의 어느 날 벽에 붙은 부흥회 포스터를 보게 되었습니다. 마지막 지푸라기를 붙잡는 심정으로 참석했습니다. 신기하게도 선포되는 말씀들이 제 영혼을 파고들었어요. 설교 후 초청이 있었습니다. "예수를 구주로 믿겠다고 결단한 사람들 나오세요." 초청을 거부할 수 없었어요. 단 앞에 무릎 꿇고 그저 이 말만 반복했어요. "주님, 제가 여기 있습니다." 눈물 쏟으며 기도하는 중 그동안 절 짓누르고 있던 짐이 사라지는 것을 체험할 수 있었어요. 얼마나 기쁘던지. 그날 이후 중독의 사슬에서 완전히 해방되었습니다. 돌아온 탕자를 향한 주님의 사랑은 여기서 끝나지 않았어요. 같은 해 시청 직원으로 채용되었고(기적이었어요), 몇 년 후엔 같은 교회에 다니던 신앙심 깊은 의사 자매와 결혼해 가정도 꾸릴 수 있었습니다. 돌아보니 주님의 뜻을 감당할 자로 절 준비시켜 주신 거였어요.

어느 해 쓰레기 하치장 지역을 담당하게 되었는데, 그 지역에 있는 아이들이 자꾸 마음에 담겨 왔습니다. 술에 취한 부모들에게 학대를 당하는 아이들을 그냥 두고만 볼 수 없었습니다. 결국 14년 동안 일하던 시청을 그만두고 쓰레기 하치장 근처에 교회를 개척해 주민들과 어린 아이들에게 복음을 전하고 동시에 그들을 섬기는 사역을 시작했습니다."

14년이 지난 지금 사울 목사님은 방과 후 사역을 통해 매일 250여 명의 아이들을 가르치고 함께 놀아 주고 식사를 제공하고 있고, 직업학교를 세워 그곳 성인들을 돕고 있으며, 주택 개량 사업과 정수 공급을 통해 주민들의 건강을 돌보고 있습니다. 또한 일주일에 한 번씩 동네 공터에서 전 주민들에게 무료 급식을 하고 있구요. 한 교회가 감당하기엔 엄청난 규모의 사역을 펼쳐 가고 있는 겁니다.

하나님은 당신의 심장을 품은 영적 거인들을 곳곳에 심어 두셨습니다. 과테말라에도.

참 기쁨을 보다

작은 규모의 예배당이었습니다. 수요일 저녁 예배를 위해 40여 명의 성도들이 모였는데 몇 사람은 문 밖에 서 있어야 할 정도였습니다. 찬양팀도 보이스 두 명과 키보드와 드럼 연주자가 전부였습니다. 찬양이 시작되자 예배는 금새 뜨거워졌습니다. 이 나라 말을 전혀 알아듣지 못했지만 찬양 중에 임하신 성령님 때문에 제 영혼도 기쁨으로 출렁거렸습니다. 30분 내내 입을 다문 채 박수만 쳤지만 제 가슴은 넘쳐 나는 은혜로 인해 터질 것 같았습니다.

말씀을 전할 때 중간에 잠깐씩 멈춰야 했습니다. "하나님께서 하셨습니다…", "하나님의 축복으로 가득하길 원합니다" 하며 매 문단을 마무리 지을 때마다 "아멘!"을 외치고 박수 치며 하나님께 영광 돌리는 열정적인 예배 분위기 때문이었습니다. 모든 성도들의 얼굴에서 '전 지금 주님과 사랑에 깊이 빠져 있습니다'는 고백을 읽을 수 있었습니다. 그곳엔 하나님의 나라가 임해 있었습니다. 우리 교회가 후원하고 있는 빌라델비아 교회의 예배 풍경입니다.

그날 낮엔 과테말라 시에서 차로 두 시간 정도 떨어진 시골 교회들을 방문했습니다. 이때 빌라델비아 교회를 섬기고 있는 호아낀 라미레스 목사님이 동행해 주셨고, 보너스로 "전 마약 중독자에 마약 딜러였습니다"로 시작하는 자신의 간증도 들려주셨습니다.

"35살 때까지 그렇게 살았습니다. 그때도 지금처럼 차 정비소를 운영하고 있었지만 마약 딜러로 번 돈이 더 많았습니다. 그 돈을 지키기 위해 제 허리춤에는 늘 두 자루의 권총이 달려있었어요. 제 영혼을 불쌍히 여기신 장인이 여러 번 교회에 함께 갈 것을 권유했지만 귀에 들어오질 않았습니다. 약에 취해 돈을 펑펑 쓰며 사는 것이 마냥 즐거웠으니까요.

그러던 어느 날 장인이 저렇게 원하는데 교회에 한 번 가 볼까 하는 생각이 들었습니다. 교회에 발을 디딘 첫날 한 성도가 이렇게 말하더군요. "하나님께서 당신을 부르십니다. 예수님을 자신의 구주로 받아들이는 순간 현재 당신을 짓누르고 있는 죄에서 해방될 겁니다." 그냥 무시하고 말았습니다.

교회를 다녀온 다음 날부터 18일 동안 무려 3번이나 강도를 만났습니다. 처음 두 번은 15,000달러라는 큰 돈을 각각 빼앗겼고, 마지막엔 그나마 수중에 남아있던 1,000달러까지 빼앗기고 말았습니다. 너무 억울해서 잠도 잘 수 없었어요. 그런데 어느 순간 참 이상한 생각이 들었습니다. "하나님께서 마약으로 번 더러운 돈을 다 버리게 하셨구나." 그 신기한 생각은 제게 자유로움을 선물했습니다. 그렇게 주님을 만난 겁니다. 그때부터 평신도로 교회를 열심히 섬겼고 몇 년 후 하나님께선 이 못난 자를 목회자로 세워 주셨습니다."

호아낀 목사님의 간증은 "35살이 될 때까지의 제 삶은 돈은 많았지만 예수님이 계시지 않아 염려와 두려움으로 가득했었는데 그 이후의 삶은 돈은 없지만 예수님이 계셔서 너무 좋습니다"라는 고백으로 마무리되었습니다.

이 아름다운 고백은 섬기시는 교회의 예배에 고스란히 반영되어 있었습니다.

멋지신 분

저녁 식사를 하는 내내 선교사님의 겸손한 인품과 잃은 영혼을 향한 열정에 쏙 빠져들고 말았습니다. 쉼 없는 열정은 시간의 흐름도 멈추게 하는지, 연세가 60이 넘으셨음에도 외모는 40대 못지않으셨습니다. 주로 청소년과 대학생들을 상대로 사역을 펼치기 때문이라는 생각도 들었습니다. 이분이 선교하는 나라에선 18세 이하에게 복음을 전하는 것이 금지되어 있습니다. 하지만 하나님의 뜻이 젊은이들에게 있음을 깨닫고 난 후 모든 위험을 무릅쓰고 우직하게 달려온 15년의 세월이었습니다. "그곳에서 10년 이상을 버티기 힘든데 여전히 무사한 걸 보니 아직은 쓸모가 있는 모양입니다" 하곤 웃으시는 모습이 눈부셨습니다.

교회로 자리를 옮겨 말씀을 선포하실 때 이런 간증을 해 주셨습니다. "요즘은 그 나라 정부가 바짝 긴장하고 있습니다. 중동과 북아프리

317

카에서 일어나고 있는 자유화 물결이 자국에도 영향을 미치지 않을까 염려하고 있는 겁니다. 그런 분위기 속에서 단속이 가장 심한 곳은 대학가입니다. 공산주의와 성격이 다른 사상이 젊은 층에 침투하는 것을 100% 차단하기 위해서 몸부림을 치고 있는 거지요. 그 다른 사상에는 물론 기독교도 포함되어 있습니다.

올해 초에 이런 위기를 겪어야 했습니다. 한 지역의 대학교는 저와 동역하고 있는 현지인 리더의 헌신으로 예수를 믿는 학생 수가 1,500여 명으로 성장했습니다. 지하 교회로서 늘 조심은 했지만 규모가 그렇게 커지다 보니 정부의 감시망을 피할 수가 없었어요. 한 명씩 잡아다가 전도한 사람을 묻는 식으로 전도의 루트를 파고드는 통에 결국 리더가 노출되었고, 그 리더를 몰래 감시하고 미행하는 방법에 걸려들어 결국 저와 다른 리더 30명이 체포되고 말았습니다.

체포되는 순간 이것으로 선교 사역은 끝장인 줄 알았습니다. 하지만 잠시 후 제 마음에 평강이 찾아왔습니다. '나는 지금 하나님의 일을 하고 있지 않은가? 나는 하나님의 자녀이고 내 앞에 있는 저들은 잃은 영혼들 아닌가? 분명히 하나님께서 구해 주실 거야.' 이런 확신이 들면서 평정을 찾을 수 있었던 겁니다. 아니 오히려 담대한 마음이 들었습니다.

안전국 요원들에게 심문받고 있을 때, 그 지역 공안대장이 방에 들어왔습니다. 그런데 저를 보더니 반가운 얼굴로 막 달려오는 겁니다. "

아이고 X 선생님 아니십니까? 저 기억나시죠. 7년 전에 만난 적이 있는데요." 공안대장의 얼굴을 가만히 들여다보는데, 7년 전 일이 고스란히 떠올랐습니다.

그때도 학생들과 지하 교회 모임을 갖다가 잡혀간 적이 있었습니다. 지금의 공안대장이 바로 당시 저를 심문하던 사람이었습니다. 그때 하나님의 은혜로 정말 기적적으로 그에게 복음을 증거할 수 있었고, 마음에 감동이 된 그의 선처를 통해 저와 학생들 모두가 무사히 석방된 적이 있었습니다. 그런데 뜻하지도 않은 장소에서 그를 다시 만나게 된 겁니다. 그것도 공안대장으로 승진해 있는 그를 말입니다. 결국 공안대장의 도움으로 저와 리더들 모두가 석방될 수 있었습니다. 우리가 믿는 하나님은 이처럼 멋진 분이십니다."

그렇습니다. 하나님은 진짜 멋진 분이십니다. "하늘과 땅의 권세를 다 가진 내가 세상 끝 날까지 너희와 항상 함께 하겠다"고 하신 약속을 신실하게 지키고 계신 겁니다. 졸지도 주무시지도 않으시며 항상 당신의 자녀들을 보호하고 계신 멋진 하나님께 감사와 영광을 드립니다.

:

상처 입은
치유자들

:

       스코키 길로 내려가다 메인 길로 우회전하자 오랫동안
마음창고에 갇혀 있던 추억과 감정이 새록새록 되살아났습니다. 현재
의 자리로 이전하기 직전 교회가 있던 장소가 가까워서였나 봅니다.
그 후 이 길을 지날 기회가 거의 없었는데…. 6년을 넘게 지나다니던
길 위에 켜켜이 쌓여 있던 추억들이 갑작스런 인적에 묵은 먼지 일듯
폴폴 떠오르더군요. 추억에 묻어 있는 따스한 감정들을 즐기는 사이
L 성도님 댁에 도착했습니다.

  예배 후 정성껏 준비한 음식을 나누며 대화하던 중, L 성도님 부인
이 하신 말씀이 진한 감동으로 마음에 남았습니다.

  "몇 년 전 집 때문에 마음 고생한 적이 있어요. W지역에 집을 지었
는데, 짓기 시작한 지 얼마 안 되었을 때부터 주택시장이 불안해지더

니 그 후 걷잡을 수없이 무너져내리기 시작했어요. 집은 완공되었는데 팔리지는 않고, 돈을 빌려 준 은행의 독촉은 칼 같고…. 저엉말 힘든 시간이었지요. 하나님께 얼마나 많이 간절하게 기도했는지 몰라요. 드디어 구매자가 나타나 계약을 끝냈을 때의 기분은 날아갈 것만 같았어요. 발생한 금전적 손실은 마음속에 찾아온 자유함에 비하면 아무 것도 아니었어요.

아픔을 열병처럼 치도곤하게 겪던 어느 날, 동네 길을 지나는데 'For Sale' 간판이 꽂혀 있는 집이 눈에 들어 왔어요. 몇 년째 안 팔리고 있는 집이었습니다. 무심한 마음으로 그 앞을 수도 없이 지나치던 집인데, 그날은 그 집 주인이 너무 불쌍하게 생각되는 거예요. 동병상련의 정을 느꼈던 것 같아요. 그래서 그날부터 내 집 팔리게 해 달라고 기도할 때마다 그 집도 팔리게 해 달라고 기도했어요. 그런데 놀랍게도 우리 집이 팔린 후 얼마 안 되어 그 집에 새 주인이 이사 들어오는 모습을 볼 수 있었어요.

내 상처를 통해 이웃의 아픔을 볼 수 있는 눈이 열렸던 거예요."

오래 전 읽었던 『상처 입은 치유자』(저자: 헨리 나우엔)라는 책이 떠올랐습니다. 상처를 치유함 받은 경험이 있는 사람이 자신과 똑같은 아픔을 겪고 있는 타인을 도울 수 있고, 그래서 꼭 돕는 자리로 나가야 한다는 내용의 책입니다.

우리 크리스천들은 누구나 다 '상처 입은 치유자'들 입니다. 아담의

소소함 여섯
만남

범죄 후 혼돈과 공허와 흑암이 지배하는 이 땅에서 살아가는 동안, 모든 인간은 이런 모양 저런 모양의 상처로부터 결코 자유로울 수 없는 불행한 존재로 전락하고 말았습니다. 전쟁, 가난, 질병, 배반, 소외, 실패, 절망, 거짓…. 출구가 보이지 않는 상자 안에 갇혀 불치의 상처들을 안고 신음하고 있는 우리들에게 예수님께서 찾아 주신 겁니다. 우리에게 내밀어 주신 그분의 손, 은혜와 사랑으로 가득한 그 손을 믿음으로 붙들었을 때, 삶에 덕지덕지 붙어 있던 상처들이 깨끗하게 치유되는 신비한 순간을 우리 모두 체험할 수 있었습니다.

그래서 우리 크리스천들은 압니다. 주님을 만나지 못한 주변의 이웃들이 불치의 상처들을 안고 힘들게 살아가고 있다는 사실을 말입니다. 그 상처들이 결국 사랑하는 이웃들을 죽음에 이르게 한다는 끔찍한 사실을 말입니다.

이제 우리는 '상처 입은 치유자'가 되어 아직 주님을 모르는 이웃들에게 다가가 이렇게 말해 주어야 합니다. "지금 마음에 쌓여 있는 상처들 때문에 많이 힘드시죠? 하지만 좋은 소식이 있습니다. 예수님을 믿음으로 만나시면 됩니다. 저도 그분 때문에 상처로부터 100% 자유하게 되었어요."

지체할 시간이 없습니다. 생명은 늘 죽음과 맞닿아 있으니 말입니다.

국가와 자녀

부활절 예배를 드리는 Y 집사님의 마음은 흐뭇함 그 자체였습니다. 평소 미국 교회에 출석하고 있는 큰아들 식구들이 방문해서 함께 예배를 드리고 있기 때문이었습니다. 일 년에 몇 차례 주어지는 이 기회가 얼마나 기쁜지 모릅니다. 특별히 곁에서 열심히 예배드리는 손자들을 보노라면 기쁨이 배로 늘어났습니다.

그런데 말씀이 선포되는 중 큰손자가 몸을 자꾸 뒤척였습니다. '뭐가 불편한가?' 하고 살펴보았지만 그런 것 같지는 않았습니다. 초롱초롱한 눈으로 목사님을 바라보면서도 몸을 뒤척이는 모습이 궁금증을 증폭시켰습니다.

그러나 예배가 끝난 후에도 곧바로 의문을 풀 수는 없었습니다. 부활절 달걀을 찾는 이벤트 때문이었습니다. 두 손자가 이곳저곳을 뒤지며 달걀 찾는 모습에 열중하다가 자칫 그 사건 자체를 까맣게 잊을

323

뻔하기도 했습니다.

부활절 만찬을 위해 자리에 앉았을 때 드디어 물어볼 수 있었습니다. "왜 예배 시간에 몸을 뒤척였어? 불편한 게 있었어?" 그러자 손자는 이 질문을 기다렸다는듯이 곧바로 대답했습니다.

"할머니, 제가 목사님이 뭘 말씀하시는지를 알았거든요? 믿지 않는 사람들을 교회로 데리고 와야 한다는 거잖아요. 최근에 제가 학교 친구를 교회로 데리고 간 적이 있어요. 우리 교회가 참 좋다고 몇 번 말해 주었는데 어느 날 온 거예요. 그런데 그 친구를 라이드해 주던 엄마도 어느 날 예배에 참석하게 되었고, 또 얼마 후에는 아빠까지 함께 나오게 되었어요. 목사님 설교가 이렇게 하라는 거였죠? 설교 중에 자꾸 그 친구 가족이 생각나서, 또 할아버지, 할머니에게 빨리 이 말을 해 드리고 싶어서 그랬나 봐요."

Y 집사님은 깜짝 놀랐습니다. 손자가 한국말 설교를 알아들었다는 것도 기뻤지만 친구에게 자기 신앙을 자랑할 수 있을 정도로 자라난 믿음을 보는 기쁨은 더 컸습니다.

며칠 전 Y 집사님 사업체를 심방하는 중 들은 이야기 입니다. 이 간증을 하시며 눈에 고인 기쁨의 눈물을 간간이 닦아 내는 집사님의 모습이 참 감동적이었습니다. 아름다운 간증 위에 Y 집사님 부부께서 손자들을 위해 꾸준히 기도해 오신 모습이 오버랩되어 한 폭의 성화를 감상하는 느낌이었습니다.

진한 감동의 향기는 차 안까지 따라왔습니다. 그 향기에 취해 운전하는 동안 최근에 주님께서 부담으로 주신 기도제목이 떠올랐습니다. '2세들을 영적 인재로 만들어 사회에 배출하는 교회가 되라.' 몇 년 전 새들백 교회를 방문했을 때 들은 이야기도 생각났습니다. "미국이 안정적이기 위해선 정치, 경제 그리고 교회 이 세 개의 다리가 건강해야 합니다." 『목적이 이끄는 삶』의 저자 릭 워렌 목사님의 말입니다. 한 나라가 건강하게 서기 위해선 교회의 바른 역할이 필수적이라는 의미를 담고 있습니다.

이 두가지를 연결해 보는 중 큰 의미 하나를 발견할 수 있었습니다. 국가의 건강한 성장에 교회가 줄 수 있는 도움은 바로 올바른 신앙을 가진 인재들을 세워 사회 곳곳에 지속적으로 공급하는 일이라는 확신이 든 겁니다. 미국 노예제도 폐지에 공을 세운 아브라함 링컨과 영국 노예제도 폐지에 핵심적 역할을 감당한 윌리엄 윌버포스가 생각났습니다. 바른 신앙관을 가진 인재의 영향력은 이처럼 큰 겁니다.

하나님께서 우리에게 맡겨 주신 자녀들을 위해 기도합시다. 함께 성경을 읽으며 대화를 나눕시다. 예배의 자리, 이웃을 섬기는 자리, 잃은 영혼을 구하는 전도와 선교의 자리에 보냅시다. 그래서 주님의 심장을 가지고 성장해 주님의 뜻을 이루어가는 인재로 키워 냅시다.

:
:

힘이 되는 만남

:
:

새벽 기도를 마친 후 교회 문들을 빙 돌아가며 잠그고 차 안으로 막 들어서는데 집사람이 "K 권사님이 잠깐 만나길 원하세요." 합니다. 교회 근처 P 빵집으로 차를 몰았습니다.

푸르스름한 새벽빛에 잠긴 A시 다운타운은 언제 보아도 자극적입니다. 다운타운 한가운데 위치한 기차역을 따라 사방으로 반듯반듯하게 세워진 건물들이 깔끔한 인상을 줍니다. 대부분 거래가 일어나는 차가운 상점들이지만 왠지 따뜻함이 묻어납니다. 그들이 새벽 거리로 쏟아 내는 불빛 때문일 겁니다. 그 틈에 자리한 소광장은 다운타운에 여유라는 이름의 옷을 입혀 줍니다. 아무 곳에나 차를 대고 거리 구석구석을 생각 없이 걷고 싶은 보헤미안적 감상을 일깨우는 장소입니다.

진한 커피향으로 가득한 빵집에 들어서니 권사님이 먼저 와 계셨습니다. 용무를 간단하게 마친 후 대화를 나눴습니다. 겨울 새벽 기운을 녹이고도 남을 훈훈한 스토리들이 테이블 위에 수북이 쌓여 갔습니다.

"지난해 말 학교 동창들이 재회하는 행사가 있었어요. 한국을 비롯해서 미주에 있는 동창 전부가 모이는 규모가 제법 큰 행사였는데 저도 참석하게 되었지요. 그런데 참 잘 다녀왔다는 생각이 들어요. 집사님(남편)이 먼저 하늘 나라로 가신 후 제 마음속에 알게 모르게 스트레스가 쌓여 있었나 봐요. 그 행사를 다녀온 후 제 마음이 훨씬 가벼워졌으니까요. 옛 친구들과 가슴을 열고 대화하는 중에 많은 위로를 받았나 봅니다.

수많은 만남 중 후배 둘과의 만남은 앞으로 제가 살아가야 할 방향을 깨닫게 한 특별한 만남이었어요.

한 후배는 한국에서 왔습니다. 40년을 훌쩍 넘겨서 만났음에도 얼마나 반가워하던지…. 언니를 다시 만나면 감사한 마음을 반드시 표현하고 싶었다며 제 손을 꼭 쥐더군요. 전 영문을 몰랐습니다. 무슨 감사? 후배가 들려준 이야기입니다.

가정에 문제가 있어서 학교 도서관에서 시간을 많이 보내던 때였다고 합니다. 어느 날 자신의 어려운 사정을 다 듣고 난 후 자기를 우리 집으로 데리고 가서 일주일 동안 지낼 수 있도록 배려해 주었다는 겁니다. 잘 먹고 편안하게 공부하고…. 저는 기억도 못하는 그 친절 때

문에 힘을 얻고 공부를 계속할 수 있었다는 거예요. 그래서 감사하다
는 거였어요.

다른 후배도 제게 감사한 마음을 전해 주었습니다. 실연의 상처를
안고 미국에 무작정 건너온 후배였습니다. 미국엔 왔지만 영어를 거
의 못하는 후배는 앞으로 살 길이 막막했다고 해요. 그때 제가 나서
서 도움을 주었다는 겁니다. 여기서 살아 내려면 간호사 자격증이 있
어야 하니 비교적 경쟁이 심하지 않은 뉴멕시코에 가서 시험을 보라
고 격려해 주었답니다. 게다가 함께 그곳까지 가서 시험 치는 것을 도
와주어 감동했다는 겁니다. 그 덕분에 미국에서 잘 정착할 수 있었다
고 감사를 표현하더군요.

전 그때 하나님께서 후배들을 만나게 하신 이유를 깨달았어요. 앞
으로 남은 삶을 어려운 이웃을 돕는 데 사용하라는 그분의 뜻임을.
그것이 외로움을 이기는 길도 된다는 가르침까지.”

권사님과의 만남 후 돌아오는 길은 평소보다 훨씬 더 아름다웠습
니다.

변화를 보는 기쁨

　　지난주 교단 총회에 참석하기 위해 달라스에 다녀왔습니다. 총회 순서로는 마지막날, 회장과 임원단을 선출하는 순서를 마치자마자 회의장 밖으로 나왔습니다. C 장로님의 아들을 만나기 위해서였습니다. C 장로님은 제가 목회의 길을 걷는 길목에서 너무 소중한 역할을 해 주신 분이라 제겐 아주 특별합니다. 아들 둘이 다 목회자의 길을 가고 있는데, 그중 작은 아들이 현재 달라스 B 교회에서 중고등부 사역자로 섬기고 있습니다. 그 작은 아들과의 만남이 이번 출장 어젠다에 들어 있었던 겁니다.

　　C 전도사는 차를 몰아 자기 교회 집사님이 운영하는 한 식당으로 절 데리고 갔습니다. 그때가 오후 5시 30분경. 그 시간부터 밤 10시까지 긴 대화가 이어졌습니다. 여러 면에서 잘 성장한 모습을 발견해 가면서 나눈 교제라 시간 가는 줄을 몰랐습니다.

　C 전도사로부터 제일 처음 발견한 변화는 한국말이었습니다. 아직 어눌하긴 하지만, 대화 중 한 번도 영어를 사용하지 않을 정도로 많이 발전해 있었습니다. 여기서 태어난 친구라 그래도 영어를 사용하는 것보다는 많이 불편했을 텐데… 어른을 배려하는 마음이 물씬 느껴졌습니다. 두 번째 변화는 환한 웃음이었습니다. 대화 내내 얼굴에서 사라지지 않던 진솔한 미소는 지켜보는 사람의 마음에 편안함을 가져다 주었습니다. 그리고 가장 큰 변화는 성숙한 믿음이었습니다. 27세의 청년이라고 믿어지지 않을 정도였습니다. 헬라어 전공으로 얻은 지식 때문이 아니었습니다. 6년 동안 한 교회에서 사역하는 중에, 또 부모님께 일어난 환난 중에 다듬어진 신앙의 인격이었습니다. 대화 중 제 마음에 담긴 문장들입니다.

　"6년 사역했지만 파트타임이라 받는 사례는 적어요. 하지만 그중 1/3은 꼭 하나님께 헌금으로 드렸어요. 역대상을 보면 다윗이 백성들과 함께 성전 건축을 위해 헌금을 드리는 장면이 나와요. 이때 다윗이 하나님께 이런 고백을 해요. '우리가 주의 손에서 받은 것을 주께 돌려드렸을 뿐입니다'(대상 29:15). 다윗의 고백이 제 고백이예요… 언젠가부터 전 통장의 잔고를 보지 않아요. 어떤 해에는 10명이 넘는 고등부 아이들이 졸업했어요. 그때 모든 아이들에게 꽃과 함께 축하 선물을 주었어요. 많은 돈이 지출되어야 했지만 걱정하지 않았어요. 물론 아무 일도 일어나지 않았구요… 최근 부모님이 힘들어 하시는 모습을 보면서 이젠 전임 사역지를 찾아야겠다는 생각을 해 본 적이 있어요. 그러나 기도하는 중, 이 일이 내 어젠다이지 하나님의 어젠다가 아님을 깨닫게 되었어요. 전임 사역자가 받을 '돈'을 보고 기도한다는 것을 주님이 깨닫게 해 주신 거예요. 그후 부턴 '하나님께서 원하시는 사역의 자리라면 무조건 가겠습니다'라고 기도해요."

"최근 부모님이 경제적인 어려움을 겪고, 아빠 건강이 약해졌다는 소식을 듣고 잠깐 동안 마음이 힘들었어요. 하지만 기도하는 중 주님께서 부어 주시는 평안을 체험할 수 있었어요. 우리 가족들이 다 하나님의 섭리 속에서 살아가고 있음을 깨달은 거예요. 새로울 것도 없는 진리인데 하나님께서 제 가슴에 감동으로 심어 주셨어요. 모든 것을 합해 선을 이루시는 하나님의 품 안에 우리 가족이 있음을 깨닫고 나자 평화가 찾아온 거예요. 그 후론 이 평화를 빼앗기지 않으며 생활하고 있어요."

어느새 훌쩍 자란 영적 거인과의 만남은 그 자체로 기쁨이었습니다. 늘 미소를 지으며 말하는 C 전도사를 보면서, B 교회 청소년들과 부모님들이 참 복되다는 생각을 했습니다.

그렇습니다. 올바른 신앙생활은 변화를 낳습니다. 세상을 보는 눈이 달라집니다. 내 안에서 좋은 것들을 이루기 위해 일하시는 주님 때문입니다.

:

좋은 만남

:

복음을 위해 치열한 삶을 살아가는 인물과 만나 교제하
는 것은 큰 즐거움입니다. 지난주 토요일부터 월요일까지 3일간 시카
고를 방문하신 『뱁티스트 뉴스』 발행인 Y 목사님과의 만남이 그랬습
니다. 공항 터미널에서 만나 공항 터미널에서 헤어질 때까지 꼬박 함
께 했던 시간들이 참 소중했다는 생각이 듭니다.

첫날 저녁 식사 자리에서부터 목사님은 뜨거운 간증 보따리를 풀
어 놓으셨습니다. 한 마디 한 마디가 제 가슴에 도전의 불꽃으로 자
리 잡았습니다.

"평신도 시절 참 열심히 주님을 섬겼습니다. 지금은 P 대학원 원장
으로 계신 K 목사님을 만난 것이 제 신앙 생활의 큰 전환점이 되었습
니다. "집사님, 기왕 신앙인이 되신 거 이 워싱턴 지역에서 최고가 되
세요." 이 말씀이 평신도 생활 내내 제 가슴에서 떠나질 않았어요. 주

님 섬기는 열심이 특별하자 주변의 목사님들이 찾아오셔서 신학 공부하라고 강권하기 시작하셨어요. 목사님 한 분은 저를 위해 금식기도를 하실 정도였습니다. 떠밀리 듯해서 들어간 신학교를 두 달 만에 때려치우고 말았습니다. 이건 내 길이 아니라는 생각을 떨쳐 버릴 수 없었던 거죠. 그런데 이번엔 하나님께서 절 강권적으로 인도하셨습니다. 운영하던 세탁소에서 손님의 폭력에 의해 머리가 깨지는 사건이 일어난 겁니다. 구급차를 타고 병원으로 가던 중 하나님께 서원했습니다. '주님의 부르심에 순종하겠습니다. 주님께서 허락하시면 문서선교를 통해 주님께 영광을 돌리고 싶습니다.' 그때부터 22년째 신문사역에 헌신하고 있습니다. 제가 직접 창간한 『뱁티스트 뉴스』는 벌써 18년째를 맞고 있구요.

신문을 운영하는 데 분명한 원칙 몇 가지가 있습니다. 하나는 세상적인 광고를 받지 않는다는 겁니다. 창간 후 재정적 어려움을 수없이 겪었지만 이 원칙을 깬 적은 한 번도 없습니다. 그 덕에 지금 빚이 20만 불이 넘습니다. 하지만 평신도 시절 하나님께서 주신 집을 담보로 삼아 그 간난의 순간들을 그럭저럭 헤쳐 올 수 있었습니다. 두 번째는 뱁티스트 신앙과 교리에 맞는 글만 싣는다는 겁니다. 이 원칙도 지금까지 잘 지켜졌고 그래서 우리 신문은 교단의 영적 양심으로 자리매김해 왔습니다.

"두 달 전엔 A 도시에서 아내와 둘이 개척 교회를 시작했습니다. 일곱 번 째였습니다. 한인 교회가 없는 지역을 찾다 보니 이 도시까지 가게 되었습니다. 도시에 한국인이 어느 정도나 살고 있나 알아보려고 전화번호부 책자를 들쳐 보니 100여 가구 정도였습니다. 누군지도 모르지만 그 이름들을 끌어안고 기도하며 목회하고 있습니다. 목회 정신은 간단합니다. '60 중순에 시작한 목회, 마지막이라 생각하고 촌음을 아껴가며 최선을 다하자.' 아내와 새벽 4시면 나가 3시간씩 기도했습니다. 듣는 사람이 아내밖에 없었지만 최선을 다해 설교를 준비하고 진이 빠지도록 말씀을 전했습니다. 제 열심을 보셨는지 하나님께서 양들을 계속 보내주셔서 지금은 15명 정도가 모여 예배 드리고 있습니다. 목회를 통해서도 행복을 만끽하고 있습니다.

제 신앙의 모토는 '사는 동안엔 충성이요 죽어선 천국이라'입니다. 주님 만나는 그 순간까지 이 헌신이 계속되길 소망합니다."

Y 목사님이 떠나신 지 벌써 일주일이 되었지만 내 가슴에 심겨진 '마지막이라 생각하고 촌음을 아껴'라는 목사님의 말씀이 아직도 불처럼 뜨겁습니다.

소소함의 깊이를 재다

© 이준, 2015

1판 1쇄 인쇄 __ 2015년 09월 10일
1판 1쇄 발행 __ 2015년 09월 20일

지은이 __ 이준
펴낸이 __ 이종엽
펴낸곳 __ 글모아 출판
      등록 __ 제324-2005-42호

공급처 __ (주)글로벌콘텐츠출판그룹
      대표 __ 홍정표 이사 __ 양정섭 디자인 __ 김미미 편집 __ 김현열 송은주 기획·마케팅 __ 노경민 경영지원 __ 안선영
      주소 __ 서울특별시 강동구 천중로 196 정일빌딩 401호 전화 __ 02-488-3280 팩스 __ 02-488-3281
      홈페이지 __ www.gcbook.co.kr

값 15,000원
ISBN 978-89-94626-36-9 03230